"十三五"大学生素质教育丛书

梦想启航

——大学生入学教育读本

（第三版）

主　　编：王华勤

副 主 编：王海峰　李二坤　李振杰　林志和
周永军

编　　委：陈　朝　杨莉婷　吴光喆　王淑勤
刘成城　郭东萍　钟坚石　唐鹭悦
郑璐璐　苏文典　施小清　张建新
胡　洁　卢秀娟　杨爱珍　杨颖周
崔筱力

厦门大学出版社 XIAMEN UNIVERSITY PRESS
国家一级出版社
全国百佳图书出版单位

“十三五”大学生素质教育丛书编委会

总　　序

教材是教学目的和教学内容的基本载体，是实施教学的基本手段和依据。教材建设是高校内涵建设的重要组成部分，是教学基本建设之一，是教学改革的突破点。教材质量的好坏，直接影响教学效果和人才培养质量。随着高职教育的迅速发展，社会对高职人才的需求越来越大，要求也越来越高。高职教材建设必须与高职教育的发展相适应，必须满足高端技能型、应用型人才的培养要求，体现高职教育的特点和优势。

高等职业院校的学生有其特殊性，他们思想敏锐，头脑聪明，个性张扬，更希望得到尊重与鼓励；他们对关爱、赞扬有更强的渴求和反应；他们活泼好动，有强烈的"动手"参与兴趣。他们具有比普通本科高校的大学生更明显的多方面能力，却存在着理论学习兴趣不高、心理素质欠佳等弱点。因此，组织编写一套切合他们实际的素质教育教材非常必要，也非常迫切。

"'十三五'大学生素质教育丛书"由厦门南洋职业学院、厦门华天涉外职业技术学院、厦门软件职业技术学院、厦门东海职业技术学院、厦门安防科技职业学院等高职院校联合组织编写。目前已编辑出版《大学生党课教程》《开启职场之路——大学生就业与创业指导》《成长心灵　给力人生——大学生心理健康》《梦想启航——大学生入学教育读本》《大学里不可或缺的安全 Style——大学生安全教育读本》《大学生劳动教育理论与实践教程》《大学体育》等教材。

本系列教材以高等职业院校学生为对象，结合厦门实际，突出高职特点，编写形式力求灵活多样；内容力求实用，避免理论说教；语言风格力求生动活泼、通俗易懂；案例选取力争真人真事。适合大学生自学，也适合作为高校辅导员和有关教师的教育教学参考用书。

本系列教材将科学性、实用性、通俗性、趣味性融为一体，既为高职院校培养具有基本理论素养，又具备一定实践操作能力的通识型人才提供有益的帮助，也为大学生的全面发展和健康成长提供有益的指导。

由于编者水平所限，本系列教材可能存在某些不足，诚望专家和同行不吝赐教，以便我们把大学生的教育教学工作做得更好。

何卫华

2019 年 7 月

前　言

本书自出版以来，经本校和其他一些学校采用作为教材，因其简洁实用收到了普遍的欢迎。随着现代社会高速发展，高校生活也日新月异，本书为更贴近学生实际，决定再版。此次修订在保留原书基本框架的基础上，结合教学实际和读者的反馈意见，对部分章节内容进行了调整、修改和补充，对关乎学生切身利益的新政策进行了解读，对陈旧的观念、数据进行了更新，并补充了与高校生活息息相关的新案例，增强了本书的科学性、适用性、普及性。

本书围绕高职学生特点，以更加贴近学生、贴近实际、贴近教学的原则，从开章篇（介绍高职教育）、生活篇（指导高职生活）、学习篇（掌握科学的学习方法）、修养篇（培养良好修为习惯）、健康篇（锻炼健康身体和心理）、实践篇（增强实践能力和就业能力），涵盖了大学生从步入校园到走向社会的全过程，形成了一套较为系统完整的入学教育体系。全书结构循序渐进，语言更加生动活泼。内容更加通俗实用，新增许多教育指导性强、实用可操作性强的"小贴士"、"经典案例"、"相关链接"等，突出"教、学、做"为一体，以更加有效地指导学生。

本书编者均来自学生教育管理工作一线或从事相关工作多年，在工作实践中都有很多的思考感悟和探索总结。在修订的过程中，多次举行研讨和交流，并广泛听取广大师生的意见和建议，力求精益求精。但本书由于涉猎面广、参编人数较多、时间较紧，难免有疏漏之处，我们竭诚欢迎广大读者多提宝贵意见，使本书能更好地指导高职学生工作、学习、生活的方方面面，真正成为同学们大学生涯中的通用宝典。

本书由林茂溪副院长担任顾问，指导全书的编写和修订；王华勤老师担任主编，组织全书编写和修订，负责全书的修改、统稿，并进行了开篇章初审工作和相关章节编写；周永军、杨莉婷、林志和、王淑勤、吴光喆等老师协助主编分别进行了第一、二、三、四、五篇相关初审工作，刘成城、胡洁、钟坚石、郭东萍、唐鹭悦、郑璐璐、苏文典、施小清、张建新、卢秀娟、杨爱珍、杨颖周等老师参加了该书相关章节的编写。刘成城老师为全书进行了配图。

王华勤、林志和、周永军参与了本书修订的修改和统稿工作，吴光喆、杨莉婷、唐鹭悦、郭东萍、卢秀娟、王淑勤、刘成城、苏文典、施小清、杨爱珍等老师参与了再版相关章节的修改工作。

本书的编写和修订工作，要感谢厦门大学出版社和兄弟院校的大力支持和帮助！感谢钟远南书记的支持！同时也对为我们提供相关借鉴和参考资料的作者表示真诚的谢意！

编　者
2015年7月于厦门

目录

开章篇　职业教育之认识

职业教育是国家教育事业的重要组成部分，是促进经济、社会发展和劳动就业的重要途径。近年来，职业教育的发展为我国各行各业输送了大批高素质技术技能型人才，有力地支撑了我国经济社会的持续快速发展。社会对“专、精、特”人才的强烈需求，已使职业教育处在一个比以往更加突出、更加重要的位置。本篇，我们一起来认识“职业教育”。

第一篇　生活篇

经历了紧张的高考，度过了悠长的假期，终于迈进了憧憬已久的象牙塔，开始全新的大学生活，你一定觉得既兴奋又紧张，既新奇又有些茫然。怎样尽快熟悉大学新环境，怎样融入大学集体生活，怎样保障人身财产安全，作为大学新生，你准备好学习了吗？

第一章　高职院校的机构和制度简介

第二章 高职学生生活

第三章 安全防范

第二篇 学习篇

从中学到大学，是人生的重大转折，大学生活的主要特点是：生活上要自理，管理上要自治，思想上要自我教育，学习上要求高度自觉。我们要特别注意自学能力的培养，学会独立地支配学习时间，自觉地、主动地、生动活泼地学习，还要注意思维能力、创造能力、组织管理能力、表达能力的培养，为将来适应社会工作打下良好的基础。

第一章 高职学业

第二章 教学与管理

第三章　学习与考试

第四章　高职奖学金

第五章　继续深造

第三篇　修养篇

大学生是家庭、国家、社会的未来，在大学期间，除了认真学习，掌握必要的知识和技能外，还应该特别注重个人修为，即行为的培养、品德的修养和综合素质的提高，使自己成为一个能担当家庭、国家需要、受社会欢迎的有用人才。

第一章　行为培养

第二章　品德修养

第三章　争先创优

第四篇　健康篇

世界卫生组织(WHO)1946年成立时，在其宪章中对健康的含义做了科学的界定："健康乃是一种在身体上、心理上和社会适应方面的完好状态，而不仅仅是没有疾病和虚弱的状态。"就是说健康这一概念的基本内涵应包括生理健康、心理健康和社会适应良好三个方面。大学生在日常学习生活中，应把生理和心理同时保健和调节好，着力养成健康文明的生活方式。

第一章　健　康

第二章　生理健康

第三章　心理健康

第五篇　实践篇

社会实践是学生认识社会、了解社会、服务社会的一种有效途径，是大学生成才的必由之路，是培养适应社会主义市场经济新型人才的重要手段，是大学生理论知识运用于实践的平台。大学生要充分利用课余时间参加各种社会实践，在实践中不断磨炼意志、提高思想意识、培养创造精神、增强能力素质、养成健康心理，进一步提高社会责任感，激发学习的热情，提高职业竞争力。

第一章　团学活动

第二章　学生干部

第三章　生涯规划

参考文献

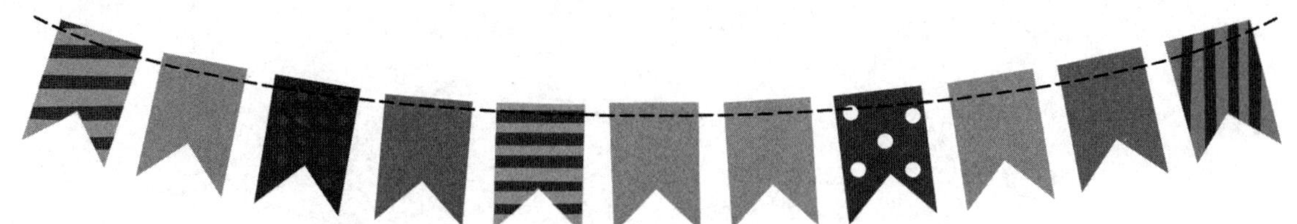

开章篇

职业教育之认识

职业教育是国家教育事业的重要组成部分，是促进经济、社会发展和劳动就业的重要途径。近年来，职业教育的发展为我国各行各业输送了大批高素质技术技能型人才，有力地支撑了我国经济社会的持续快速发展。社会对“专、精、特”人才的强烈需求，已使职业教育处在一个比以往更加突出、更加重要的位置。本篇，我们一起来认识“职业教育”。

第一节 我国职业教育

——你了解职业教育吗?

一、职业教育的概念

职业教育亦称职业技术教育,是一种根据人的发展和社会的发展需要,通过适宜的职业教育活动,使受教育者个体的综合职业素质得到和谐发展,成为应用型人才的教育活动。

黄炎培先生对职业教育做过如下解释:"职业教育,以广义言之,凡教育皆含职业之味。若以狭义言,则仅以讲求实用之知能者为限,职业教育,则专重实用,能为生活起见。专以职业上学识、技能教授不能久学之青年。"黄炎培先生这段精辟的描述有两层意义:一是职业教育属于专业教育,有别于普通教育,它是培养"从事某种职业的人";二是职业教育是传授实用知识和技能的教育。

职业教育是与基础教育、高等教育和成人教育地位平行的四大教育类型之一。

二、职业教育的体系

我国根据不同地区的经济水平和教育普及程度,实施以初中后为重点的不同阶段的教育分流,建立、健全职业学校教育与职业培训并举,并与其他教育相互沟通、协调发展的职业教育体系。

职业学校教育分为初等、中等、高等职业学校教育。

职业培训包括从业前培训、转业培训、学徒培训、在岗培训、转岗培训及其他职业性培训,可以根据实际情况分为初级、中级、高级职业培训。

到 2020 年,我国将形成适应经济发展方式转变和产业结构调整要求,体现终身教育理念,中等和高等职业教育协调发展的现代职业教育体系。

三、职业教育的特性

职业教育的人才培养目标和培养过程等方面与普通教育存在着一定的差别,有着自身的明显特点。

(一)职业性

职业教育培养的是应用型人才,具有职业性特征。所谓职业性是指职业教育培养生产、服务、技术和管理所需要的高素质劳动者和技术、技能型人才,注重学生职业能力的培养,具有以职业为导向,为就业服务的特点。

(二)社会性

职业教育是现代教育的重要组成部分,与现代生产及人民生活需要紧密相关。其与经济发展的关系更密切、更直接,是实现劳动力再生产的重要手段,具有广泛的社会性。

(三)实践性

职业教育与经济发展联系最为密切,主要为企业培养一定技术、技能的应用型人才。因此,职业教育必须根据企业技术创新、劳动组织方式变革、生产经营活动的特点,使教育过程与生产实践紧密结合,面向企业、面向生产。

(四)终生性

职业教育贯穿于人的整个一生,是实现"终身教育"的一种形式。一个人在一生中只有接受多次职业教育,才能不断地增强胜任各项工作的能力。

图 0-1 职业教育

四、职业教育的发展

基础教育、职业教育、高等教育共同构成我国现代国民教育体系,它们具有同等重要的地位,应该统筹兼顾、协调发展。

大力发展职业教育,也是完善现代国民教育体系的必然要求。职业教育是个统称,它既包括技术教育也包括技术培训,既包括职业教育也包括职业培训,既包括中等职业教育也包括高等职业教育。过去,我们比较重视基础教育和高等教育,而忽略了职业教育,造成教育资源和人力资源的浪费,因此,必须同样重视发展职业教育。

我国人力资源丰富,但劳动力整体素质不高,人才结构不尽合理,重要原因是教育结构不够完善,职业教育发展滞后。而社会对各类技能型人才需求量却很大,供不应求。因此,必须进一步完善国民教育体系,加快职业教育发展,合理配置教育资源,实行教育合理分流。这样,才能最大限度地满足社会成员多样化的求学愿望,才能适应经济社会发展对多层次人才和劳动力的需求。

党的十一届三中全会以来，我国的职业教育蓬勃发展，特别是近十年来发展特别迅速。截至2011年底全国中等职业院校有13941所。其中，普通中专3938所，成人中专1720所，职业高中5206所，技工学校3077所，各类中等职业教育在校生2196.6万人；高职教育方面，截至2013年5月，全国已有高职院校1266所，民办高职高专314所，成人高校354所，民办成人高校2所，在校生已达1000多万人。在职业教育逐步发展壮大过程中，依据国内经济发展现状、人才培养目标及社会需求等，我国职业教育体系也逐步形成并不断完善。《国家中长期教育改革和发展规划纲要(2010—2020)年》提出，到2020年要形成适应经济发展方式转变和产业结构调整要求，体现终身教育理念、中等和高等职业教育协调发展的现代职业教育体系。构建现代职业教育体系，成为我国教育改革与发展的重要任务。

·【延伸阅读】·

巴洛夫与福斯特职业教育思想争鸣①

巴洛夫与福斯特是20世纪60年代以来国际职业教育界极具影响力的两位学者。他们的观点代表了二战后职业教育发展的不同思路。

1.职业教育史以“人力规划”还是以“市场需求”为出发点。巴洛夫主张，职业教育应以“人力规划”为出发点。即职业教育应当以经济发展预测为依托、以“人力规划”为出发点来培养和提供人才。福斯特对巴洛夫的这一观点持否定态度，他通过对非洲国家职业教育的研究得出结论：职业教育的发展必须以劳动力就业市场的实际需求为出发点。

2.职业教育的重心是正规的“学校教育”还是非正规的“在职培训”。巴洛夫指出，职业教育的重心是发展正规学制的职业学校。巴洛夫的这一主张，虽然在当时得到了联合国教科文组织和世界银行的支持，但很快就遭到了学术界的质疑和批判，福斯特更是在文中提出了“职业学校谬误论”。福斯特认为，就结果而言，职业学校只能是一种谬误，而职业教育的重心则非正规的“在职培训”。

3.职业教育的主要组织者是政府还是企业。巴洛夫认为职业教育的主要组织者应该是政府。而福斯特则指出，企业本位的职业培训优于学校本位的职业教育。西方早期学徒制的成功就已经证明了这一点。

4.职业教育的办学形式是“学校本位”还是“产学合作”。巴洛夫主张按计划大力发展正规的学校形态的职业教育，坚持“学校本位”的办学形式，以求得人力培养上的规模效益。福斯特与巴洛夫的观点恰恰相反。福斯特指出，应该发展多种形式的职业培训，并对现有职业学校进行改造。

5.职业教育与普通教育的关系是“替代关系”还是“互补关系”。职业教育与普通教育

① 周正：《从巴洛夫到福斯特——世界职业教育主导思想的转向及启示》，载《湖南师范大学教育科学学报》2006年第1期。

的关系问题是巴洛夫与福斯特职业教育思想上的又一重大分歧。巴洛夫认为，职业教育与普通教育之间是一种“替代关系”。福斯特对这一观点持否定态度，他指出，职业教育与普通教育之间的关系是“互补关系”而非“替代关系”。

总结·提示

职业教育是培养职业道德、教授职业知识、传授职业技能、提高学生职业素质的教育。可分学校教育和培训教育两大类。分初、中、高三个等级。

职业教育是个统称，它既包括技术教育也包括技术培训，既包括职业教育也包括职业培训，既包括中等职业教育也包括高等职业教育。

职业教育属于专业教育，有别于普通教育，它是培养“从事某种职业的人”；职业教育是传授实用知识和技能的教育。

问题·作业

职业教育是做什么的？你对中国职业现状了解多少？

第二节　我国中等职业教育

——高素质技术能手的摇篮

中等职业教育是在高中教育阶段进行的职业教育，也包括一部分高中后职业培训，是我国高中阶段教育的重要组成部分，它是专门培养社会各行业所需技能型人才的教育领域。其特点是在完成初高中基础教育内容的同时，培养出各行业所需的技术能手，也同时进一步为各高等院校输送高素质的专门人才打下基础。因此，中等职业教育的功能是既承担着国家九年义务教育的职责，又肩负着培养各行业高素质技能型人才之重任。

一、分类

目前，我国中等职业学校主要有三类，分别是中等专业学校、技工学校和职业高级中学。近年来，国内出现多种形式的短期职业技术培训机构，它们也加入中等职业教育体系中来，为社会输出初、中级技术人员及技术工人。

二、学制

全日制中等职业学校学历教育，主要招收初中毕业生或具有同等学力者，基本学制以3年为主；招收普通高中毕业生或同等学力者，基本学制以1年为主。

三、课程设置

中等职业教育是高中阶段教育的重要组成部分，其课程设置分为公共基础课程和专业技能课程两类。公共基础课程主要有：语文、数学、英语、计算机应用基础、体育与健康教学指导纲要、物理、化学。专业课主要是指专业技术课和专业理论课。

四、国家优惠政策

我国从2009年开始逐步实现对中等职业教育免费，并从涉农专业和农村家庭困难学生做起，把职业教育作为教育发展重点而大力推行，使其实现突破性发展。同时，采取一系列措施提升职业教育对学生的吸引力，约90%接受职业教育的学生都能够享受每年1500元的助学金。由于采取一系列鼓励措施，中等职业教育在过去几年中取得重大发展，其教育规模已经和普通高中大体相当，实现了结构调整的战略意图。

图0-2 很多地区中职学校免费就读

由于职业教育以服务为宗旨、以就业为导向，指导思想更加明确，整体发展充满活力，中国中等职业教育学生的就业率一直保持在95%以上。尽管职业教育投入较高，但中等职业教育的大门将向任何一个有意愿的初中毕业生敞开。借助国家资助制度和即将推行的免费制度，所有家庭经济困难的学生都能上得起学。

2012年6月11日，国务院新闻办公室发布《国家人权行动计划（2012—2015年）》，期间我国将大力发展职业教育。保持中等职业教育和普通高中招生规模大体相当，扶持建设紧贴产业需求、校企深度融合的专业，建设既有基础理论知识和教学能力，又有实践经验和技能的师资队伍。逐步实行免费中等职业教育。

·【延伸阅读】·

《2013—2017年中国中等职业教育行业市场前瞻与投资机会分析报告》显示，我国职业教育的发展早在改革开放之初就呈现出了活力。1980 年，国家开始对全国中等教育的结构进行改革，重点是大力发展职业技术教育。1996 年，我国第一部职业教育法正式颁布和实施，为职业教育的发展提供了法律保障。经过几十年的发展，2011 年中国中等职业学校招生超过 820 万人，与普通高中招生大体相当。近年来，北京、上海、天津、浙江、江苏、山东等 6 省市依靠区位优势和经济、人文等良好的外部环境，以及多年来发展职业教育所奠定的坚实基础，加上较为有效的政策措施，使得中等职业教育的结构协调水平、发展规模水平和拥有资源水平等方面均处于全国领先位置。

总结·提示

中职的特点是在完成初高中基础教育内容的同时，培养出各行业所需的技术能手，进一步为各高等院校输送高素质的专门人才打下基础。

我国中等职业学校主要有三类：中等专业学校、技工学校和职业高级中学。主要招收初中毕业生或具有同等学力者，基本学制以 3 年为主；招收普通高中毕业生或同等学力者，基本学制以 1 年为主。从 2009 年开始，要逐步实现对中等职业教育免费。

问题·作业

你对我国中等职业学校教育了解多少？

第三节　我国高等职业教育

——高端技能型人才的摇篮

一、高职教育的任务

高等职业教育具有高等教育和职业教育双重属性，以培养生产、建设、服务、管理第一线的高端技能型人才为主要任务。

高职教育是高等职业教育的简称，也可以进一步简称为“高职”。

二、高职教育的发展理念

1. 以服务为宗旨，以就业为导向，以人为本，走产学研结合发展道路为办学方针的理念。教学目标的基点是立足于高等教育层次，突出职业教育特点，使受教育者具备从事某一特定的职业所必需的能力。高职教育已成为一种谋生教育。

2. 以培养高素质技术技能型人才为定位的理念。高职人才培养基本特征是：以培养高等技术应用型和高技能型专门人才为根本任务；以适应社会需要为目标，以培养职业岗位技术技能为主线设计学生的知识、能力、素质结构和培养方案；以“应用”为主旨和特征构建课程和教学内容体系;学校与社会用人部门结合、师生与实际劳动者结合、理论与实践结合、工学交替为人才培养的基本途径。高职教育培养出来的毕业生应具有基础理论知识适度、技术应用能力强、知识面宽、素质高等特点。

3.按经济社会发展需求设置专业的理念。专业设置逐步从“条件驱动”向“需求驱动”转变,只要有岗位需求,就可以设置专业。创新培养模式、职业特点突出、人才质量可靠等特点成为高职教育突出的核心竞争力。

4.适应大众化发展需要,多样化发展的理念。随着科技经济的发展,新的岗位和职业不断出现,对高级技术应用型人才需求的多样化日益明显,高职教育应扩大招生规模,并在服务面上重心下移,办学触角延伸,开拓市场,以更好地适应大众化、多样化社会需求。

图 0-3 职业教育满足多方需求

三、高职教育发展的几种基本模式

(一)办学的基本模式

我国高职教育已经有了较大发展,呈现出多元办学的格局。主要有国家举办、个人举办、企业举办等,其中还有国有民营、股份制、集团化等多种模式。

(二)人才培养的基本模式

目前比较成熟的高职人才培养模式有:产学研结合模式、校企合作模式、订单培养模式、顶岗实习模式、工学交替模式等。此外还有能力本位型、任务驱动型、项目导向型等模式。

(三)教育教学的基本模式

比较成熟的教学模式有:“教、学、做”融合教学模式,学校教学与岗位标准合一教学模式，理论教学与实践教学合一教学模式，“讲、练、评”一体化教学模式等。为了突出实践性、应用性，还有不少学校采取“项目—达标”教学模式、“情景—互动”教学模式、“认知—思辨”教学模式，等等。在教学评价方面也做出了相应改革，打破了一张考卷“定乾坤”的传统做法。

四、当前高职教育存在的问题

当前高职教育仍然是我国教育事业的薄弱环节，中等和高等职业教育在专业、课程与教材体系，教学与考试评价等方面仍然存在脱节、断层或重复现象，加之，高职教育的体系不完备，使高职教育整体吸引力不强，与加强技能型人才系统培养的要求尚有较大差距。当前高职存在的问题主要有以下几点：

1. 国家对高职教育的支持仍然还不够。高职教育投入保证机制不健全，国家对高职院校的投入低于普通高等教育，而高职教育的办学成本则高于普通高等教育。

2. 社会对高职教育的认可度还不高。对大多数家长和学生而言，高职教育是低层次的高等教育，接受高职教育似乎是无奈的选择，即使上了高职院校，相当一部分学生也把它作为专升本的跳板。高职招生分数线一降再降，有的省 200 多分就能上高职，生源质量差异大且普遍较差，培养任务繁重，教育质量与规模增长难以实现同步发展。

3. 高职院校举办高职教育的理念不够创新、不够落实。一些高职院校在专业培养计划中仍沿用学科本位课程体系和课程形式，能力本位的课程模式落实不到位，“中专延长”和“本科压缩”的影子挥之不去。对高职教育所界定的“技术技能型”及理论上的“必需、够用”原则理解、实践不到位；任课教师对生产、社会实际了解不多，缺乏实践经验。另外，针对 90 后的高职学生的责任教育不够，仍需加强。

4. 与企业、行业联系紧密度不够，互惠互利的运行机制尚未形成。当前，职业教育的经济功能和社会功能比较弱，产业及行业、企业与职业教育之间缺乏良性互动、互利共生的运行机制，存在严重的脱节现象。高职院校的功能定位不够科学，以就业为导向、以能力为本位的目标落实不到位。行业、企业参与和举办高职教育的积极性不高。

5. 适合高职教育的“双师型”教师数量严重不足，素质不高。“双师型”教师是保证高职教育质量的关键因素，而我国高职院校普遍缺乏“双师型”教师。

6. 缺少与人才培养目标相适应的实习、实训基地。高职教育是面向生产、建设、管理、服务一线培养高级技术技能型人才的教育，实训基地建设是培养目标得以实现的重要保证。建设校内仿真、模拟或完全等同于工作现场实际的实训基地，需要投入大量资金，而目前多数高职院校特别是民办高职院校更是力不从心，实践教学也就大打折扣。

五、高职教育的发展

虽然，目前我国高等教育还存在这样那样的问题，但是从国家到地方各级政府和教育主管部门已充分意识到，并出台了一系列的鼓励和优惠政策促进高职教育的发展，我国高职教育发展天地广阔。以下是高职教育发展的几个方向：

1. 逐步提升办学层次，完善高等职业教育体系。随着社会的发展，高职教育的重要性日益突显，高职教育不只是高等教育的一个层次，而是一种教育类型。国际上高职教育办学层次在逐渐上移，不断与学科教育相融合，有的国家开始授予不同的学位(学士、硕士或博士)。我国教育日益与世界接轨，我国高职教育办学层次也将不断提升，逐步构建一个涵盖专科、本科、硕士、博士的完整、完善的高等职业教育体系。

2. 与学科教育、继续教育、终身教育相衔接，构建终身教育体系。随着经济、社会与科技的发展以及人自身发展的需要，高职教育的内涵及外延处于不断发展之中。高职教育本身包括学历教育和非学历教育两个方面。为适应能力提升、岗位转换的需要，高职教育在向继续教育和终身教育方向拓展，高职教育将成为终身教育体系的重要一环，而不是终结性教育。

3. 人才培养与职业、行业要求紧密结合、融为一体。随着技术的改革、创新与发展，高职教育与职业、行业的发展越来越紧密。根据市场对人才的实际需求，国际高职教育界逐步改革课程设置体系，未来我国高职教育的人才培养将打破学科体系，按照国家职业标准与专业教学计划相结合的原则，构建以能力为本位的具有高职教育特色的课程体系。新的职业能力观将着眼于技术手段、生产模式的变化性，更重视个人品质在职业活动中的作用，它把人际交往与合作共事的能力，组织、规划、独立解决问题的能力，创新能力等作为职业能力的重要构成，强调学习能力的培养，旨在为个人终身学习奠定基础。

·【延伸阅读】·

相关概念区分

与“高等职业教育”相关的概念有多个，现择其要者分别辨析如下：

1.“高等职业教育”与“高中后职业教育”

所谓“高中后职业教育”，顾名思义是在高中教育基础上所进行的职业教育，其外延远远大于“高等职业教育”。它的培养目标可以是技术员、技术工人，也可以是其他各类管理、服务或辅助人员；学制可以视岗位需要从几周、几个月到几年不等；学习结束后可授予学历证明，也可只发职业资格证书、技术等级证明、上岗证明、课程证明或不发任何证明。由于高中后职业教育的外延较大，我们可以将一些无法归入高等职业教育范畴的一系列的高层次的职业教育或培训归入高中后职业教育范畴。

2.“高等职业教育”与“高级职业培训”

要区分这两个概念，首先要区分“职业教育”与“职业培训”。从广义上来讲，职业教育可以包容职业培训；而就狭义而言，二者应是并列的。笔者认为，当我们在宏观层次上探讨诸如人力资源开发之类的问题时，应使用广义；在中观层次上探讨职业教育与基础教育等其他各类教育的关系时，也可使用广义；而在中观或微观层次上探讨学制问题，或者在将各种教育进行分类以严格地界定其概念时，必须使用狭义，因此本文只能取其狭义概念。从这个意义上讲，“高等职业教育”与“高级职业培训”是两个不相容的并列概念，后者不应归入前者范畴。当然如果把高等职业教育的范围明确扩大到包括非学历教学在内的话，高级职业培训则可成为其中之重要组成部分。

3.“高等职业教育”与“高等专业教育”

人们普遍认为，普通高等学校所实施的都是“高等专业教育”，这与“高等职业教育”仅一字之差，二者区别究竟何在呢？就一般意义而言，专业泛指专门人才所从事的特定业务，这样也可以理解为专业就是指社会某一大类职业。但在教育领域内，专业是有其特定含义的，普通高校所设置的“专业”实际上是指某一学科门类或其某一分支，依此实施的专业教育就是按学科类别对学生进行以某门学科为基础的知识和技能训练。这样看来，职业和专业本来就是两种不同属性的分类概念；职业是一种社会岗位分类概念，专业则是一种学科分类的概念，二者的分类标准不同，在使用中就必然会有交叉与重叠。因此我们认为目前在普通高校中实施的那一块“高等职业教育”可以看作是“高等专业教育”中的一部分，是专指那些与“职业”重合的“专业”的教育，但它恐怕还远不能涵盖整个“高等职业教育”。因此，普通高等院校根据社会需要积极举办高等职业教育类专业，应是我国高等职业教育发展的基本途径之一；而那些一心追求“正规化”而丢掉了自身职教特色的职业大学，则应尽快改变这种“有名无实”的现象，真正在高等职业教育的发展中起到积极作用。

4.“高等职业教育”与“高等职业技术教育”

自改革开放以来，“职业技术教育”一直在我国被作为一个综合性名词来作用，它总体上包括培养技术员类人才的技术教育、培养技术工人类人才的职业教育以及其他各类职业培训在内。但近期随着我国《职业教育法》的颁布和实施，在国务院及有关行政部门的正式文件中已用“职业教育”取代了“职业技术教育”，这样，用“高等职业教育”取代“高等职业技术教育”也就顺理成章了。当然，必须明确这一广义的“职业教育”概念是我国所特有的，并非国外一般专指培养技术工人系列人才的狭义“职业教育”。如果取狭义概念，那么这种性质的“高等职业教育”事实上就不存在了。因为如前所述，“高等职业教育”是指培养高级技术员类人才（中间人才系列中的高层次）的高等“技术教育”，而培养高级技术工人类人才的“职业教育”（高级职业培训）不属这一范畴。因此问题的关键并不在于名称的变化，而在于对其内涵一定要有明确的统一认识，否则必然会因理解上的不一致而带来管理上的混乱，不利于建立完善的职业教育体系，更不利于解决人才结构中的薄弱环节。

台湾高职教育简介

一、台湾职业教育体系

台湾的职业教育又称“技术及职业教育”，简称“技职教育”，包括高等职业学校（大陆称中等职业学校或职业高中）、专科学校、技术学院和科技大学研究所。与此同时，全台湾还有许多的职业培训局，主要承担大量的职业培训教育，包括岗前的、转岗的、长期的、短期的培训，这些培训与台湾职业教育相结合，互助互利共同形成了一个比较完善的职教体系。

这一体系的有以下特点：

1. 与学科教育双轨并行

台湾的高等教育分为两类，一类是学术型，另一类是职业技术型。台湾的高等职业技术教育，已经形成了包含专科、本科以及研究生教育的完整体系，实施了普高与高职平等并列的双轨制。与普通教育体系平行发展，齐头并进，相互支援。这种较为完善的职业教育体系为台湾的经济发展提供了人才和教育的支持。

2. 层次完善

台湾的职业教育有着完整、完善的体系，从职业学校到专科、再从技术学院到科技大学，包括中等职业教育、专科教育、本科教育、硕士教育及博士教育五个层次。

3. 职普互通

台湾职业教育体系建立了职业教育与普通高等教育、成人教育互通，中等与高等职业教育上下衔接的职业教育"立交桥"体系。

在台湾的教育体制里面，首先是学前教育阶段幼稚园，然后是九年基本义务教育包括国民小学和国民中学。台湾九年义务教育结束后，学生可以选择升入普通高中或者职业高中。

普通高中的学生主要升学目标是学术型的四年制大学(我们称之为本科)。职业高中的学生可依据其成绩升入四年制技术大学(学院)(授学士学位)和两年制的专科。台湾的这类高等职业技术教育被称为"四技二专"。"四技"毕业了还可报考职业技术类的硕士研究生。

二、台湾职业教育特点

1. 注重职业教育与终身教育的延伸

台湾的职业教育院校一般都有日间部、夜间部和进修推广部等完整的教育体系机构。完善的终身教育体系，使社会人员、在职人员都能利用业余时间不断充电，提高人文素养、职业素养，凸显台湾延伸职业教育，注重终身教育，建立多元化、弹性高等教育体系和终身教育体系的特色。

2. 注重全人教育与学业教育的交融

所谓全人教育就是旨在培养德、智、体、美、群全人格的人才，培养具有职业道德、文化素质与终身学习能力的高级技术、经营、服务人才。院校通过多元化的教育与引导创造"知识统整"与"人格统整"的全人学习环境，特别重视通过劳作教育、美学教育等来塑造学生成为既具备全人的合格公民，又具备敬业乐群、团队协作意识的职业精神。

3. 注重标准化与流程化的彰显

台湾职业教育非常重视标准化和流程化。无论工作程序、规章制度，还是专业学习内容，都被制作成了直观易懂的标准化、流程化的标识，易于学生学习、遵守。

4. 落实职业证照制度，建立多元化文凭体系

台湾职业教育普遍实行"证照制度"，大陆称为职业资格证书制度。台湾"证照制度"的主要依据是《职业训练法》中的有关规定。"证照制度"目前主要可分两大系统：

(1)"考试院"办理的专门职业及技术人员考试，共分高级考试、普通考试及特种考试三类；

(2)"行政院劳委会职训局"办理的技术技能鉴定，共规范 162 个职类，实施办理 124 个职类，每个职类分甲、乙、丙三级。

职业资格证书主要用于就业机会及保障、薪资晋级和职业升迁、免试雇佣的优待等，

门类齐全，分类细致合理。学生毕业时不仅要取得毕业证书，还要取得相应的职业证照。

台湾当局还建立了多元文凭体系，规定持有职业证照的人士，在有若干的工作经验之后，可以取得相应的同等学力资格，从而建立起职业证照和毕业文凭之间的等值互换关系。职业证照制度、多元文凭体系的建立和完善有利于学生的升学、就业和晋升。

中華財政學會
Chunghua Association of Public Finance

財稅專業能力合格證書

Certificate of Professional Test in Tax Proficiency

（102）華財證字第 1127 號
Certificate number：102-1127

姓　名：
Name　：
身分證字號：
I.D. No：
生　日：　年　月　日
Date of birth：
級　別：
Class　：
類　別：
Subject：
等　第：
Ranking：
有效期：
Validity Period：May 1, 201

徐偉
Ch　rman TSUI,　VAI-CHO

10　年　5　月　1　日
May 1 2013

图 0-4　台湾地区职业技能证书

5. 重视中国的传统美德教育和技能实训培养

台湾职业院校非常重视学生的德行教育，并把德行考核成绩作为学生毕业的主要依据。如对学生文化成绩和德行表现两个方面进行量化评价，只有两项都达到合格标准的学生才准予毕业。他们坚持以如何“做人”为起点，围绕礼义、廉耻、诚信等方面进行教辅培养。

台湾高职院校注重实践教学，课程时间安排偏重技能训练和实习，一般理论教学仅占30％左右，而实践教学却占70％左右。学生大部分时间是进行现场操作技能的训练和到有关单位实习。实践教学体系为学生的实践学习提供了充分的条件，学生有机会在学校环境中对未来的工作有直观和切身的体验，在就业前已有了足够的信心和心理准备，有利于学生的成长。

总结·提示

高等职业教育的培养目标是培养技术应用型、技术技能型高素质专门人才，为产业结构调整和区域经济协调发展服务。

所培养的人，既要有一定的专业理论知识，同时还要具有较强的动手能力、实践能力、就业创业能力和创新意识，并有实用的就业技能和较强的职业竞争力。

我国高职教育还处在发展的初级阶段，还存在很多的问题，以服务为宗旨，以就业为导向，以能力为本，走产学研结合发展道路的办学方针还有待进一步强化和落实。

问题·作业

高职教育与普通高等教育在人才培养上有什么不同？优势在哪里？

第四节　主要发达国家之高职教育简介

——拓宽你的国际视野

高职教育是经济发展、科技进步的产物。从世界范围来看，高职教育的快速发展大都始于20世纪六七十年代，这一时期，高职教育的地位不仅得到确立，而且以其鲜明的办学特色，日益得到社会的广泛认可，成为各国高等教育体系中的重要组成部分。

一、德国“双元制”职业教育

德国在职业教育体系的建设与发展中，创造、形成了在其职业教育体系中占核心地位的企业教育与学校教育相结合的所谓“双元制”，其成效举世瞩目。

校企联办的“双元制”，注重发挥学校与企业各自优势，在企业，学生能在实际的工作氛围中获取有价值的实践经验，能亲历技术、经济与社会的变革，也能学会各种职业与社会的能力、态度与行为方式；在学校，通过系统的专业知识学习，又能为学生打下坚实的理论基础，培养敏捷的思维能力，引导其掌握科学技术的方法。两方面的结合，使得毕业生能很快地找到适合自己的工作并能轻松地适应工作环境。

二、美国“社区学院”职业教育

美国是世界经济技术最发达的国家之一，它的职业教育体系也走在世界前列。在美国，实施高等职业教育的主要机构是遍及全美各地的社区学院。

从20世纪60年代开始，社区学院确立了以职业技术教育与培训为主的办学方向和以灵活多样、面向市场和地方经济为办学特点，并得到快速发展，成为20世纪六七十年代美国高等教育人数增加的主要渠道，为美国实现高等教育大众化、普及化作出了重要的贡献。

进入20世纪80年代以后，美国在经济发展、教育终身化社会思潮的影响下，对高等职业教育专业和课程进行了改革，使美国的“社区学院”进入新的发展阶段，出现了终身教育和整合教育两种新的教育职能，使美国的“社区学院”在国际上影响进一步扩大。

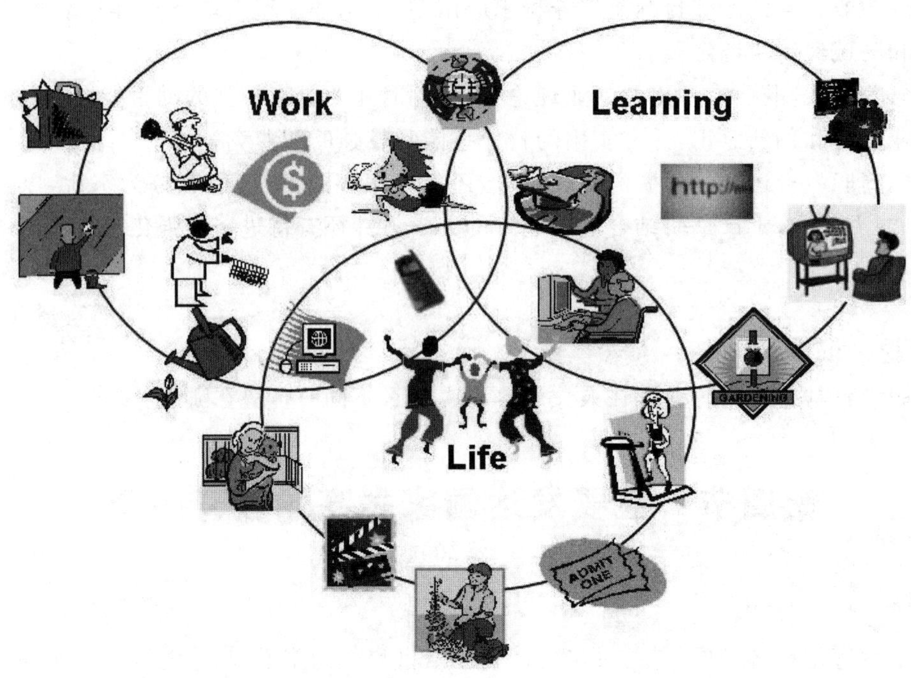

图0-5 学习、工作、生活的关系

三、日本“多元”职业教育体系

20世纪50年代后半期，经历世界大战以后的日本，开始大规模开展“技术革新”运动以满足经济多样化的需求。1963年，日本修改了教育法，确立了日本发展高职教育的法律地位。

目前，日本高职教育机构主要包括三类：

1. 高等专门学校，招收初中毕业生，实行5年一贯制。培养目标是：教授高深的专门技艺，培养职业所需要的能力。

2. 短期大学，招收高中毕业生，学制2～3年。培养目标为：在教育的基础上，进行高深的专门知识教育，培养职业上或生活中所必需的能力。

3. 技术科学大学，招收高等专科毕业生，进行本科与研究生的连续性教学。技术大学以实践的技术开发为培养目标，进行教育和研究。

所以，日本的高职教育体系是由多元的职业教育机构组成的，这些教育机构各有特色，在专业与功能上形成了相辅相成、优势互补的关系。

四、美、日、德等发达国家高职教育之比较

纵观美、日、德等发达国家高职教育发展，虽体制形式各异，但在其兴起和发展中，形成了诸多共同特点。主要有：

1. 以培养适应市场需求的高等技术应用型人才为主要目标。高职教育是科技进步与经济发展的产物，科技的变革与经济结构的调整，需要开办高等职业教育来培养新型的技术应用型人才，德国的高等专科学校，日本的高等专门学校，均是以培养高等技术应用型人才而独树一帜。

2. 确立“大职教”观念，办学形式灵活多样。将职业教育贯穿于个人职业发展的全过程，发挥高职教育多种办学形式的优势，满足各种求学者的需求，增加了国民接受高等教育的机会。在20世纪50年代初，除美国外各发达国家，没有一个国家高等教育入学率超过同龄人的5%，但时隔二十多年，它们大大超过20%，有效缓解了教育不公平状况。

3. 校企合作，产学结合。如美国的社区学院，德国的“双元制”学校，主张高职教育模式应由注重知识传授转为注重能力培养，所有课程必须做到在校学习和工作实践相结合。这种模式体现了高职教育与社会经济的密切联系，也决定了高职教育必须面向市场，市场不仅决定了学校人才培养规格、类型、专业、课程设置，还使学校功能变得多样化，推动学校关注市场需求变化和提高教育教学质量。

4. 建立终身教育体系。随着科技与经济的发展，发达国家高职教育机构通过联合办学、继续深造等形式，逐步形成了高职教育涵盖专科、本科、研究生等不同学历层次的终身教育体系。正是这些鲜明的特点，使高职教育成为各国高等教育体系中不可或缺的组成部分之一，在各国科技与经济发展中起到了“推进器”的作用。

总结·提示

回顾德国职业教育的校企联办“双元制”；美国职业教育的“社区学院”；日本职业教育的“多元”职业教育体系。

问题·作业

我国高等职业教育与国外高等职业教育比较，有何不同？

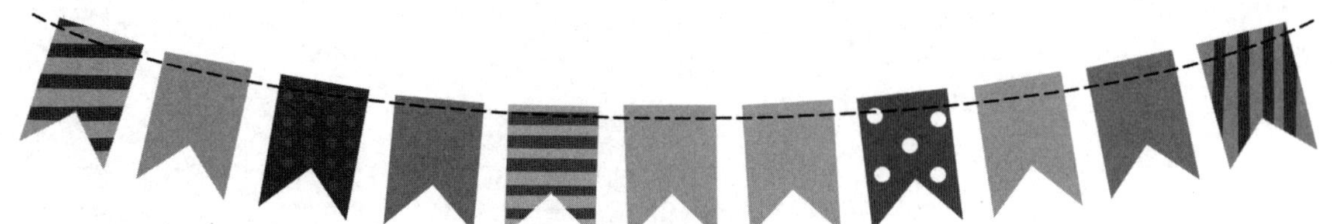

第一篇
生活篇

经历了紧张的高考，度过了悠长的的假期，终于迈进了憧憬已久的象牙塔，开始全新的大学生活，你一定觉得既兴奋又紧张，既新奇又有些茫然。怎样尽快熟悉大学新环境，怎样融入大学集体生活，怎样保障人身财产安全，作为大学新生，你准备好学习了吗？

第一章 高职院校的机构和制度简介

第一节 学校机构介绍

——带你认识学校机构，找对部门好办事

一、常设机构

(一)党群部门

党委办公室、团委办公室、工会、各系(二级学院)党支部等。

(二)行政部门

学院办公室、人事处、财务处、教务处、学生工作处、后勤处、保卫处、招生就业处、科研与产学合作处等。

(三)教学及教辅部门

各系(二级学院)、实训中心、信息中心、继续教育中心(学院)等。

二、与学生密切相关的机构

(一)学生工作(部)处

学生工作(部)处是在学校党委和行政的领导下，负责学生思想政治教育，行为规范、学生奖、助、贷、勤工助学管理，心理健康教育，素质拓展和成长成才服务及学生思想政治工作队伍建设等工作的职能部门。

(二)校团委

校团委是在学校党委和上级团委领导下开展工作的团的基层组织，负责学生的思想教育引导、素质深化拓展、校园文化建设、团的组织建设和学生成才服务等工作。

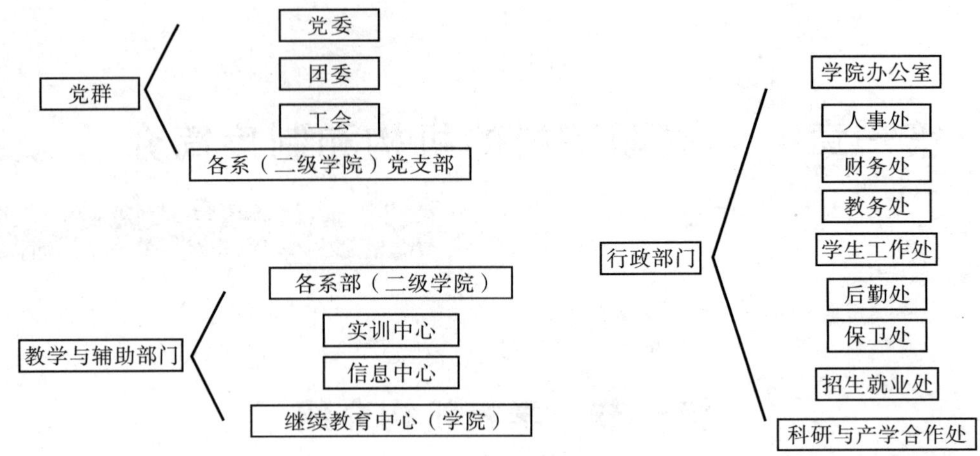

图 1-1　高校机构设置

(三)教务处

教务处是主管学校教学工作和实施教学管理的职能部门，负责全校教学及学生的培养方案和教学计划管理、教学运行管理、学籍和成绩管理、毕业资格审查、证书管理、考试管理、教学质量管理与评价、教学基本建设管理等工作。

(四)保卫处

保卫处是在学校党委和行政领导下，依据国家有关法律法规和学校规章制度，维护学校政治稳定、治安安定，为学校教学、科研、学习、生活提供安全服务的职能部门。

三、服务机构

(一)图书馆

图书馆是大学的标志之一，求知是每个大学生上大学的重要任务，图书馆里的各类书籍，不但可以为专业学习提供参考，而且可以开阔视野，提高个人修养。

(二)后勤服务中心

大部分师生在校期间需要的生活服务，如医、食、住、行等，主要由后勤服务中心提供保障。

(三)心理咨询中心

心理咨询中心是为大学生提供心理健康教育和心理咨询的服务机构，主要通过普及心理健康知识，开展心理咨询与指导，进行心理测评等方式，帮助同学们处理好环境适应、自我管理、学习成才、人际交往、求职择业、人格发展等问题。

(四)学生资助中心

学生资助中心负责全校家庭经济困难学生的资助工作,通过政策宣传,资格认定,资料审核、管理,资助金管理、评审、发放,为家庭经济困难学生提供各项资助。

总结·提示

与中学相比,大学里同学们需要接触的机构和部门更多、更频繁,作为刚刚步入大学校园的新生,应该尽快熟悉,以便为自己的学习、工作、生活提供及时有效的帮助。

问题·作业

你了解你经常要接触的高职学校的机构吗?

第二节 大学生的权利与义务

——你的"可为"与"不可为"

一、制度简介

高等学校的规章制度主要包括以下几个方面:

1.有关高等教育的法律法规,如《中华人民共和国教育法》《中华人民共和国职业教育法》《中华人民共和国高等教育法》等。

2.国家教育部有关高等学校学生管理的规定,如《普通高等学校学生管理规定》《高等学校学生行为准则》等。

3.国家有关大学生就业、资助等方面的政策制度,如《普通高校毕业生就业工作暂行规定》《国务院关于建立健全普通本科高校、高等职业学校和中等职业学校家庭经济困难学生资助政策体系的意见》等。

4.基于国家的法律法规和教育行政部门的授权,在学校管理权限范围内,各高等学校结合实际,相应制定的保障学校教育、管理、服务等方面正常运行的规章制度,如教学管理、学生管理、安全管理等,这些规章制度主要汇集在《学生手册》中。

二、大学生享有的权利和义务

所谓权利,就是国家通过法律规定,对法律关系主体可以自主决定做出某种行为的许可和保障。

所谓义务,就是国家通过法律规定,对法律关系主体的行为的一种约束手段。它或者表现为要求人们必须根据权利的内容做出一定的行为,或者表现为要求人们不得做出一

图 1-2　学生手册

定的行为。

(一)当代大学生享有的权利

1. 作为公民所享有的宪法规定的基本权利及其他法律规定的权利。基本权利主要有：

(1)平等权，是指大学生作为公民平等地享有不受任何差别对待，要求国家同等保护的权利。

(2)政治权利和自由，包括选举权与被选举权、言论、出版、集会、结社、游行、示威自由。

(3)监督权，包括批评建议权、控告、检举权等。

(4)宗教信仰自由，是指大学生都有按照自己的意愿信仰与不信仰宗教的自由。

(5)人身自由，包括人身自由不受侵犯，人格尊严不受侵犯，住宅不受侵犯，通信自由和通信秘密受法律保护。

(6)大学生的财产权。

2. 作为受教育主体在教育教学过程中所享有的权利。包括：

(1)参加教育教学活动权。这是大学生作为受教育者的一项最基本的权利，它是指大学生享有使用教育教学计划安排的各种教育教学设施、设备、图书资料的权利。这项权利是大学生接受教育和完成学习任务的主要途径。

(2)大学生享有按照国家有关规定获得奖学金、贷学金、助学金的权利。它是宪法规定的公民享有获得物质帮助权在大学生身上的具体体现，这项权利能帮助家庭贫困的学生完成学业。凡符合规定条件的大学生都有权申请,学校和教师不得拒绝。

(3)获得公正评价权。是指大学生在教育教学过程中,享有要求教师、学校对自己的学业成绩和品行进行公正评价,并客观真实地记录在成绩档案中,在完成相应的学业后获得相应的学业证书、学位证书的权利。

(4)申诉起诉权。是指大学生享有对学校给予的处分不服,而向有关部门提出申诉,对学校、教师侵犯其人身权、财产权等合法权益的行为,提出申诉或依法提起诉讼的权利。

(5)其他权利。是指《教育法》允许大学生享有的其他法律法规规定的权利。

(二)大学生应履行的义务

一方面是作为普通公民应履行的义务,另一方面是作为受教育主体在受教育过程中应尽的义务。需要特别说明的是,高校为规范学生日常行为而制定的校规校纪,虽然不属于法律的范畴,对大学生而言,仍具有普遍的约束力,所有大学生都负有遵守本校校规校纪的义务。

《普通高等学校学生管理规定》

(教育部)

第五条　学生在校期间依法享有下列权利:

(一)参加学校教育教学计划安排的各项活动,使用学校提供的教育教学资源;

(二)参加社会服务、勤工助学,在校内组织、参加学生团体及文娱体育等活动;

(三)申请奖学金、助学金及助学贷款;

(四)在思想品德、学业成绩等方面获得公正评价,完成学校规定学业后获得相应的学历证书、学位证书;

(五)对学校给予的处分或者处理有异议,向学校、教育行政部门提出申诉;对学校、教职员工侵犯其人身权、财产权等合法权益,提出申诉或者依法提起诉讼;

(六)法律、法规规定的其他权利。

第六条　学生在校期间依法履行下列义务:

(一)遵守宪法、法律、法规;

(二)遵守学校管理制度;

(三)努力学习,完成规定学业;

(四)按规定缴纳学费及有关费用,履行获得贷学金及助学金的相应义务;

(五)遵守学生行为规范,尊敬师长,养成良好的思想品德和行为习惯;

(六)法律、法规规定的其他义务。

三、权利和义务的关系

权利和义务的关系表现在以下方面:

(一)权利义务内容的现实性

首先,权利义务的内容受社会现实物质条件的制约。也就是法律规定什么权利、什么义务、多少权利、多少义务都与现实物质条件相适应。

其次,权利义务的实现程度也受社会现实物质条件的限制。法律规定的权利义务的实现需要政治、经济、法律的保障,权利义务的实现程度应与社会现实物质条件相适应,脱离社会现实条件的权利是难以实现的。

(二)权利和义务具有相对性

权利和义务作为法律内容中的一对矛盾,是相对而言的,这种相对性既表现在权利义务之间,也表现在权利义务实现的过程中。

权利义务之间的相对性,首先是指权利义务同时存在,相互依存,不可分割,互为前提。也就是没有无权利的义务,也没有无义务的权利,每一项具体的权利和义务必然对应着相应的义务和权利,法律规定义务正是为了实现权利。公民在享受权利的同时必须履行相应的义务。

权利义务之间的相对性还指权利义务互为界限,也就是超过权利界限行使权利的行为是没有履行义务;超过义务界限的义务履行要求是侵犯权利的行为。权利义务的界限是法律明确规定的,任何公民都应在法律规定的限度内行使权利,超过这个界限就会因没有履行法定义务而承担相应的法律责任;任何公民也都只有在法律规定的范围内履行义务,当被要求超过法定界限履行义务时则有权利拒绝。

除了权利义务之间具有相对性外,每一公民实现权利的结果可能有所不同,这是因为权利义务的实现结果与公民的个体条件具有相对性。

(三)权利义务的平等性

权利义务平等是法治社会法律的一项基本原则,它的主要含义是:每一法律关系的主体都有权利也都有义务;法律对每一个社会成员都平等的适用;法律为法律关系的主体设定的权利义务是基本均衡的。这种权利义务的均衡是一个平衡—不平衡—平衡的动态过程。

所以权利和义务的关系是相互依存、密不可分的,是相辅相成、互相促进的,是辩证统一的关系。

总结·提示

权利和义务是相辅相成、不可分割的,权利的实现要求义务的履行,义务的履行要求权利的实现,而法律法规和规章制度又为权利和义务的实现提供依据和保障。

你如何处理好权利和义务的关系？

第三节 《学生手册》学习

——你必须学习的一本书

一、《学生手册》是本什么书？

《学生手册》是各院校依据国家有关法律、法规和地方有关文件精神，结合本院校实际，制定的一系列有关学生教育、教学和管理的规定、条例、办法和实施细则等文件的汇编。它既是学校实施管理、教育工作的依据，学生管理和教育工作者应仔细研读、认真执行；也是学生的学习、生活和操行规范。每位学生都应熟悉掌握，严格遵守。

《学生手册》呈现给大家的，除了《普通高等学校学生管理规定》《高等学校学生行为准则》《学生伤害事故处理办法》等教育部相关文件，还包含该校的学生工作制度体系，主要涉及学籍管理、学风建设、校园文化、学生奖助、就业指导和学生日常管理等方面。

(一)学籍管理和学风建设方面

《学生手册》在学籍管理方面的文件主要有：各个院校的学籍管理规定、课堂纪律及教室管理规定、学生证及校徽管理办法、考试纪律及违规处理办法等。

(二)学生奖助方面

《学生手册》在学生"奖"方面的文件主要有：各个院校的优秀共青团员、优秀共青团干部、先进团总支部、先进团支部、国家奖学金、国家励志奖学金、学院奖学金、三好学生、优秀学生干部、文明班级(先进班集体)、优秀毕业生、文明宿舍、优秀宿舍长等评选办法。

《学生手册》在学生"助"方面的文件主要有：各个院校的家庭经济困难学生认定办法、国家助学金评定办法、校内勤工助学管理暂行办法等。

(三)就业指导方面

《学生手册》在就业指导方面的文件主要有：各个院校的就业指导意见等。

(四)学生日常管理方面

《学生手册》在学生日常管理方面的文件主要有：各个院校的学生网络行为管理办法、校园治安管理办法、学生安全管理办法、宿舍管理规定、外宿管理规定、宿舍使用电脑管理规定、学生综合测评办法、学生违纪处分办法、学生申诉办法等。

此外，《学生手册》还会包含各个院校的心理咨询、来访者须知和校园常用公共电话等公共服务类的内容。

《学生手册》依据各院校的实际情况而不断进行修订。修订的过程，一般经过部门各自修订、学校集中修改、征求全校师生意见、重大问题法律专家咨询、党政会议研究决定等五个阶段。

相关链接→

《高等学校学生行为准则》

（教育部）

一、志存高远，坚定信念。努力学习马克思列宁主义、毛泽东思想、邓小平理论和“三个代表”重要思想，面向世界，了解国情，确立在中国共产党领导下走社会主义道路、实现中华民族伟大复兴的共同理想和坚定信念，努力成为有理想、有道德、有文化、有纪律的社会主义新人。

二、热爱祖国，服务人民。弘扬民族精神，维护国家利益和民族团结。不参与违反四项基本原则、影响国家统一和社会稳定的活动。培养同人民群众的深厚感情，正确处理国家、集体和个人三者的利益关系，增强社会责任感，甘愿为祖国为人民奉献。

三、勤奋学习，自强不息。追求真理，崇尚科学；刻苦钻研，严谨求实；积极实践，勇于创新；珍惜时间，学业有成。

四、遵纪守法，弘扬正气。遵守宪法等法律法规，遵守校纪校规；正确行使权利，依法履行义务；敬廉崇洁，公道正派；敢于并善于同各种违法违纪行为作斗争。

五、诚实守信，严于律己。履约践诺，知行统一；遵从学术规范，恪守学术道德，不作弊，不剽窃；自尊自爱，自省自律；文明使用互联网；自觉抵制黄、赌、毒等不良诱惑。

六、明礼修身，团结友爱。弘扬传统美德，遵守社会公德，男女交往文明；关心集体，爱护公物，热心公益；尊敬师长，友爱同学，团结合作；仪表整洁，待人礼貌；豁达宽容，积极向上。

七、勤俭节约，艰苦奋斗。热爱劳动，珍惜他人和社会的劳动成果；生活俭朴，杜绝浪费；不追求超越自身和家庭实际的物质享受。

八、强健体魄，热爱生活。积极参加文体活动，提高身体素质，保持心理健康；磨砺意志，不怕挫折，提高适应能力；增强安全意识，防止意外事故；关爱自然，爱护环境，珍惜资源。

二、意义及用途

《学生手册》是按照党和国家的教育方针，遵循大学生成长成才的基本规律，在不断总结学生教育管理工作的实际经验，不断完善学校有关学生教育管理工作的规章制度的基础上制定出来的，有利于维护学校正常的教育教学秩序、生活秩序和校园秩序，有利于提高学生自我教育、自我管理、自我服务的能力，保障学生身心健康，促进学生德、智、体、美等方面全面发展。

《学生手册》汇集了与同学们密切相关的各项学校规章制度，涵盖了同学们学习生活的方方面面，它告诉我们应该做什么，可以做什么，不能做什么；它既告诉我们如何在规章制度范围内争取更多的权益，又告诉我们应当履行哪些义务，同时告诉我们如果违反了规定应当承担的责任；它在给我们带来约束的同时，也为我们的学习生活提供帮助。

三、本校《学生手册》学习

各院校，可根据本院校实际情况，选择学习内容，重点学习教学管理制度和学生管理制度。

总结·提示

《学生手册》汇集了与学生有关的大部分规章制度，便于同学们全面了解和掌握，是学生在校期间的行为和办事指南。

问题·作业

通过学习《学生手册》看看你享有哪些权利，应该履行哪些义务？

第四节　奖助制度介绍

——高职生活的助推器

一、类别介绍——你可获得的奖励和资助有哪些？

1997年，中国高等教育实行并轨制度，为了解决家庭经济困难学生上学难的问题，也为了体现高等教育的公平性，实施“奖、贷、助、减、补并存”的资助制度，并随着社会保障制度的逐步建立及完善，大学生医保也纳入到大学生资助体系中。

(一)奖

奖主要指大学生奖学金，主要包括国家奖学金、国家励志奖学金、学校奖学金等(详见第二篇第四章)。

(二)助

主要指的是国家助学金和勤工助学。

国家助学金：为体现党和政府对家庭经济困难学生的关怀，帮助他们顺利完成学业，根据《国务院关于建立健全普通本科高校、高等职业学校和中等职业学校家庭经济困难学生资助政策体系的意见》(国发[2007]13号)，制定国家助学金办法。

《高校、高等职业学校国家助学金管理暂行办法》

（教育部）

国家助学金是由中央和地方政府共同出资设立，用于资助高校全日制本专科（含高职、第二学士学位）在校生中的家庭经济困难学生。国家助学金的平均资助标准为每生每年 2000 元，具体标准在每生每年 1500～4000 元范围内确定，可以分为 2～3 档。中央高校国家助学金分档及具体标准由财政部有关部门确定，地方高校国家助学金分档及具体标准由各省（自治区、直辖市）确定。目前，福建省的国家助学金主要分为 2 档，资助金额分别为 4000 元和 2500 元。国家助学金主要是用于家庭经济困难学生的生活费用开支，按月发放。

勤工助学：勤工助学主要指学生选用课余时间，通过合法劳动取得报酬，用于改善学习和生活条件的活动，它是提高大学生自身素质和资助家庭经济困难学生的有效途径。

《高等学校学生勤工助学管理办法》

（教育部）

勤工助学活动必须坚持“立足校园、服务社会”的宗旨，按照学有余力、自愿申请、信息公开、扶困优先、竞争上岗、遵纪守法的原则，由学校在不影响正常教学秩序和学生正常学习的前提下有组织地开展。勤工助学活动由学校统一组织和管理。任何单位或个人未经学校学生资助管理机构同意，不得聘用在校学生打工。学生私自在校外打工的行为，不在本办法规定之列。

在时间安排上，学生参加勤工助学不应当影响学业，原则上每周不超过 8 小时，每月不超过 40 小时。在报酬方面，则规定：学生参加校内固定岗位的勤工助学，其劳动报酬由学校按月计算。每月 40 个工时的酬金原则上不低于当地政府或有关部门制定的最低工资标准或居民最低生活保障标准，可以适当上下浮动。学生参加校内临时岗位的勤工助学，其劳动报酬由学校按小时计算。每小时酬金原则上不低于 8 元人民币。学生参加校外勤工助学的酬金标准不低于学校所在地政府或有关部门规定的最低工资标准，具体数额由用人单位、学校与学生协商确定，并写进聘用协议。

（三）贷

贷主要指助学贷款。助学贷款主要分为两类。

一类为国家助学贷款，是由政府主导、财政贴息，银行、教育行政部门与高校共同操作的专门帮助高校贫困家庭学生的银行贷款。借款学生不需要办理贷款担保或抵押，但需要承诺按期还款，并承担相关法律责任。借款学生通过学校向银行申请贷款，用于弥补在校学习期间学费、住宿费和生活费的不足，毕业后分期偿还。

一类为生源地助学贷款，是指国家开发银行等金融机构向符合条件的家庭经济困难的普通高校新生和在校生(以下简称学生)发放的，学生和家长(或其他法定监护人)向学生入学户籍所在县(市区)的学生资助管理中心或金融机构申请办理的，帮助家庭经济困难学生支付在校学习期间所需的学费、住宿费的助学贷款。生源地信用助学贷款为信用贷款，不需要担保和抵押，学生和家长(或其他法定监护人)为共同借款人，共同承担还款责任。无论是国家助学贷款还是生源地助学贷款，它们的贷款额度都是每人每学年不超过 6000 元。

(四)保

主要指大学生医疗保险，简称大学生医保。根据《国务院关于开展城镇居民基本医疗保险试点的指导意见》有关精神，为进一步做好大学生医疗保障工作，国务院决定将大学生纳入城镇居民基本医疗保险试点范围。《指导意见》中明确指出，大学生医保实行自愿原则；大学生基本医疗保险基金由参保学生缴纳的基本医疗保险费和政府补助组成。

如目前厦门市筹资标准为每人每年 600 元，其中财政补助 470 元，大学生本人和家庭缴纳 130 元(2015 年)，家庭经济困难大学生财政给予全额补助，大学生本人不缴费；报销比例最高可达到 80%，医疗保险基金赔付医疗费的最高限额为 40 万元、35 万元。大学生医保的保险年度为当年 7 月 1 日至次年 6 月 30 日。

二、获得途径——你如何争取到有限的奖励和资助

大学生资助体系的各项政策国家都规定了相应的获得方式及申请条件。

(一)助

1. 国家助学金：《高校、高等职业学校国家助学金管理暂行办法》的第六条规定国家助学金的基本申请条件为：(1)热爱社会主义祖国，拥护中国共产党的领导；(2)遵守宪法和法律，遵守学校规章制度；(3)诚实守信，道德品质优良；(4)勤奋学习，积极上进；(5)家庭经济困难，生活俭朴。

根据这一规定，要求申请学生必须出具家庭经济困难的证明，才具备申请资格。一般来说，每学期开学初的一个月内，要向学校提交由乡镇级以上居委会或民政部门提供的家庭经济困难证明，确认为家庭经济困难学生后，即可进行申请。高校学生资助管理机构，结合本校家庭经济困难学生等级认定情况，组织评审，提出享受国家助学金资助的初步名单及资助档次，公示无异议，报上级主管部门审批通过后，方可发放国家助学金。

2. 勤工助学：大学校内里的勤工助学主要分为两类，一类为校内教学或行政助理岗位，一类为校内食堂、超市或者商店内的帮工。这两类的勤工助学岗位一般都会在新学期开学后一个月内确定相应的岗位数量，如有想通过勤工助学，提升自身综合素质或赚取生活费的同学，可向辅导员申请，经用工单位面试通过后便可上岗。

一些学校还设有专门的勤工助学中心，统一联系校外单位提供校外勤工助学岗位，像这类的学校都会建立勤工助学档案库，只要有需要，就会从档案库中组织人员前往。因此，在开学初向辅导员提出申请，是获得此类勤工助学岗位的有效途径。

当然，有些同学也可以通过自身的能力获得校外勤工助学岗位，但因为在校生社会阅历较浅，存在着较易上当受骗、维权较为困难、安全风险等因素，因此，一般学校并不提倡学生参加这类的勤工助学。

(二)贷

助学贷款主要为国家助学贷款和生源地信用助学贷款，在一般的高职院校，并未推行国家助学贷款，而且这几年来，国家更是加大力度推广生源地信用助学贷款，因此，这里将重点介绍生源地信用助学贷款的申请条件及程序。

2007 年 8 月，国家新出台的“生源地信用助学贷款”政策中规定了生源地信用助学贷款申请条件为：

(1)具有中华人民共和国国籍。

(2)诚实守信，遵纪守法。

(3)已被根据国家有关规定批准设立、实施高等学历教育的全日制普通本科高校、高等职业学校和高等专科学校(含民办高校和独立学院，学校名单以教育部公布的为准)正式录取，取得真实、合法、有效的录取通知书的新生或高校在读的本专科学生、研究生和第二学士学生。

一、贷款申请流程

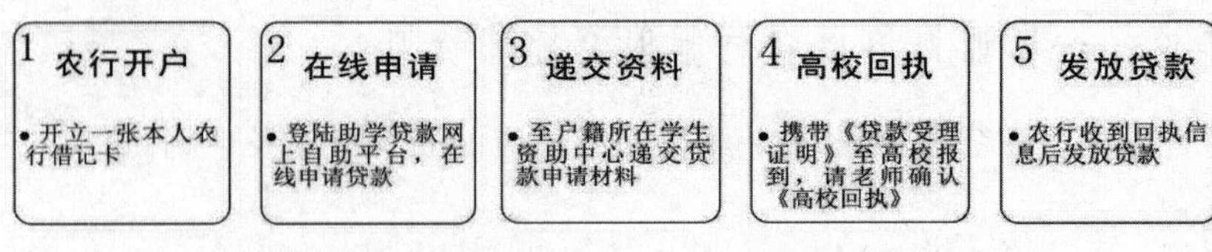

二、贷款申请所需纸质资料

序号	资料名称	资料要求
1	××省生源地信用助学贷款申请表（在线打印）	原件 1 份
2	借款学生身份证	复印件 1 份（需验原件）
3	农行信用助学贷款借款合同（在线打印）	原件 4 份
4	农行信用助学贷款申请证明（在线打印）	原件 1 份
5	借款学生户口本	复印件 1 份（需验原件）
6	家庭经济困难证明	原件 1 份
7	农行借记卡	复印件 1 份
8	录取通知书或学生证	复印件 1 份（需验原件）

★ 借款学生未满18周岁，需提供监护人同意申请贷款的书面证明（如监护人非父母，则需提供监护人关系证明）

★ 高中阶段已通过预申请的学生，则无需家庭经济困难证明

★ 全日制本专科普通高校（名单以教育部公布的为准）新生或在校生

三、贷款相关政策

1、贷款金额最高为6000元/年；
2、在校期间享受国家贴息；
3、毕业后两年为还本宽限期，宽限期内只还利息不还本金；
4、在本校专升本、本升硕士、硕士升博士的学生，均可申请贷款展期；
5、借款人需按合同约定还本付息，违约记录会纳入银行征信系统。

图 1-3　农业银行生源地信用贷款申请指南

(4)学生本人入学前户籍、其父母(或其他法定监护人)户籍均在本县(市、区)。

(5)家庭经济困难,所能获得的收入不足以支付在校期间完成学业所需的基本费用。

生源地信用助学贷款的办理程序:生源地信用助学贷款按年度申请、审批和发放。学生在新学期开始前,向家庭所在县(市、区)的学生资助管理中心提出贷款申请(有的地区直接到相关金融机构申请。如目前福建省有办理生源地信用贷款业务的银行为国家开发银行、中国农业银行和农村信用社)。县级学生资助管理中心负责对学生提交的申请进行资格初审。金融机构负责最终审批并发放贷款。

(三)保

大学生医保在每年的5月份进行征缴,需参保的同学可向学校提出申请缴费,学校将统一在地税部门进行缴费参保、办理医保卡等业务;而新生则在9月份入学后进行统一征缴。

总结·提示

“奖、贷、助、减、补并存”的资助政策,排解了家庭经济困难学生的后顾之忧,让同学们能够安心顺利地完成学业,励志成才。

问题·作业

你了解哪些国家助学政策?

第二章　高职学生生活

第一节　大学生活从军训开始
——带你体验军旅生活

一、军训的重要意义

根据《中华人民共和国国防法》《中华人民共和国兵役法》《中华人民共和国国防教育法》有关规定，学生军训工作的目的是通过组织学生军训，提高学生的思想政治觉悟，激发爱国热情，增强国防观念和国家安全意识；进行爱国主义、集体主义和革命英雄主义教育，增强学生的组织纪律观念，培养艰苦奋斗的作风，提高学生的综合素质，使学生掌握基本军事知识和技能，为中国人民解放军培养后备兵员和预备役军官、为国家培养社会主义事业的建设者和接班人打好基础。

(一)学生军训是学生综合素质全面发展的需要

学校教育担负着传授科学文化知识、为社会主义现代化建设培养各类专门人才的重要任务。要完成这个任务，需要通过多种途径，而学生军训就是为培养合格人才而采取的一项重要措施。学生军训，除了学习初级军官和士兵必须掌握的基本知识和基本技能以外，还要进行思想政治教育。通过军训及入学教育，让学生成为守纪律、爱国爱校、自律自强、勤奋学习、积极向上的现代新青年。

(二)学生军训是加速人民解放军现代化建设的需要

随着国家经济建设的不断发展，人民解放军武器装备现代化的步伐将进一步加快。这就需要成千上万具有较高军事素质和科学文化知识的人去掌握。高等院校学生具有较高的文化程度，经过一段军事训练以后，挑选一部分适合服现役的学生入伍，这对人民解放军的现代化建设是有好处的。

我军已从全国各地方大学选拔了一大批大学生入伍服役，在部队现代化建设中发挥了很好的作用。今后，根据国家教育事业的发展和人民解放军现代化建设的需要，我军将不断从高等院校选拔军人，吸收军官。通过这样的改革，必将更好地改善人民解放军官兵的知识结构，提高官兵的素质，加速人民解放军的现代化建设。

(三)学生军训是加强国防后备力量建设的需要

坚持走精干的常备与强大的国防后备力量相结合的道路,是我国国防现代化建设的必由之路。对大学生进行军事训练,是党中央、中央军委从加强国防后备力量建设出发作出的战略决策。通过军事训练,使大学生牢固树立国防观念,掌握一定的军事知识和技能,能为我军实行战时快速动员,储备基层指挥军官、技术军官和后备兵员打下坚实的基础。

(四)学生军训是加强全民国防教育的需要

国防教育是全民教育的一项重要内容,也是当代大学生整个思想政治教育的重要组成部分。历史经验表明,一个国家、一个民族的强弱兴衰与国民国防意识的强弱有密切联系。大学生既有较高的科学文化知识,又年轻力壮,他们是国家最有希望的一代,是国防兵员的主要来源。

加强全民的国防教育,首选要加强学生的国防教育,要从娃娃抓起,提高学生的国防观念。要做到这一点,最有效的途径就是对学生进行军事训练。通过军事训练,对学生进行爱国主义、革命英雄主义和人民军队的传统教育,激发学生的爱国主义热情,增强建设祖国、保卫祖国的责任感,从而推动全民国防教育的发展,弘扬中华民族崇勇尚武的传统美德,使全体公民都树立起居安思危、常备不懈、有备无患的国防观念。

二、军训的课目设置

根据《普通高等学校军事课教学大纲》,在组织军事技能训练时,要以中国人民解放军的条令条例为依据,严格训练,严格要求,培养学生良好的军事素质。军事技能训练内容和教学目标如下表:

表 1-1　军事技能训练内容和教学目标

军事技能训练内容		教学目标
条令条例教育与训练	一、《内务条令》教育 二、《纪律条令》教育 三、《队列条令》教育 1. 单个军人队列动作训练 2. 分队队列动作训练	了解中国人民解放军三大条令的主要内容,掌握队列动作的基本要领,养成良好的军人作风,增强组织纪律观念、培养集体主义的精神。
轻武器射击	一、武器常识 二、简易射击学理 三、射击动作和方法 四、实弹射击	了解轻武器的战斗性能和基本射击理论,掌握半自动步枪射击的动作要领,完成第一练习实弹射击。

续表

军事技能训练内容		教学目标
战术	一、战斗类型和战斗样式 二、战术基本原则 三、单兵战术动作	了解战斗的基本类型和基本样式，掌握战术基本原则的主要内容，学会单兵战术的基本动作要领。
军事地形学	一、地形对军队战斗行动的影响 二、地形图基本知识 三、现地使用地形图	了解地形对作战行动的影响，掌握地形图的基本知识，学会现地使用地形图的方法。
综合训练	一、行军 二、宿营 三、野外生存	了解行军、宿营的基本程序、方法，培养野外生存能力。

由于各高校的实际情况各不相同，《普通高等学校军事课教学大纲》规定，各校可根据实际情况和专业特点，对教学内容作适当调整。

近年来，高职院校根据实际情况，一般以解放军条令条例教育与队列动作训练为主，军体拳（或擒敌拳、匕首操、防身术等）和体能训练为辅，同时还增加了一些有针对性的内容，如防灾、防空、消防、紧急疏散等，培养高职学生应对各种灾难、处理突发事件的能力；根据院校自身专业特色、学生特点，还增设了本专业在军事上的运用课程。比如：医学专业增设战地救护，计算机专业增设现代网络战争，通讯专业增设电子对抗和战时通讯保障，交通专业增设战时交通运输保障，等等。从而将高职院校培养技能型人才与补充预备役所需高素质专业人才目标有机地结合起来，形成综合性高职院校军训模式。

图 1-4　大学军训

·【小贴士】·

军训队列动作的主要口令与要领

口令：立正。

要领：两脚跟靠拢并齐，两脚尖向外分开约 60 度；两腿挺直；小腹微收，自然挺胸；上体正直，微向前倾；两肩要平，稍向后张；两臂下垂自然伸直，手指并拢自然微曲，拇指尖贴于食指第二节，中指贴于裤缝；头要正，颈要直，口要闭，下颌微收，两眼向前平视。

口令：跨立。

要领：左脚向左跨出约一脚之长，两腿挺直，上体保持立正姿势，身体重心落于两脚之间。两手后背，左手握右手腕，拇指根部与外腰带下沿（内腰带上沿）同高；右手手指并拢自然弯曲，手心向后。携枪时不背手。

口令：稍息。

要领：左脚顺脚尖方向伸出约全脚的三分之二，两腿自然伸直，上体保持立正姿势，身体重心大部分落于右脚。携枪（筒）时，携带的方法不变，其余动作同徒手。稍息过久，可以自行换脚。

口令：向右（左）——转。

半面向右（左）——转。

要领：以右（左）脚跟为轴，右（左）脚跟和左（右）脚掌前部同时用力，使身体协调一致向右（左）转 90 度，体重落在右（左）脚，左（右）脚取捷径迅速靠拢右（左）脚，成立正姿势。转动和靠脚时，两腿挺直，上体保持立正姿势。

半面向右（左）转，按照向右（左）转的要领转 45 度。

口令：向后——转。

要领：按照向右转的要领向后转 180 度。

口令：齐步——走。

要领：左脚向正前方迈出约 75 厘米，按照先脚跟后脚掌的顺序着地，同时身体重心前移，右脚照此法动作；上体正直，微向前倾；手指轻轻握拢，拇指贴于食指第二节；两臂前后自然摆动，向前摆臂时，肘部弯曲，小臂自然向里合，手心向内稍向下，拇指根部对正衣扣线，并高于春秋常服最下方衣扣约 5 厘米（着夏常服、水兵服时，高于内腰带扣中央约 5 厘米；着作训服时，与外腰带扣中央同高），离身体约 30 厘米；向后摆臂时，手臂自然伸直，手腕前侧距裤缝线约 30 厘米。行进速度每分钟 116～122 步。

口令：正步——走。

要领：左脚向正前方踢出约 75 厘米（腿要绷直，脚尖下压，脚掌与地面平行，离地面约 25 厘米），适当用力使全脚掌着地，同时身体重心前移，右脚照此法动作；上体正直，微向前倾；手指轻轻握拢，拇指伸直贴于食指第二节；向前摆臂时，肘部弯曲，小臂略成水平，手心向内稍向下，手腕下沿摆到高于春秋常服最下方衣扣约 15 厘米处（着夏常服、水兵服时，高于内腰带扣中央约15厘米处；着作训服时，高于外腰带扣中央约10厘米处），离身体约10厘米；向后摆臂时（左手心向右，右手心向左），手腕前侧距裤缝线约30厘米。行进速度每分钟110～116步。

口令：跑步——走。

要领：听到预令，两手迅速握拳（四指蜷握，拇指贴于食指第一关节和中指第二节），提到腰际，约与腰带同高，拳心向内，肘部稍向里合。听到动令，上体微向前倾，两腿微弯，同时左脚利用右脚掌的蹬力跃出约85厘米，前脚掌先着地，身体重心前移，右脚照此法动作；两臂前后自然摆动，向前摆臂时，大臂略垂直，肘部贴于腰际，小臂略平，稍向里合，两拳内侧各距衣扣线约5厘米；向后摆臂时，拳贴于腰际。行进速度每分钟170～180步。

停止间口令：踏步——走。

行进间口令：踏步。

要领：两脚在原地上下起落（抬起时，脚尖自然下垂，离地面约15厘米；落下时，前脚掌先着地），上体保持正直，两臂按照齐步或者跑步摆臂的要领摆动。

口令：立——定。

要领：齐步、正步和礼步时，听到口令，左脚再向前大半步着地（脚尖向外约30度），两腿挺直，右脚取捷径迅速靠拢左脚，成立正姿势。跑步时，听到口令，再跑两步，然后左脚向前大半步（两拳收于腰际，停止摆动）着地，右脚取捷径靠拢左脚，同时将手放下，成立正姿势。踏步时，听到口令，左脚踏1步，右脚靠拢左脚，原地成立正姿势（跑步的踏步，听到口令，继续踏两步，再按照上述要领进行）。

三、军训的评比表彰

军训的评比主要由学生工作处（或学校武装部）会同承训部队组织实施，并由学校发文通报表彰在军训过程中表现优秀的先进个人和集体。

厦门某高校军训评比标准

一、军训先进集体评比标准

1. 领导重视军训工作，定期到本系训练现场督察，辅导员与教官工作协调默契，能够按照军训领导小组的要求完成任务。

2. 思想政治工作到位，充分发挥学生干部的模范带头作用，团结协作精神强，争先创优氛围浓，无不文明的现象和任何安全事故发生。

3. 军训学员坚决执行条令条例，落实各项规章制度，团结协作，服从管理，听从指挥，作风过硬，日参训率始终保持在95%以上。

4. 做好军训宣传工作，营造浓厚的军训氛围，利用军训间隙组织学生开展健康向上的文体活动。

5. 内务卫生落实情况良好，学生宿舍整洁卫生，物品放置整齐有序；内务卫生检查总评良好以上。

6. 全体学员训练认真刻苦，精神饱满，军训成果显著，整体军训考核成绩名列前茅，无考核不合格者。

二、军训先进个人评比标准

1. 军训中表现良好，思想进步，以饱满的热情积极参加军训各项活动，无怕苦怕累的畏难情绪。

2. 军事训练认真、刻苦，并能按照连队的要求完成军事训练任务，军事考核成绩优秀。

3. 在整个军训过程中，严格执行条令条例和各项规章制度，服从命令，听从指挥，没有请假、旷训、无故迟到等违纪行为发生。

4. 军训期间能够主动帮助其他学员学习、训练，协助教官、辅导员工作，积极参加各项活动和各种比赛，个人表现突出。

5. 军训期间着装整齐，讲究军容风纪，内务卫生清洁整齐，个人物品放置整齐有序，遵守公共秩序，精神风貌好。

总结·提示

对大学生实施军事训练，是培养坚持“四项基本原则”的“四有”人才和增强国防后备力量的一项重要战略措施，是学生在校期间履行兵役义务、接受国防教育的一种基本形式。

问题·作业

谈谈你的军训生活体会。

第二节 国防教育简述

——有国才有家

一、国防教育概述

国防教育是国家为防备和抵抗侵略，制止武装颠覆，保卫国家的主权、统一和领土完整，对全体公民进行的具有特定目的和内容的普及性教育活动。国防教育是国防建设的重要组成部分，我国在高等学校、高级中学和相当于高级中学的学校实行军事训练制度。自 1985 年以来，军队先后派出 20 余万官兵协助学校组织开展学生军事训练，训练在校学生 3000 多万人。自 2002 年起，全国所有普通高等学校和高级中学的学生都将按照有关规定和计划参加军事训练。

2001年4月28日，第九届全国人大常委会第21次会议审议通过《中华人民共和国国防教育法》。2001年8月31日，第九届全国人大常委会第23次会议决定，每年9月的第三个星期六为全民国防教育日，全民国防教育日为全民参与国防教育活动提供了一个大众化、社会化的载体，是推动全民国防教育深入持久开展的有效形式。

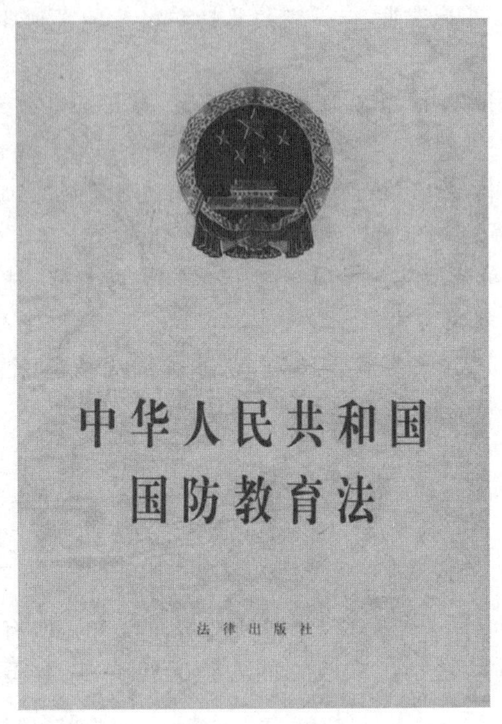

图1-5 《中华人民共和国国防教育法》

二、国防教育的意义与作用

高校的国防教育是高校德育工作的重要组成部分，也是学校精神文明建设的重要内容。在大学生中开展国防教育，不但可以激发大学生的爱国热情，树立远大理想，还能培养大学生的组织纪律性，提高综合素质，增强国防观念，促进德、智、体全面发展，这对培养新世纪的人才具有重要意义。

国防力量是国家综合国力的有机组成部分，国防现代化是我国四个现代化不可分割的一部分。加强国防教育事关国家和民族的根本利益，必须作为一项长期的战略任务，切实抓紧抓好。国防教育的实质是国家根本利益的教育，其核心是爱国主义。在崇尚综合国力竞争的今天，世界上很多国家都十分重视和加强国防教育，把国防教育作为强化全民国防观念、振奋民族精神、激发生存意识、提高国际竞争能力的战略性任务。我国作为一个发展中的大国，更需要通过加强国防教育来弘扬民族精神，凝聚全民的智慧和力量，巩固和加强国防，不断提高综合国力。

三、国防教育的主要内容

(一)国防理论教育

主要包括中国古代军事思想、国防建设理论、国防历史、国防法规、国际战略环境、军事高技术及信息化战争方面的理论以及国家的防卫方针、政策及其理论原则,国际形势与国际关系理论等。

(二)国防精神教育

主要有爱国主义精神、革命英雄主义精神、自我牺牲精神、无私奉献精神、艰苦奋斗精神、爱军习武精神、民族团结和自强精神等。用这些传统的精神对全体公民尤其是青少年学生进行教育,是国防教育的基本任务。

(三)国防知识教育

国防知识内容广泛,作为大学生应重点了解:国家领土、领海、领空和海洋权益知识;国防历史知识;现代战争及现代军事知识;国防科学技术普及知识;国防法律知识等。

(四)国防技能教育

提高广大青年学生保卫祖国的素质,也是国防教育的一项基本任务。这种素质除包括道德精神素质、知识理论素质外,还包括青年学生的身体素质和国防技能素质。通过广泛的群众体育和国防体育活动,使青年学生具有强健的体魄和敏捷的应变能力。

军事理论课和军事训练是现今许多高校进行国防教育的主要途径。其中,军事理论课列入学校的发展规划和教学计划当中,军事理论教学时数一般为 36 学时,军事训练一般为 2～3 周,学生成绩记入学生档案。接纲施教,明确教学目标,严格考勤制度,完善课程建设和课程评价体系。

好男儿,当兵去

——致大学生青年的一封信

大学生朋友们,你们好!

一年一度的征兵工作又吹响了集结号,火热的军营向你们张开了激情的怀抱,期待你们的到来。

依法服兵役是每个公民的光荣义务和神圣职责。实现强国梦强军梦是每个中国人的梦想和追求。大学生是祖国的未来、民族的希望。大学生崇军尚武、携笔从戎,是祖国的需要、时代的召唤、责任的担当。希望你们把参军报国作为人生的重要选择,投身军营、建功立业。

党和国家、军队高度重视征兵工作,出台了一系列优待政策,大学生参军入伍 2 年可享受工资、优待金和学费补偿等约 9 万元,5 年约 20 万元,8 年约 38 万元;表现优秀的还可以入党、考学、提干和转改士官。退役后，参加公务员、事业单位招考有指标有加分，复学考学有资格有优先，创业就业有担保有贷款，招聘接收有组织有专场，经济保障有奖励有补助；服现役时间视为基层工作经历，在省内落实就业单位的可就地落户。

部队是个大熔炉、大学校，当兵一回，终身受益。经过军营的历练，能够培养良好的形象、文明的举止、强健的体魄和较强的组织能力、自理能力、纪律观念，集聚成就事业的人脉资源。大学生朋友们，是雄鹰就当搏击长空，是蛟龙就当遨游大海，希望你们积极响应祖国召唤，加入光荣的解放军，用青春和热血，谱写人生最壮丽的诗篇！

青年学生们，诚挚欢迎你们报名参军，即日起至 8 月 5 日前，请登录全国征兵网（全国征兵网网址：http//www.gfbab.gov.cn）报名，并到本人户籍或高考所在地县级人武部、乡镇（街道）武装部，学校武装部进行确认。

福建省征兵办 福建省教育厅

国防教育是巩固国防的基础，是增强民族凝聚力，提高全民素质的主要途径；学校国防教育是全民国防教育的基础，是实施素质教育的重要内容；大学生是国家的栋梁，通过开展国防教育，使大学生增强国防观念，掌握基本国防知识，学习必要军事技能，激发爱国热情，自觉履行国防义务。

和平年代，为什么要进行国防教育？

第三节　大学生活与宿舍文化

——梦开始的地方

一、从容面对独立生活的开始

进入大学，同学们离开父母和亲朋好友来到异地，独自面对新的环境、新的群体，没有人再像管家一样管理你的生活起居，许多事情要独自处理，真正的独立生活开始了。想要独立，就从自己的生活开始，做自己的主人。

·【小贴士】·

多年来，家长送子到大学报到已成为一道风景线。从入学注册办手续，到提行李，甚至连孩子寝室卧具的收拾都是家长一手包揽。可是家长总不可能天天陪伴在身边，家长一走，孩子就不知所措，开学没几天就特别想回家。与此形成鲜明对比的是幼儿园门口的温馨提示牌：请家长止步，让幼儿自立。

(一)自立——自己的路要自己走

每个人都要成长，要成为一个独立的人，就必须学会适应生活中的各种变化。对于新生而言，呈现在我们面前的是陌生的校园和生活、生疏的老师和同学，这些都要求我们要正视新环境的变化和特点，克服依赖性，增强自主性，强化自我教育、自我管理、自我服务的意识，并时刻注意锻炼独立自主的能力，坚持自己的事情自己做，从身边做起，从点滴做起，大胆实践，不断积累经验，努力学会独立处理学习和生活中的各种问题。

→→→→→

【案例分析】

大学生活和高中生活真是天壤之别：高中生活两点一线，写不完的作业、背不完的书，如同拧紧的发条。而大一新生学习压力较小，又没有老师和家长的时时监督，这种期待已久的自由让刚入大学的王强同学很是兴奋，终于没人管了，该干什么就干什么，想玩就玩，想吃就吃，想睡就睡。可是没过多久，这种自由却给王强同学带来许多烦恼，由于毫无节制，不仅让王强同学的生活一下子懒散了许多，懒散的生活方式形成的不良生活习惯时而引起舍友间的摩擦，而且由于生活的懒散，导致了学业的一落千丈，这让王强同学后悔莫及。

←←←←←

(二)自律——养成良好生活习惯

自律是大学生活基本特征之一，良好的生活习惯是确保顺利度过大学阶段的重要基础。因此，从进入大学开始，就该切实重视这个问题，严于律己，养成良好的生活习惯：遵章守纪，按时作息；勤于锻炼，热爱劳动，勤俭节约；今日事今日毕，小事情严格要求，大事情高标准要求，控制生活节奏，把握事情分寸，处理好工作、学习、生活与休闲的关系，远离不良的生活方式。

→→→→→

【案例分析】

从小学到中学，张斌一直都担任班级里的学习委员，可是在最近的新生班委竞选中却因没什么“特长”而榜上无名，最后，就连小小的宿舍长也因不够有“人缘”而再次落选，这给强斌很大的打击，看着其他同学在竞选舞台上表现得都是那么的自信，想想自己“身无长处”，张斌产生了强烈的挫折感，情绪十分低落。

←←←←←

(三)自强——勇敢面对挫折

成长是一个漫长的过程,这个过程不会是一帆风顺的:刻苦学习但没有理想的成绩,努力奋斗却总与成功擦肩而过。大学为每个人提供施展才华的机会,在与来自全国各地的同学相处后,发现知识、交际、才艺等方面不如他人的地方很多。但“不经历风雨,怎么见彩虹”,正是在与挫折不断的斗争中,让我们不断超越自我,走向成熟。

所以,首先我们要清醒地认识和勇敢面对这一现实,大学是新的起跑线,一切归零,要保持一颗勇敢的心。其次,善于发现自己的优势,正确定位。人无完人,虽然自己在某些方面不如别人,但也有很多自己特有的优势,不要被暂时的挫折击退。再就是,要加强学习。人不是天生比别人差,即使今天我们没有优势,通过学习,总会有强人之处。挫折,让自强不息的人越挫越勇。

二、学会融入集体生活

宿舍是大学生活的基本单位,大学生平均每天有一半以上的时间待在宿舍。因此,宿舍人际关系是大学生人际交往的主要媒介,对于刚刚踏入大学的新生来说,如何处理好宿舍人际关系,与来自五湖四海的舍友和睦相处是一个很重要的问题,也是衡量大学生人际能力和为人处世的重要标杆。

宿舍是个小社会,从四面八方相聚在一起的同学们展示着各自特有的一面。老大是个“愤青”,总爱喋喋不休抨击某事,口无遮拦;老二是个音乐“发烧友”,一有空就抱着他的吉他“噌噌”地弹奏噪音;老三一天到晚吃个不停;老四的臭袜子脏衣服满天飞;老五的挑灯夜战和老六的早起晨读同样扰人睡眠……自我、差异、混乱、矛盾交织在一起总会发出一些不和谐的声音,让人烦心。

和来自各地的新同学同在一个屋檐下,成长背景、生活习惯、性格爱好都有不同差异,其中很大一部分同学没有宿舍生活经历,这诸多差异容易导致宿舍产生各种误会和矛盾。那么如何处理好与舍友的关系,尽快融入大学集体生活?

我们要牢记宿舍关系“八项注意”:

1. 求同存异,统一作息。一间宿舍好几个人生活在一起,有的好安静,有的好热闹;有的人睡觉怕光、怕吵,有的人却睡得雷打不动;有的是早起鸟,有的是夜猫子。晚睡的同学动静太大,影响了正常休息的同学,为了报复自己头天晚上受到的“不公正待遇”,第二天早起的同学也故意制造噪声,如此一来二去,宿舍关系陷入僵局。面对这种情况,大家要求同存异,良好沟通,统一作息,共同遵守,才能消除摩擦,维持正常的生活秩序。

2. 平等相待,不搞“小团体”。一个宿舍里的同学有着各自的性格特点,遇到志同道合的舍友自然是一件很庆幸的事,但稍不注意也很容易形成“小团体”,无形中疏远了宿舍里的其他同学,也容易被其他同学孤立,久而久之,宿舍里的气氛也就不会融洽。因此,在宿舍应当以平等的态度对待每一个人,有亲近的舍友是件好事,但不要忽略甚至排斥宿舍里别的同学,有一两个相处更亲密的朋友也是很自然的事,但也要注意整体的融洽,我们不反对建立有深度的友谊,但决不能以牺牲友谊的长度和宽度为代价。

3. 维护共同的生活环境,人人有责。垃圾堆满了没人扫,地板脏了没人拖,脏衣服堆积如山，更有甚者，不征询舍友的意见就在宿舍随便吸烟，随意制造噪音……在这样的环境下生活，心头的不悦很快就会堆积起来。宿舍是大家共同生活的场所，每个人都有自己的生活空间，同时也必须遵守大家共同维系的生活规则。建立宿舍卫生值日制度，每个人都能为共同的生活环境尽义务。作为一个社会中的人，不仅要做好自己个人的事，还要做好集体的事，没有哪一个集体会欢迎一个自私自利、懒惰邋遢的人。

4. 互相帮助，相亲相爱。俗话说：远亲不如近邻。离开家人的呵护与照料来到大学开始独立生活，总会遇到这样那样的困难和问题，这个时候往往是同处一室的舍友第一时间向你伸出援助之手，让你感受到了温情。良好的人际关系是以互相帮助为前提的，每个人都难以凭借自己的力量独自生活，在你得到舍友的帮助的同时，想想你能为他们做些什么，互相关心与帮助能加深彼此间的友谊，让宿舍关系更加融洽。

5. 不触犯别人的隐私。每个人都有自己的私人空间和秘密，也有足够的好奇心。对于舍友的隐私，不要想方设法去探究，更不能捕风捉影；未经舍友同意，切不可擅自乱翻其私人物品，特别是信件、日记等私密信息；同住一间宿舍，有时难免知晓舍友的某些隐私，我们也要守口如瓶，随意告诉他人甚至添油加醋，不仅是对舍友的不尊重，也是不道德的。隐私对每个人而言都是不容他人侵犯的敏感地带，我们要格外小心，千万不要随意触犯，以为熟悉就忽略了细节，导致酿成大错。

6. 不争强好胜，逞一时口快。“卧谈会”是宿舍生活的一项重要内容。舍友们互说见闻，各抒己见本是件很开心的事，但也往往因小事而发生争执。一旦发生争执，双方就互不相让，非得一争高下，其实同一宿舍中不见得谁的观点就比别人强，这种争强好胜不仅毫无意义，而且很容易引起别人反感。因此，要学会彼此尊重，以和为贵。伏尔泰有句名言：“即使我不同意你的观点，但我誓死捍卫你发表意见的权利！”每个人都有表达自己意见的权利，不要强迫别人接受你的观点。

7. 积极参加集体活动。每个人都有自己的爱好习性，但千万不要把集体活动不当一回事。集体活动不是单纯的一项活动，更是舍友间加强沟通、联系感情的重要方式。舍友们决定一起参加什么活动，我们要尊重他们的选择。确实不能参加，可以把自己的想法和意见提出来，不要勉强参与反倒让舍友觉得你在应付了事，更不要一口回绝而影响舍友的兴致。倘若集体活动总不参加，容易显得你不合群。所以我们要积极参加各种活动，主动感受大学生活，并学会与他人分享乐趣。

8. 用宽容之心化解矛盾。舍友之间朝夕相处难免有些摩擦和冲突。如果因为一点小事耿耿于怀，谁都不愿意做出让步，从此大家井水不犯河水，这不仅有碍宿舍的和谐关系，也会对当事人造成不健康的心理。著名作家雨果说：“世界上最宽阔的是海洋，比海洋更宽阔的是天空，比天空更宽阔的是人的胸怀。”其实舍友间大多没有什么实质性的矛盾，作为大学生应该正确看待，主动和解，这并不是一件不光彩的事，相反正表明了你的高风亮节和宽阔的胸怀。我们在宽容别人的同时，也给了自己机会，宽容是对他人的一种尊重，也为自己赢得了信任。

高校学生宿舍是大学生之“家”，生活在宿舍大家庭中，要学会宽容、学会理解、学会关爱、学会融洽，健康快乐地度过一个有意义的大学生活。

三、以人为本——建设和谐宿舍文化

宿舍是大学生日常生活、学习、活动的重要场所，大学生在以宿舍为主要空间的共同学习、生活、相互作用过程中形成的共同价值准则、群体意识、行为规范和学习生活习惯等，构成独特的宿舍文化。

宿舍文化它包含四个层面：一是物质文化，二是制度文化，三是行为文化，四是精神文化。其中精神文化包含精神面貌、思想信念、情感价值等方面，是与精神文明相对应的文化形态，是宿舍文化的灵魂与精髓。

宿舍文化作为大学校园文化的重要内容之一，不仅对大学生的思想政治素质、道德素质、心理素质等有着潜移默化的影响，而且对大学生良好的生活、学习、行为习惯的养成和健康向上的世界观、人生观、价值观的形成有着重要的作用。宿舍文化通过一定的物质环境、规章制度、文化活动和精神氛围，使宿舍成员有意无意地在思想观念、心理因素、行为准则、价值取向等方面产生认同，从而实现对学生个体心灵、人格、精神的塑造。

随着教育教学改革的不断深入，以宿舍为单位的活动进一步增强，其育人功能日益突出。学生宿舍是校园文明的重要窗口，建设和谐宿舍文化是构建和谐校园，形成优良学风的重要保证。和谐作为一个重要的哲学范畴，所指向的是事物协调地生存与发展的状态。因此，建设和谐宿舍文化必须坚持"以人为本"，一切以学生为根本，促进学生全面发展和健康成长成才。

多年来，宿舍文化在配合学校实现"教书育人、管理育人、服务育人"的工作目标中，积极发挥着教育激励、约束规范、陶冶塑造和素质拓展的功能。如各高校普遍开展的文明宿舍创建、寝室文化节等学生喜闻乐见的宿舍文化活动，不仅丰富了大学生校园文化生活，而且在教育和引导学生文明行为养成，增强集体凝聚力和主人翁责任感，激励学生奋发向上，塑造健全人格，优化育人环境等方面发挥了重要的作用。

图 1-6 大学宿舍生活

厦门某高校关于做好2014—2015学年“合格宿舍”评比和星级“文明宿舍”创建活动的通知

各系：

为进一步推进学生宿舍文明建设，加强学生公寓日常教育管理工作，发挥学生公寓在实施大学生思想政治工作和素质教育中的重要阵地作用，推进学院“全员育人”工作，学院决定在学生公寓开展“合格宿舍”评比和星级“文明宿舍”创建活动，现将有关事项通知如下：

一、活动时间

2014年10月—2015年6月。

二、参评对象

全校学生宿舍。

三、工作安排

（一）“合格宿舍”评比工作（2014年10月—2015年6月）

1.“合格宿舍”评比是星级“文明宿舍”创建工作的基础（注：“合格宿舍”评定是根据《厦门某高校“文明宿舍”评比标准》得分达60分及以上者）。“合格宿舍”日常检查评比工作由各系负责。各系根据《厦门某高校“文明宿舍”评比标准》（见附件1），每周对本系学生宿舍进行内务卫生和纪律检查评比。在检查评比过程中，对未达到“合格宿舍”评比标准的宿舍，各系应加强指导，限期进行整改，切实提高达标率。

2.“合格宿舍”综合评比工作由学生公寓管理中心负责，评比以宿舍内务卫生和宿舍成员在安全纪律方面的表现为重点，每学期组织2～3次“合格宿舍”内务卫生检查评比，不定期组织学生公寓区违规违纪行为的专项检查。对内务卫生检查评比不合格的宿舍和宿舍成员存在使用违规电器、未经批准夜不归宿、私自在校外租房住宿、打架斗殴、私藏管制刀具等违规违纪行为的，直接列为“不合格宿舍”，评比结果向全校通报。

（二）校星级“文明宿舍”创建评比工作（2014年10月—2015年6月）

1.系级“文明宿舍”创建（2014年10月—2015年3月）

各系在“合格宿舍”评比的基础上，对照《厦门某高校“文明宿舍”评比标准》（见附件1）积极开展宿舍文明创建工作。对在内务卫生、安全纪律、精神风貌方面表现突出的宿舍，授予系级“文明宿舍”称号。

2.校星级“文明宿舍”申报（2015年3月上旬）

各系推荐系级“文明宿舍”参评校星级“文明宿舍”。参评宿舍须填写《厦门某高校2014—2015学年星级“文明宿舍”申报表》（见附件2）。申报材料请于2015年3月7日前报学生处公寓管理中心。

3.校星级“文明宿舍”评比（2015年3月中旬—6月）

校星级“文明宿舍”评比工作由学生处负责。评比内容包括宿舍内务卫生、宿舍成员安全纪律表现和精神风貌三个方面。学生处将组织三次内务卫生评比，不定期组织公寓区安全纪律专项检查。检查评比中，参评宿舍如出现一次内务卫生不达标或宿舍成员存在使用违规电器、未经批准夜不归宿、私自在校外租房住宿等违反《厦门某高校学生宿舍管理规定》的违规违纪行为，直接取消该宿舍的参评资格。

2015 年 6 月，学生处将综合参评宿舍三次内务卫生评比成绩和宿舍成员本学年在安全、文化、纪律、精神风貌等方面的综合表现，评出本学年校星级“文明宿舍”。

四、奖励办法

1. 校星级“文明宿舍”由学校发文表彰，授予星级“文明宿舍”荣誉称号，并颁发奖金。

2. 校星级“文明宿舍”的宿舍长及宿舍成员在本学年综合测评的德育附加分中给予加分。

五、工作要求

1. 开展“合格宿舍”评比和星级“文明宿舍”创建工作是我校落实思想政治工作进公寓的具体举措，也是推进校园精神文明建设的一项重要内容，各系要广泛动员，让广大同学了解开展宿舍文明创建活动的目的和意义，以实际行动积极参与宿舍文明创建活动。

2. 开展“合格宿舍”评比和星级“文明宿舍”创建工作要与学院开展的“全员育人”工作相结合、学生党建工作结合、与校风学风建设相结合。各系要根据本系实际，制定具体的评比创建方案，努力建设“书香学习型”、“爱心互助型”、“节能环保型”等主题突出特色鲜明的宿舍，确保工作落到实处，取得成效，对在此项工作表现突出的系给予表彰奖励。

3. 开展“合格宿舍”评比和星级“文明宿舍”创建工作要充分发挥学生干部、学生党员的积极作用，学生在宿舍文明创建中的表现要与学生综合测评和各种评奖评优挂钩。

附件：1. 厦门某高校“文明宿舍”评比标准。

2. 厦门某高校 2014—2015 学年星级“文明宿舍”申报表。

厦门某高校
2014 年 9 月 10 日

附件 1：

厦门某高校文明宿舍评比标准

一、宿舍秩序(20 分)

1. 宿舍成员自觉遵守学院各项规章制度，无违纪现象。

2. 宿舍成员团结向上，举止文明，礼貌待人。

3. 保持室内安静，不喧哗，不打闹，不做影响他人学习和休息的活动。

4. 服从管理，不顶撞、辱骂公寓管理人员。

5. 无酗酒、赌博行为，舍风优良。

二、宿舍安全(20 分)

1. 注意防火，不私拉电线，不使用电热棒、电磁炉等违规电器。

2. 增强防盗意识，妥善保管好贵重物品。

3. 严格遵守作息制度，按时就寝，杜绝晚归、夜不归宿、擅自留宿外人。

4. 无爬墙越室行为，积极配合公寓管理人员做好公寓楼安全保卫工作。

三、宿舍卫生(40 分)

1. 地面拖扫干净，房间无异味。

2. 卫生间整洁无异味、污垢、积水。

3. 各类家具、门、窗、洗衣池整洁，无积尘、污渍。

4. 墙壁整洁清新，无乱张贴物及鞋印、球印，天花板、吊扇无积尘、蜘蛛网。

5. 床上物品叠放整齐不凌乱；被褥叠放整齐有序；席子、床单平整；鞋子整齐摆放于指定区域或鞋架上。

6. 桌面无杂物，电脑、书籍、椅子统一摆放整齐。

7. 室内、阳台整洁无杂物，垃圾及时清理，阳台储藏台上方物品摆放安全、整齐。

8. 水桶、脸盆、口杯等生活用品摆放有序，毛巾、衣物晾晒整齐。

四、宿舍文化（20 分）

1. 宿舍成员集体荣誉感强，积极参加各项活动。

2. 室内布置内容健康向上，反映当代大学生的精神风貌。

3. 主题鲜明，整体协调，张贴有序，美观大方。

4. 体现出一定的动手能力以及专业性或宿舍特色。

5. 有一定创新性和文化品位。

附件 2：

厦门某高校 2014—2015 学年星级“文明宿舍”申报表

系

楼栋		宿舍		年级专业班级	
宿舍长		联系电话		辅导员	
宿舍成员姓名		政治面貌	在校任职、参加活动及获奖情况		
事迹材料	（申报材料可另附）				
系部意见	（签章） 年 月 日				
公寓管理中心意见	（签章） 年 月 日				
备注					

学生宿舍作为学生生活、学习、活动的重要场所，是各种价值观念、道德标准、行为规范、政治观点等的集散地，是学生思想最集中、最真实体现的场所。因此，学生宿舍又是大学生思想政治教育的主要阵地。

为推进大学生思想政治教育进宿舍，一些高校陆续在学生宿舍建立党组织，作为学校党委的派出机构，统一协调、指导学生宿舍党建及思想政治教育工作。在每个宿舍楼栋建立学生宿舍党支部，书记由该楼栋住宿相对集中的院系优秀辅导员兼任，成员由该楼栋学生党员组成，主要负责对本楼栋学生党员、入党积极分子的教育与管理，并组织开展各项宿舍文化活动；有条件的还可以楼层为单位设立学生宿舍党小组，逐步形成"社区党工委—楼栋党支部—楼层党小组"的学生宿舍党建工作运行机制。

在学生宿舍开展党建工作是对学校党建工作主渠道的拓展与延伸。一方面，学生公寓党组织依托学生在公寓的表现，建立考评体系，加强对党员、入党积极分子的日常教育管理。如建立学生党员、入党积极分子考评档案，将其纳入所在楼栋党支部进行管理。在遵规守纪、模范作用、内务卫生、团结互助、参与楼栋管理与活动等方面进行考评，定期以《党员、入党积极分子公寓表现反馈函》的形式将学生在公寓的表现书面反馈给所在院（系）党组织。各院（系）党组织主动将学生党建工作向公寓延伸，开展共建，发展党员事先函调，定期向学生公寓党组织介绍本院（系）学生党员、入党积极分子培养、教育、考察情况，将学生公寓党组织的反馈意见作为考察入党积极分子、发展学生党员的基本依据，有效保证党员发展质量。另一方面，依托学生公寓党建工作体系，将学生公寓日常教育、管理、服务工作与党建工作相融合，共同开展。如创建党员、入党积极分子示范宿舍、服务岗与创建文明宿舍等宿舍文化活动相结合；楼栋日常工作由楼栋党支部与楼管会共同参与；学生党员、干部发挥先锋模范作用，协助公寓管理中心、学校参与学生公寓安全值班、秩序维护、信息搜集、动态掌握、应急响应、矛盾化解等工作，共同推进学生公寓各项教育、管理、服务水平提升。

通过搭建学生宿舍党建工作平台，一方面让党建工作更加贴近学生，更加了解学生，更好地服务学生，在"自我教育、自我管理、自我服务"中发挥党员先锋模范作用；另一方面更加有效地将来自不同院系、不同专业、不同年级的学生组织起来，发挥学生主体作用，提高学生参与宿舍文化活动的积极性和创造性，提升党组织的凝聚力和影响力，推进学生宿舍内涵建设。

中共厦门某高校学生公寓委员会学生党员、
入党积极分子公寓表现反馈函

No：

系党支部：

贵系__________专业____级____班学生________（现住____楼____宿舍）自______年____月至____年____月的社区表现分______。具体表现如下：

<table>
<tr><td rowspan="2">公
寓
表
现
情
况</td><td>遵规守纪方面：
□遵守《厦门某高校学生宿舍管理规定》，无违规违纪记录；
□__次违章用电□__次私自外住□__次留宿外人□__次晚归
打架斗殴□__次酗酒□__次违反作息制度□其他情况：________。
模范作用方面：
□以党员的标准严格要求自己，在学生公寓发挥表率作用；
□积极参与楼栋党建及楼栋支部各项活动，认真完成楼栋党支部工作，对楼栋党支部做出较大贡献；
□表现一般；
□表现极差，未能发挥模范作用。
内务卫生方面：
1.□因宿舍内务差等而扣表现分，____次；
2.□因个人内务差等而扣表现分，____次；
3.□因存在拒检/态度恶劣记录而扣表现分，____次；
4.宿舍内务卫生等级：□优秀□良好□合格□不合格。
四、团结互助方面：
1.□与同学相处融洽，群众基础良好；
2.□与同学关系一般；
3.□与同学关系差。
五、参加集体活动等方面：
1.参加学生公寓及楼栋组织的文化活动情况：□积极□一般□未参加；
2.参加楼栋值班情况：□按时上下岗□迟到、早退、缺岗□拒绝值班；
3.配合楼栋辅导员、管理员工作情况：□积极□一般□无协助。
六、其他需要补充说明的情况：</td></tr>
<tr><td>楼栋党支部书记签字：
年　月　日</td></tr>
<tr><td>公寓
党工委
意见</td><td>学生公寓党工委（盖章）
年　月　日</td></tr>
</table>

总结·提示

宿舍是大学生的“第一社会、第二家庭、第三课堂”。它是一个小型社会，是大学生的家园，又是一个无形的课堂，教给我们书中没有但对身心发展非常重要的知识。

问题·作业

作为宿舍里的一员，你如何处理好与舍友的关系？

第四节　班级活动与团队建设

——和大家在一起

班级是大学生活、学习、人际交往的主要平台。班级里的每一个个体,从全国各地聚集而来,形成群体。大学中的班级与以往的班级有很大的不同,除了有关心学生学习的班主任,还有一个关心学生思想和生活的思想政治辅导员。上课没有固定的教室、座位,每学期的课程和上课时间安排也不一样。那么,如何在这样一个班级里生活,和大家和睦相处呢?

一、班级队伍建设

(一)组建班级团队的核心层

班级团队建设的重点之一是培养团队的核心成员,策划班级活动,落实班级管理和建设事项。班级团队的核心层是由班委和学生骨干组成的。核心层的同学应该思想政治态度端正、积极向上、热爱集体、热心班级事务;能够理解辅导员或班主任老师的领导和组织意图并且在学生群体中有良好的群众基础和代表性;能够起到各类信息上情下达、左右协调的作用;能够调动班级同学之间积极向上的气氛,缓和同学之间矛盾。

班委选举是实施班级管理民主化进程的重要环节。班委选举根据公平、公正、公开的原则进行。凡本班的同学均有选举权和被选举权。选举过程必须全程接受辅导员、班主任和本班同学的监督。班委的产生方式一般有公开演讲选举、辅导员指定、班级同学轮岗等几种方式,其中以公开演讲选举的方式最为普遍。一般在开学军训伊始,辅导员在班级成员中招募临时负责人,暂时负责军训期间事务。在军训结束后,召开班会进行公开演讲选举。本班同学根据参选同学在军训时期的表现进行无记名投票。辅导员在尊重投票结果的基础上,对班委进行任命。

具体的班委职务及职责介绍如下:

1. 班长

团结全班同学,协助辅导员、班主任工作,使班级管理制度化、规范化、科学化。主要职责:了解班内各种情况,定期组织班委召开班委会,解决班内出现的问题,带领全班同学及时完成辅导员、班主任及其他有关部门和教师安排的学习任务和工作。

2. 副班长

协助班长工作,班长不在时代理行使班长职权。主要职责:掌握全班学习情况,及时向任课教师及辅导员汇报,协助班长全面负责班级各项常规工作的安排及监督执行。

3. 团支部书记

按团章规定要求,以身作则,督促团员在班上起好带头作用。主要职责:组织管理班级团员,认真完成院团委安排的各项工作任务。带领团支部协助班委管理好班集体,并向辅导员汇报团组织建设的各项情况。

4. 组织委员

协助班委、团支部组织和开展班级各项工作,做好推优工作和发展入党积极分子等组织工作。主要职责:做好班级团员注册、档案整理、团费收缴工作。

5. 宣传委员

协助团总支和团支部开展文化体育活动的宣传工作。主要职责:宣传党的路线、方针、政策,组织党团员学习党的基本路线和基本知识。

6. 学习委员

热爱学习,刻苦努力,在班内起好带头作用。主要职责:经常与任课教师取得联系,执行任课教师安排,及时向辅导员反馈班内学习情况。根据本班学生情况,组织开展一些有关学习方面的活动,丰富班级同学的科学文化知识。

7. 生活委员

主要职责:做好班费的收支记录与管理,每学期定期公布一至二次班费收支情况;做好各项班级活动的后勤工作;管理好本班区域的环境卫生,督促宿舍长和同学搞好宿舍卫生及个人卫生的日常清洁工作。

8. 体育委员

主要职责:负责带好体育课等活动的集合、整队和带队工作。组织和带领本班学生参加学校有关部门组织开展的有关体育方面的各种学习、培训及竞赛活动,如运动会、篮球赛等。

9. 文艺委员

主要职责:组织和带领本班学生参加学校有关文艺方面的各种学习、培训、表演及竞赛活动。主动了解班级同学的爱好特长,发现人才,组织好本班的文艺活动。

10. 心理委员

主要职责:关心班集体,关心同学,及时了解学生心理健康的基本情况;积极与人合作沟通,倾听同伴的烦恼,尊重同学,保守同学秘密;热心班级心理健康教育工作,宣传心理健康知识,服务同学,协助辅导员和心理老师对有心理问题的学生进行心理咨询与辅导。

11. 纪律委员

主要职责:负责监督和管理本班纪律,做好预防和阻止班内恶性事件发生的工作,及时向辅导员汇报班内存在的纪律问题和安全隐患。

(二)制定班级团队目标

一个团队的建设和发展必须具有共同的目标,班级团队目标来自于班级拟定的发展方向和团队成员的共同追求。班级核心层建立后,实质上是为班级设计了骨干和框架、健全了组织、分清了职能、落实了责任。在这个框架下,一个班级中的成员们要做什么事情,达到什么目的,也就是班级团队目标的设定。

确定班级团队的建设目标需要明确本班级目前的实际情况:班级成员的优缺点、班级成员个体文化素质情况、个性情况、身体状况等。指定目标时必须立足班级各项现实情况,不能含糊其辞,任务不明。经过一段时间的努力奋斗和建设,所取得的成绩应可衡量、量化评比。需要为实现目标设定一定的时限。

(三)培育班级团队精神

团队精神包括团队的凝聚力、合作意识及士气。要培育这种精神,需要班主任或辅导员老师作为班级的领导人以身作则。在团队培训中要加强团队精神的理念教育,并将这种理念落实到团队工作的实践中去。

班级的团队精神建设应该包括以下多方面内容:学习风气、热爱集体的精神、班级凝聚力、成员之间相互协助合作、成员之间情感交流及人文关怀等。学习是学生的首要任务,班级是以学习为第一目标的集体,班级团队精神建设的核心是学风建设。学习风气好,方法得当,效率高,其他方面的建设也会得以促进。

(四)培养班级精英

培养班级的精英分子是团队建设的最主要目的,把每个人都培养成精英分子是团队建设的最高目标。一个优秀的集体是有利于个人成长、成才的集体。个人在集体中能够得到更快更好的发展,同时个人的发展也能促进集体的发展。人只有在团队中各方面能力和素质得到了发展,这个团队才是好的团队。

在班级这样一个集体中,应该营造让每个人自由发展的氛围,所有成员在不同的方面能够得到充分的成长。班主任或辅导员老师要在班级管理中,注意发掘和培养有潜力的成员或者不同个体有潜力的某些方面,加以鼓励和引导,并为其提供和创造更有利于发展的条件和空间,使其发展的同时带动集体和后进成员的发展。

图 1-7　团队携手一起面对

团队建设小游戏

1. 离开地球表面

活动目的：让团队成员体会自己的团队在接到任务后，如何进行计划，分派工作，沟通及合作，并以最快最好的方式来完成。

活动准备：12 人一组为佳，准备 9 条粗竹子，9 条小白绳。

活动流程：组织者给每组 9 条粗竹子和 9 条小白绳，团队成员必须在 20 分钟内建起一个架构，该架构可以让所有团队成员同时离地三分钟。

活动讨论：有没有进行脑力风暴来收集团队成员的建议？

是否每位成员都参与了整个过程，并清楚自身所需要执行的任务？

在活动过程中出现了什么问题？该如何改进？

2. 高空飞蛋

活动目的：锻炼团队成员的创造力及团体精神。

活动准备：3～5 人一组为佳，每组准备鸡蛋 1 个，气球 1 个，塑料袋 1 个，竹签 3 支，塑料汤匙及塑料叉各 2 个，橡皮筋 3 条。

活动流程：1 名成员把鸡蛋从三层楼高的地方放下，其他成员利用材料设计、安装一个保护伞，保护鸡蛋不会破。20 分钟的讨论时间后，1～2 名成员开始放鸡蛋，其余成员在楼下空地上观察及检查落下的鸡蛋是否完好。

活动讨论：团队的创意是如何得来的？

在整个活动过程中，团队成员的协调程度如何？

3. 国家宝藏

活动目的：活跃团队气氛，体会团队合作效果。

活动准备：5～8 人一组为佳，组织者准备好宝藏清单、计时器。

活动流程：每个团队在活动开始前，选出一名代表作为组长。组织者把宝藏清单分给各组组长，最快最准确收集好清单中所有宝藏的一组获胜。不符合宝藏条件的物品要增加相应秒数。

宝藏清单参考：

石头，一把沙子，香烟，手表，回形针，皮筋，塑料袋，红色圆珠笔，A4 纸，鼠标垫，插头，耳机线，皮带，绳子……

活动讨论：在活动的过程中，是否小组的全体成员都有参与？

在拿到宝藏清单后，组长是否有一个简单的活动计划？

团队成员是否能体会到以投资时间来争取时间的道理？

二、文明班级创建

一个好的班级，除了有一个好的团队外，还需要结合班级实际，设定共同目标，凝聚集体力量，创建文明班级。文明班级创建工作主要以班级文化建设为主。见“班级群体文化”的简称是班级所有成员共同的信念、价值观、态度的复合体。

如何创建文明班级呢？我们知道，班级文化是“班级群体文化”的简称，是班级所有成员共有的信念、价值观、态度的结合体。作为班级文化，首先，它是一种个性文化，代表着班级的形象，体现了班级的生命。其次，它是班级合体师生共同创造的财富，是全体师生共同劳动的结晶品。第三，它是一个动态的、发展的系统工程，它的主体是学生。

在班级组建伊始，就要由班委召开动员班会，讨论确立共同的创建目标。确立目标后，要再提出细化的行动方案，班委要带领全班同学齐心协力，共同承担起各自的责任，为共同实现班级目标而努力。在付出努力的同时，自觉形成行为习惯，创设浓厚的活动氛围，潜移默化地巩固班级文化传统。

以厦门某高校自 2007 年起创新思路举办的文明班级星级争夺赛为例，改“评”为“建”。学生自由申报，自己确立目标，自己动手去实现目标，从而更好地完成自我教育、自我管理、自我服务。

2013 年厦门某高校某文明班级创建活动介绍

一、文明班级：10 级国际商务 2 班。

二、创建目标：打造精英班级。

三、创建口号：手牵手，英语天天练；心连心，班风日日变。

四、基本情况：他们以英语学习为主线，促进优良班风的形成。通过开展“一起收听英语节目”、“一起为英文电影配音”、“一起用英语对话”、“一起写英语短文”等活动，全班同学积累英语词汇 259200 个，收听广播 3240 小时，写作短文 648 篇，首次四级考试全班平均分居学校非英语专业第一名。

五、经验分享：

1.创建目标明确、有特色。围绕班级最核心的特色与亮点设立目标，将创建目标进一步缩小、聚焦，让目标变得有亮点且明确、可行。班委要做好表率作用，积极发掘班级文化特点，并积极和老师同学沟通创建想法。通过分析班级特色，最终将目标锁定在英语学习上。

2.创建方案具体、可行。方案的制定，重在实，重在精，有针对性，方案确定后一定要变成行动，班委可以明确各个实施步骤的负责人。目标确定后，班级围绕英语学习过程中的听说读写四个方面开展创建，制定每天、每周、每月可量化的学习计划，成立互助小组、开展专业讲座，点面结合地开展活动，进而形成良好的学习氛围，打造优良班风班貌。

3.重在过程建设。在创建过程中，要激发全班的参与热情，要坚定信念、坚持不懈。在创建过程中遇到挫折和困难，要多和班级同学讨论分享，与辅导员老师交流，众人的智慧会激发很多灵感和启发，让全班同学更加充满动力和激情。

创建步骤要按时、按质、按量执行，并且要留心收集平时文明班级创建活动的资料，及时总结提高，要果断地将与创建目标切合度不够紧密，不能体现班级创建特色与成效的内容进行更新完善，以便更好地突出创建成果。这不仅是为了展现班级风采，也是同学们大学里一份珍贵的回忆。

通过一年的文明班级创建，初步实现了当时制订的创建目标，班级里学习风气浓厚，在英语学习方面也取得了显著的成绩。同时，更大的改变来自于班风的凝聚、同学的团结与广大同学对班集体的关心、关注与热爱。学生的成长与进步也得到了全体老师与用人单位的一致认可与好评，推进了班级的升学与就业。

三、主题班会教育

主题班会是大学班级教育活动的形式之一，是班主任、辅导员或班级成员根据教育教学要求和班级学生的实际情况来确立主题，并围绕主题澄清是非、提高认识、开展教育的一种班会活动，对促进学生的成长和树立正确的“三观”(人生观、价值观、世界观)起着重要的作用。

图 1-8 主题班会

主题班会，在班主任或辅导员的指导下，由班委具体组织开展，全班同学共同参与。主题班会人员结合学生实际，针对学生中普遍存在的典型的思想问题，确定教育主题。富有教育性的主题班会必须自始至终贯穿、渗透着极强的教育性。

主题班会要适合学生年龄特点、寓思想教育于生动活泼的形式之中。不拘一格，采取丰富多彩的活动形式开好主题班会，除了要有好的主题之外，还必须注重形式的多样和生动。

主题班会可以有如下一些形式：(1)主题报告会；(2)演讲和竞赛；(3)座谈和辩论；(4)户外活动；(5)社会调查成果汇报；(6)文艺表演；(7)技术操作，实物交流；(8)经验介绍。

需要注意的是，充分做好发动、准备工作，才能使班会达到预期的效果，同时，准备的过程本身也是一个不断教育学生的过程。主题班会的策划与实施，离不开教师的指导，但更重要的是发动学生，使学生成为班会的主人，充分发挥学生的主体作用。

厦门某高校优秀主题班会案例

【班会主题】时间与梦想

【活动对象】2013 级电子信息工程技术专业 1 班全体学生

【主讲人】电子信息工程系辅导员或班委

【班会时间】2014 年 3 月 2 日上午 9 点

【班会地点】教学楼 D 栋 503

【班会目标】通过此次主题班会，引导学生思考时间和梦想的关系，了解时间管理的重要性和自身时间管理现状，掌握时间管理的方法和原则以及制定目标的方法，从而应用到自己的学习生活中，学会有效进行时间管理以及合理规划大学生活，从而实现自己的梦想和目标。

【班会设计】

环节	活动过程	设计意图
导入新课	导入：习近平同志漫画作品《时间去哪里了》和在俄罗斯专访的讲话	从学生耳熟能详的漫画作品，切入主题，激发学生对时间和梦想的思考，导入新课
班会活动	【小实验】 在讲台桌上摆放一个玻璃容器。同时准备一些苹果、花生、黄豆、大米、芝麻和水等材料，邀请学生领取不同的材料，并通过配合试着用准备的材料把容器装满。 思考：如果把玻璃容器比喻成大学时光，通过这个实验，你有什么感想？	通过小实验，让学生亲身参与体验，并思考总结时间的特性，以及时间与目标之间的关系。
	【视频欣赏】 时间与梦想	通过视频欣赏，让学生了解时间如同奔腾的河流，流逝着我们曾经的梦想。同时结合中国梦，引导学生为实现个人理想和中国梦，积极进行有效的时间管理。
	3.【量表测评】 让学生完成时间管理现状测试	通过测试，让学生了解自己的时间管理现状水平
	4.【游戏活动】 时间馅饼 请所有同学在 A4 纸上，同时邀请 3 个时间管理类型的学生代表上台，根据图示，在 A4 纸/黑板上画图，选定某一天（如星期六），画一个圆，代表该天 24 小时，在圆内分配自己的生活作息。	让学生画出自己的作息时间安排表，并通过 3 个类型的学生时间安排表进行比较，引导学生分析，不同时间管理现状的学生的馅饼图的区别，让学生领会到时间管理的重要性。
	【理论讲授】 时间管理的方法和原则 如何规划大学生活	通过理论讲授，让学生掌握时间管理的方法和原则，以及学会合理制定目标，规划大学生活。
	【随堂练习】 重新调整时间馅饼图和重新制定大学目标	让学生通过学习，加强练习巩固，调整自己的时间作息安排，并合理地制定大学目标，规划大学生活。
总结升华	辅导员总结 歌曲欣赏：《光阴的故事》	通过歌曲欣赏，辅导员做总结，让主题班会在轻松和谐的氛围下落下帷幕。

【方案阐述】

本次主题班会主要依据当下大学生的热门话题“时间都去哪儿了”，围绕“时间与梦想”的主题，采用实验操作、视频观赏、量表测评、游戏活动和理论讲授等方法相结合，引导学生思考时间与梦想的关系，领悟时间管理的重要性并学习和掌握时间管理方法和原则，从而有效地规划和合理安排大学生活，圆大学梦想。

本次班会主要通过以下 5 个环节展开：

1. 由漫画作品——《时间都去哪儿了》导入新课，激发学生对时间和梦想的思考；

2. 通过实验操作和短片观赏，引导学生总结时间的特性及时间与梦想的关系；

3. 通过时间管理现状测评，让学生了解自己的时间管理水平。并通过《时间馅饼》活动，引导学生分析时间管理的重要性；

4. 辅导员讲授时间管理的方法和制定大学目标的原则，让学生学习并掌握时间管理的方法，并学会利用时间管理制定目标，规划大学生活。

5. 辅导员做班会总结，学生利用时间管理法调整时间馅饼图，重新制定大学目标和梦想，师生共同欣赏歌曲“光阴的故事”。

总结 · 提示

班级是让大学生集体感最强的地方，来自五湖四海的学生齐聚一班，组建一个新的集体，在班级活动中感受集体的温暖，在班级建设中凝聚团队的力量，共同促进优良班风的形成。

问题 · 作业

开动脑筋，发散思维，一起来策划一堂丰富多彩的主题班会吧。

第三章　安全防范

第一节　人身安全预防与应对

——生命只有一次

一、人身安全概述

（一）概念

人身安全包括人的生命、健康、行动自由、住宅、人格、名誉等安全。高校学生人身安全主要涉及学生纪律安全、出行安全、校园食品安全等方面。

（二）高校常见安全类型

1. 学生纪律安全，是指避免因学生本人违反相关学校纪律而引发的危害学生生命财产安全的行为，如酗酒、打架斗殴、夜不归宿、在宿舍使用违规电器引发火灾等。

2. 出行安全，是指避免在个体出行过程中发生的危及个人生命安全的行为。高校学生中突出的主要体现在交通安全，特别是集体外出活动的交通安全。

3. 校园食品安全，是指确保校园内外的食品对个体的健康无任何不良影响，常见的有食物中毒或因误食而引起身体的不适。高校食堂是校园食品安全的主要源头，校园周边小餐饮店也是不容忽视的重点。

二、防范技巧

1. 对于纪律安全，首先应使学生在思想上充分认识其危害性，要时刻保持高度的警惕，不使用违规电器，不私接电源；要严格按照学校的作息时间进行，不夜不归宿，确实有事要履行请假手续；不酗酒，不寻衅滋事，养成良好的生活习惯，给身体以足够的外部健康环境。

2. 针对出行安全，首先应使学生在思想上高度重视，时刻警惕，认真遵守交通法规，掌握必要的交通安全知识，增强自我保护意识；对于外出旅游要了解目的地的相关情况和路线，要相应备点医疗药品，出行时尽量不与人发生争执或与陌生人交往，避免不必要的损失。

图 1-9 拒绝酒驾

3.对于校园食品安全，除了学校要定期进行检查把关外，作为学生本人，也要了解和掌握必要的食品安全知识，如食物中毒情形及处理、腐烂或过期食品的识别能力，同时要养成良好的个人卫生习惯。

4.对于上述高校常见的几种类型防范和处理，应坚持思想上高度重视、行为上特别注重的方式，在遇见类似事情时要沉着冷静，维持现场，留意身边的每一个细节，第一时间报告学校老师或报警，但在没有确保个人人身安全的前提下不可贸然行动，以免造成更大损失。

→→→→→

【案例分析】

学生宿舍×××，住宿6人，该宿舍共有6台电脑，1台饮水机，6台电吹风，其中有5台超过学校规定的额定功率，某一天晚上，宿舍刚参加完班级一项集体活动回来，所有同学都洗完澡在宿舍边聊天，边吹头发，正在这时学校突然断电，所有同学都将相关电器放下去休息，而没有拔掉电源，半夜学校维修好并输送电，其中一个同学因电吹风放在被子旁边，结果因温度过高而导致被子烧毁，幸好当时扑救及时没引发更大的事故。

←←←←←

总结·提示

生命只有一次，人身安全需要我们每一个人思想上充分认识和高度警惕，行动上要遵规守纪，同时要多了解一些生活常识和急救知识，预防相关安全事故发生。

问题·作业

如何有效预防高校学生常见的人身安全呢？

第二节　财产安全预防与应对

——捂紧你的“口袋”

一、财产安全概述

(一)概念

财产安全，主要指大学在校期间所带的各类私人物品，如：现金、存折、贵重物品、学习及生活用品(电脑、手机等电子产品)等不受侵犯。目前，在高校学生中较容易发生的是：盗窃和诈骗。

(二)高校常见类型

1. 盗窃

盗窃分内盗和外盗。高校常见的盗窃类型主要为内盗，内盗是指作案人员为学生内部人员或学校内部管理服务人员实施的盗窃行为。外盗则作案人员与之相反。我们发现学生中的盗窃案件大多是利用上课时间实施或利用送餐、广告等方式进行顺手牵羊。

2. 诈骗

诈骗是指以非法占有有为目的，用虚构事实或者隐瞒真相的方法，骗取数额较大的公私财物的行为。在高校大学生中常见的诈骗方式，主要是利用学生的辨别能力差，以学生车祸、信用卡冻结、就业等方式向学生家长或本人实施电话或网络诈骗。

3. 抢劫和敲诈勒索

抢劫是指以非法占有为目的，以暴力胁迫或者其他方法实施将公私财物据为已有的一种犯罪行为。敲诈勒索是指以非法占有为目的，对公私财物的所有人、保管人使用威胁或者要挟的方法，强行索取财物，且数额较大的行为。高校学生当中发生类似案件的现象相对较少。

二、防范技巧

(一)对于盗窃

我们要时刻保持思想上的高度警惕，减少与陌生人打交道，特别是宿舍叫餐等行为，容易引发“顺手牵羊”现象。除了基本的警惕之外，还应该学会如何群策群力、积极有效发

图 1-10 公交车是扒窃最高发的地方

动同学共同应对盗窃案件，对正在发生的案件要利用自卫工具勇于斗争但不过激。如案件发生后要及时保护现场并报学校相关部门，情节严重的及时报公安机关，发现可疑人员必要时组织学生围堵并及时报告学校有关部门或老师，最后应及时报失损失财物，配合公安机关或学校相关部门进行调查。

(二)对于诈骗

首先，要坚信“天下没有免费的午餐”，切不可贪图小便宜，并要对各类诈骗形式有所了解，特别是对于在高校常见的诈骗方式要深入了解，时刻保持警惕；其次，将学校老师、家长、身边亲密朋友及本人的联系方式有效共享，在遇到以个人安全或绑架实施诈骗行为时，要及时与家庭和学校保持联系；最后，要掌握一些常见的处理方法，如遇银行卡或信用卡诈骗要在最短时间内将自己的银行卡冻结或挂失，贵重手机可至商家协调解决，以尽量避免更大损失。

(三)对于敲诈勒索

欺软怕硬是作案人员的共同特点，我们学生在遇到此类情形时应认真记录对方的相关信息。如确定自己可以对付可先礼后兵，但要把握适度原则；如自己势单力薄，切不可强行对抗，通过寻找对方弱点，采取各种办法智取；无论什么情况，在事后要及时报告学校。

(四)对于抢劫

大学生应该首先做好预防,外出时尽量不带过多财物,现金或珍贵物品贴身携带或在自己视线范围,不外露,尽量不在夜深人静时单独外出或途经抢夺易发路段;其次在遭遇抢劫时要具体问题具体分析,但不管采取什么方法,一定要在确保人身安全的前提下进行,在案发过程中要留意作案人员的体貌特征、年龄、口音和逃跑方向,待作案人员离开后以最快速度报警。

→→→→→

【案例分析】

刚入学的小明,对学校的一切还都很陌生,这时,他结识了大三毕业的老乡林某,“老乡见老乡,两眼泪汪汪”,于是小明决定将林某留在宿舍过夜。第二天一早,宿舍同学们都去上课,只剩林某一人还在酣睡。中午下课回到宿舍,小明发现自己的抽屉被撬开,里面数百元现金不翼而飞,而老乡林某已无影无踪。

←←←←←

总结·提示

高校学生财产安全主要涉及盗窃案,学生要在思想上高度重视,不要给他人创造客观条件,行为上谨慎防范,减少因个人原因引发案件发生。

问题·作业

如何有效地预防高校学生常见诈骗发生?

第三节 信息安全预防与应对

——谨防网络“雾霾”

一、信息安全概述

(一)概念

信息安全本身包括的范围很大,涉及面广,这里所说的信息安全,主要指个人信息的使用、网络信息安全等与生活相关的信息安全。目前,在高校学生中主要体现在因网络而引发的个人信息外泄现象。

图 1-11 利用个人信息诈骗

(二)高校常见类型

1. 个人信息安全通俗指涉及个人的姓名、出生年月、身份证号、银行卡和网上银行密码等个人信息不受任何个人和单位的非法盗用。目前，主要涉及身份证号码、网上银行密码。

2. 网络信息安全指是指信息网络的硬件、软件及其系统中的数据受到保护，不受偶然的或者恶意的原因而遭到破坏、更改、泄露，系统连续、可靠、正常地运行，信息服务不中断。

二、防范技巧

(一)对于个人信息的使用

首先，要注意设定密码，切不可用比较熟悉的生日、手机号等通俗号码，不可一个号码通天下，尽量在自己的电脑上交易，在使用电脑进行个人交易时要在正规网站进行，注意防止病毒；其次，在平时使用个人信息时不可随意外泄，特别是个人身份证复印件，避免被利用来办理信用卡，从而造成损失。

(二)对于网络信息安全

首先，要定期进行电脑清理杀毒，确保电脑在安全环境下运行；其次，要谨慎使用各种移动存储设备，尽量减少将病毒带进个人电脑，同时切记不访问非法或恶意代码网站，避免类似钓鱼网站。

→→→→→

【案例分析】

学生×××,2014 年某一天接到一电话号码为＋12333 来电说您的社保卡被冻结,然后告知其信用卡被盗刷 8000 元,已经帮忙报警并给了一个当地警察经济犯罪科的电话,在聊天过程中该学生问了几次:"你是哪里的?"对方说是某地社保局,再问社保局在哪里?结果对方就露出马脚了,幸好该学生多了个防备,否则就陷入骗局了。

学生×××,该学生在上课期间收到一条"中央电视台非常 6＋1 节目中奖短信",短信要求中奖者到某个网站去交个人所得税,当时该同学还非常兴奋跟老师、同学报告,之后老师向其了解几个基本情况:"你参加节目了吗? 个人所得税交多少? 怎么交? 交哪里?"几个问题一问,该同学恍然大悟这是一条诈骗信息,就避免了相应的财产损失。

←←←←←

总结·提示

个人信息关系学生本人的切身经济利益,学生应主动学习常见的信息安全知识,定期进行电脑或网络清理,并积极加以预防。

问题·作业

避免个人信息外泄,你有何妙招呢?

·【延伸阅读】·

高校新生应当养成的几个安全好习惯

一、要分类保管财物

笔记本电脑等贵重财物,要存放在带锁的柜子或抽屉里;平板电脑、手机等轻便简易物品,固定位置安放,物随人走;银行卡、身份证、现金等财物,妥善隐蔽保存。

二、要关注集体安全

离开寝室时,注意关窗锁门。发现闲杂人员进出,上门推销、兜售,要主动上前查明对方身份。在宿舍内,及时制止使用明火和电磁炉等大功率电器,不要吸烟,随意乱扔烟头,不要存放危险物品。

三、要结伴而行

初入大学,校内校外环境生疏,外出购物、观光最好结伴同行。路遇扒手、骗子,要敢于报警;遇上陌生人搭讪,不要理会。

四、要注意细节

出入公共场所一定要加强安全防范意识，个人财物始终在自己视线内。学生外出坐公交车时特别要注意前后“夹击”：前面明明可以排队往上走，有人偏偏幅度很大地挤，后面又似乎很急用力地挤你，这时应小心钱包被盗。

学生联欢聚会少不了喝酒庆祝，不要过度饮酒，容易头脑发热引发斗殴，遇事冷静处理，遇到纠纷应及时报警。

五、不要玩失踪

一些学生放假期间外出游玩，未与家人联系，造成家长打电话报警求助。节假日外出游玩，要和家人通报，保持联系畅通，遇到困难和特殊情况若自己无法处理，应及时报警求助。

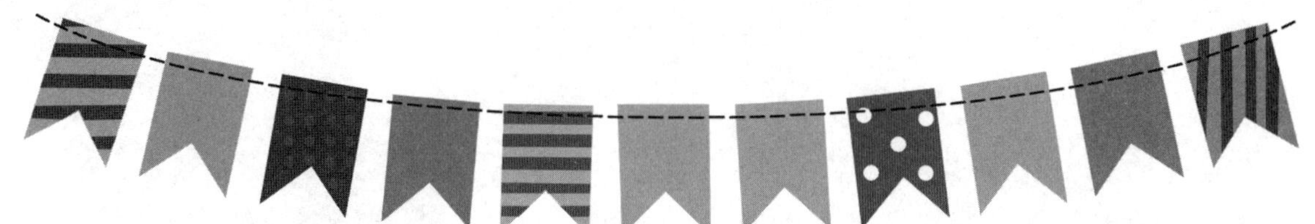

第二篇

学习篇

从中学到大学，是人生的重大转折，大学生活的主要特点是：生活上要自理，管理上要自治，思想上要自我教育，学习上要求高度自觉。我们要特别注意自学能力的培养，学会独立地支配学习时间，自觉地、主动地、生动活泼地学习，还要注意思维能力、创造能力、组织管理能力、表达能力的培养，为将来适应社会工作打下良好的基础。

第一章 高职学业

第一节 高职学业与能力要求

——你的学业与能力达标了吗?

一、学业要求

高职教育有别于高中教育,我们首先要了解什么是课时、学分和学制。

(一)课时、学分、学制

1.课时

课时是指以上课节数为单位计算的学习时间。与"课时"相关的教育时间计量单位是"学时"。学时,是指学习时间,一般以一小时或45分钟为单位计算。学时是累积计算的。例如,参加一个培训,需30个学时,平均每天学习6小时,则要5天。全日制大学教育一般采用课时来计算学习时间,一个课时通常为45分钟,一次课为2~3个课时。在通常情况下,我们也将课内课时数称为"学时",以下所说学时均指课时。

2.学分

学分,是用于计算学生学习量的一种计量单位,是根据课程的学习量和难度折合的一定分值。

大学里每一门课程都有一定的学分,每完成一个课程的学习并通过这门课的考试,才能获得相应的学分。一般每门课程的学分在2~8学分之间,每门课程及实践环节的具体学分数以专业教学计划的规定为准,只有累积满足学校规定的学分才能予以毕业。

3.学制

学制,是由国务院及其授权的教育行政部门制定的,由国家颁布并保证实施具有一定法律效力的,调整各级各类教育之间的衔接、交叉、比例关系以及教育权力分配关系的教育基本制度。它包括各级各类学校的性质、任务、入学条件、修业年限及其相互关系以及国家、学校、公民教育权力的分配关系。

(二)学分制与学年制

学分制是与学年制相对应的教学管理制度。

学分制又称学分累计制，是一种以学分为计算学生学习量的单位，并以修满规定的下限学分为学生获得毕业资格的基本条件的教学管理制度。它以量化的分值方式，通过学分来记录学生在相应的课程领域的成长经历，以及所达到的发展程度。

学年制是学年课时制的简称，是以学年为计量单位衡量学生学业完成情况的教学管理制度。即学生必须读满规定的学年，修满各学年规定的科目和时数，且能考试合格达到既定标准，才可以毕业并获颁证书的一种制度。

相对学分制——学年学分制是一种刚性教学管理制度，是学年制与学分制的结合或学年制向学分制过渡的一种形式。学年学分制基本上保留国家规定学习年限，但在课程设置上有必修课和选修课，并以学分来计量学生在规定学年中完成的学习量。学生只要在规定的时间段内学完应学课程，得到应修的学分，便可获准毕业。

(三)高职课时、学分、学制的要求

目前我国大部分的高职学院都采用学年学分制。这既有学年制的特征，又有学分制的特征，它既保留了学年制计划性强、专业分类严密完整的特点，又具有学分制的某些长处，比如，在对课程的选修方面，给予学生在一定范围内的自由度等。

根据《教育部关于加强高职高专教育人才培养工作的意见》(教高[2000]2 号)、《教育部关于全面提高高等职业教育教学质量的若干意见》(教高[2006]16 号)、《教育部关于推进高等职业教育改革创新引领职业教育科学发展的若干意见》(教职成[2011]12 号)等文件精神，全日制高职高专教育专业的基本修业年限为二至三年。三年制专业的课内总学时一般以 1600～1800 学时为宜，总学时数控制在 2200～2600 学时；二年制专业的课内总学时一般以 1100～1200 学时为宜。三年制专业的实践教学一般不低于教学活动总学时的 50%。

最低毕业条件以各学校的专业教学计划的规定为准。

二、能力要求

(一)学习能力

学习能力就是学习的方法与技巧，有了方法与技巧，学习到专业知识，就形成专业能力；学习到如何执行的方法与技巧，就形成执行能力。所以说学习能力是所有能力的基础。

高职院校的学生应具备的学习能力有阅读能力、检索能力、分析能力、实践能力、自学能力等。

1. 阅读能力是阅读课内和课外资料的能力，是个体通过阅读方式进行学习的行为表现，以实现心理任务完成的状态。

2. 检索能力是个体根据需求在大量的信息中识别和获取有效信息的能力。

3. 实践能力是个体运用已有知识、技能去解决实际问题所必须具备的那些生理和心理特征。

4. 自学能力，是指在没有教师和其他人帮助的情况下自我学习的能力。

自学能力的基础技能是阅读理解能力。检索能力是建立在相当熟练的阅读能力之上的能力。实践能力是自学能力最终能够转化为真正价值的根本。

图 2-1　理论与实践相结合

(二)职业能力

高职学生职业能力是指执行能力及专业能力,包括基本能力、专业能力及人文素质。

1.基本能力:语言。

2.专业能力:运用专业知识及专业技能解决专业问题的能力。

3.人文素质:思想道德素质、文化修养素质、心理健康素质等。

(三)拓展能力

高职学生的拓展能力包括团队协作能力、交流沟通能力、潜能激发能力和创新思维能力。

总结 · 提示

目前我国大部分的高职学院都采用学年学分制,它既保留了学年制计划性强、专业分类严密完整的特点,又具有学分制的某些长处;高职院校的学生应具备一定的学习能力、职业能力和拓展能力。

问题·作业

高职院校的学生需具备什么能力要求？

第二节　高职课程设置

——如何选课和考证？

一、选修与必修课

学年学分制的教学管理方式，使高职在课程设置时有必修与选修之分。

(一)必修课

指高等学校中学生学习某一专业的学生必须研修的课程，这是保证了培养专门人才的基本规格，通常包括公共基础课、职业基础课和职业技能课。

(二)选修课

与“必修课”相对的选修课，是指在高等学校中学习某一专业的学生，可以有选择地修习的课程。有些选修课是为介绍先进科学技术和最新科学成果；有些选修课是为扩大学生知识面(如中国语言文学专业的学生选修通史，化学专业的学生选修生物学，会计专业的学生选修法学概论等)；还有些选修课是为满足学生的兴趣爱好，发展他们某一方面的才能(如理工专业的学生选修文学、音乐、绘画、戏剧等课程)。

根据是否限制选修，选修课可分为限制性选修课与非限制性选修课。限制性选修课也称指定选修课，指学生须在某一学科门类的领域或一组课程中选修；如有的专业教学计划规定高年级学生须在某一专门组或选修组中选修若干门课程。非限制性选修课也称任意选修课，则不受上述规定的限制。

根据设置课程意图，选修课可分为两类：公共选修课和专业选修课。公共选修课主要是为拓展学生知识面，发展学生个性而开设的课程，课程类别可包括人文修养、艺术修养，心理健康、职业发展等。专业选修课主要是为本专业学生掌握专业拓展或专门化方向而设置的课程，学生必须选择研修本专业某一专业方向的领域或一组课程。

选修课的学分要求一般是毕业的硬性指标，在修满学分后才有毕业资格。部分学校的学费与所选选修课的学分数相关。

二、课程分类

根据课程性质及作用，分为公共基础课、职业基础课、职业技能课。

(一)公共基础课

公共基础课也称通识课程，是高等学校各专业学生共同必修的课程。每个学校可根据学校性质、类别以及办学理念、政策要求而设置，但总体上可以分为三大模块：

1. 社会科学公共基础课，如思想道德修养与法律基础；

2. 自然科学公共基础课，如外语、高等数学、计算机基础；

3. 实践环节公共基础课，如军事训练、体育。

公共课虽然不一定同所学专业有直接联系，但它是培养德智体全面发展人才，为进一步学习提供方法论的必不可缺少的课程。

高职院校主要的公共基础课有思想道德修养与法律基础、毛泽东思想和中国特色社会主义理论体系概论、时事政治、高等数学、大学英语、大学语文、计算机应用基础、体育、军事理论课、职业生涯发展与规划、就业指导等。

（二）职业基础课

职业基础课也称专业基础课，是指高等学校设置的一种同专业知识、技能直接联系，为专业课学习奠定必要基础的课程。它是学生掌握专业知识技能必修的重要课程。不同的专业有各自的一门或多门专业基础课，同一门课程也可能成为多门专业课的专业基础课。它包括专业理论基础课和专业技术基础课。例如，机械制造专业的专业理论基础课有机械原理、材料力学等；专业技术基础课有机械制图、机械技术测量等。专业基础课是学生学习专业课的先修课程。比较宽厚的专业基础，有利于学生的专业学习和毕业后适应社会发展与科学技术发展的需要。

（三）职业技能课

职业技能课也称专业课，它与“基础课”是相对的。指的是高等学校根据培养目标所开设的专门的职业知识和专门职业技能的课程。它的任务是使学生掌握必要的职业基本理论、职业专业知识和职业技能，了解本专业的前沿科学技术和发展趋势，培养分析解决本专业范围内一般实际问题的能力。高等职业教育重点培养职业技能，故称为职业技能课。

由于专业知识的发展比较迅速，且经常变动，职业技能课的设置并非一成不变，而且专业知识的范围也比较广泛，职业技能课的内容变化也较为迅速。有的学校为了使学生专攻于本专业的某一领域，将职业技能课以模块化的形式推出（专业方向），学生可根据自己的兴趣在这些模块组中选择（专业选修课）。

三、课证融通

高等职业教育是培养面向生产、建设、服务、管理第一线的高端技能型专门人才。根据《关于全面提高高等职业教育教学质量的若干意见》（教高[2006] 16 号）、《教育部关于充分发挥行业指导作用推进职业教育改革发展的意见》（教职成[2011]6 号）、《教育部关于推进中等和高等职业教育协调发展的指导意见》（教职成[2011]9 号）、《教育部关于推进高等职业教育改革创新引领职业教育科学发展的若干意见》（教职成[2011]12 号）等文件精神，提出推进建立和完善“双证书”制度，实现学历证书与职业资格证书对接。

高等职业教育实行双证书制度，即高等职业院校的毕业生应取得学历和技术等级或职业资格两种证书的制度。

双证书是实用型人才的知识、技能、能力和素质的体现和证明，特别是技术等级证书或职业资格证书是高职院校毕业生能够直接从事某种职业岗位的凭证。

(一) 职业资格证书

职业资格证书是表明劳动者具有从事某一职业所必备的学识和技能的证明。它是劳动者求职、任职、开业的资格凭证，是用人单位招聘、录用劳动者的主要依据，也是境外就业、对外劳务合作人员办理技能水平公证的有效证件。如：教师资格证书是国家对符合教师资格条件的公民依法授予教师资格的法定凭证。在中华人民共和国境内的各级各类学校或者其他教育机构中担任教师工作的人员，必须持有教师资格证书。各行各业都有自己特有的资格证书，如律师资格证书、会计师资格证书等。

我国职业资格证书分为五个等级：初级（五级）、中级（四级）、高级（三级）、技师（二级）和高级技师（一级）。

图 2-2　职业资格证书

(二)课证融通

为了实现教育的双证书制度，各学校在课程设置实行“课证融通”。所谓“课证融通”，又称为双证教学，是指课程的设置与职业考证相对应，课程教材和教学内容与考证内容相一致，通过课程学习，学生就能直接参加相关职业证书的考试，取得相应的资格证书。例如：会计学专业的学生在学完会计类课程可以考取会计从业资格证。

总结 · 提示

高职课程设置根据学年学分制的教学管理方式要求分为必修课与选修课；根据课程

性质及作用，分为公共基础课、职业基础课、职业技能课；高等职业教育实行双证书制度，即高等职业院校的毕业生应取得学历和技术等级或职业资格两种证书的制度。

问题·作业

根据课程性质及作用，高职课程可分为哪些课程？

第二章　教学与管理

第一节　学籍及相关制度简介

——打开认识学籍管理的大门

如公民有国籍、党员有党籍、军人有军籍一样，学生也要有作为某校学生的学籍。

一、学籍

根据《普通高等学校学生管理规定》，按照国家招生规定录取的新生，持录取通知书，到校办理入学手续，复查合格者予以注册，取得学籍。复查不合格者，由学校区别情况，予以处理，直至取消入学资格。

大学生按规定获得了某所高校的学籍，就享有使用该校提供的教育教学资源，参加学校教育教学计划安排的各项活动，完成学校规定学业后获得相应学历证书的权利；同时也要履行遵守学校管理制度，按规定缴纳学费及有关费用，刻苦学习，遵守学生行为规范的义务。

二、学籍管理制度

为了保证正常的教学秩序，各高校根据《普通高等学校学生管理规定》制定学籍管理制度，规范学生从入学至毕业整个大学期间的学习、成绩、学籍的管理。主要包括以下主要内容。

1. 入学与注册：规定学生如何办理入学和注册手续，如何取得学籍。学校针对不能按时入学如何处理等相关规定。
2. 学制：规定学校采用的学制及年限。
3. 课程的修读：规定免修、重修、缓修、免听等课程修读的条件及相关手续。
4. 考核及成绩登记；规定了考核的种类，学生参加课程考核的资格，考核不及格的处理办法，以及补考、缓考手续的办理。
5. 转专业与转学：规定学生转专业、转学等情况及办理程序。
6. 休学、复学、退学：规定了学生休学、复学手续的办理程序。
7. 考勤：规定学生考勤办理手续及惩罚规定。
8. 毕业、结业与肄业：规定学生毕业、结业及肄业条件及相关手续。

9.其他:与学籍相关的规定。

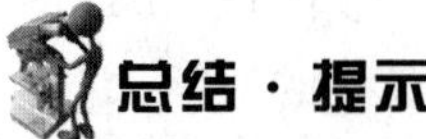

总结·提示

大学生按规定获得了某所高校的学籍,就享有使用该校提供的教育教学资源,参加学校教育教学计划安排的各项活动,完成学校规定学业后获得相应学历证书的权利;同时也要履行遵守学校管理制度,按规定缴纳学费及有关费用,刻苦学习,遵守学生行为规范的义务。

问题·作业

你了解你所在学校的学籍管理的相关规定吗?

第二节　专业人才培养方案介绍

——你选对专业了吗?

大学生进入高校后如何选择专业?所学专业培养的是什么人才?要学习什么知识、能力?要达到什么标准?认识、了解本专业人才培养方案,使学习有的放矢,提高学习效率。

一、什么是专业人才培养方案

专业人才培养方案是体现高校的教育思想和办学理念,是安排教育教学过程、开展教学管理与教学质量评价的纲领性文件,是在国家和地方教育行政部门的指导下,由高校自主制订。它既符合高等技术应用性人才的培养规格,具有相对稳定性;又要根据经济、科技、文化和社会发展的新情况,适时进行调整和修订。

人才培养方案是人才培养目标、基本规格以及培养过程和方式的总体设计,是学校保证教学质量的基本教学文件,是组织教学过程、安排教学任务、确定教学编制的基本依据。主要包括人才培养目标、基本要求、专业方向、标准学制、毕业要求、教学活动周数安排、教学进程、选修课安排、集中实践教学活动安排,第二课堂及必要说明等内容。

二、人才培养方案介绍

(一)专业名称与代码

本专业的名称及国家代码。

（二）专业定位

描述该专业的职业及岗位面向，主要指与本专业最直接相关的就业职业领域、工作岗位等，应包括初始岗位和发展岗位群——本专业毕业生可以从事的主要职业岗位、相近的职业岗位，在获得一定工作经验（进修）后可升迁的职业岗位及预计平均获得的时间，并进行职业能力分析。

（三）培养对象、学制与学历

介绍该专业招收对象，学制，及最后取得的学历。

（四）培养目标与规格

提出本专业的人才培养目标与规格，明确学生将来主要在哪些岗位（群）就业，应该掌握什么样的知识、技能、方法，具备什么样的职业素养和文化素养，熟悉什么实务，掌握什么核心技能。

（五）课程设置

介绍本专业的课程设置情况，包括职业核心课程、主要实践教学环节；用课程体系结构图（拓扑图）标明课程的联系、先修、后修的关系。用知识、能力和素质结构目标实现矩阵和实践教学体系图来体现学生应具备的知识与能力。

图 2-3　省职业技能大赛赛场

（六）毕业规定

规定学生毕业条件，如必须完成本专业规定的全部课程学习并修满最低学分；各类课程如公共必修课、职业基础课、职业技能课、职业拓展课、公共选修课、集中实践等必须达到最低学分;必须获取相应的职业资格证书;其他毕业条件。

(七)各学期教学计划总体安排表

一般以表格列出每学期的教育活动周分配学时数,具体来说有军训、入学教育、课堂、顶岗实习、答疑考试、毕业教育等。

(八)专业教学计划进程表

列出本专业开设的所有课程的名称、类别(公共必修课、公共选修课、职业基础课、职业技能课、职业拓展课)、代码、学分、学时、开课学期及周学时分配、考核方式等,及各课程模块学分、学时、周课时结构表。

(九)专业办学基本条件和教学建议

介绍该专业的专业教学团队、教学设施、教材及图书、数字化(网络)资料等资源,教学方法、手段与教学组织形式、教学评价、考核等。

(十)继续专业学习深造建议及其他

本书不作详细介绍。

总结·提示

人才培养方案是人才培养目标、基本规格以及培养过程和方式的总体设计,是学校保证教学质量的基本教学文件,是组织教学过程、安排教学任务、确定教学编制的基本依据。

问题·作业

人才培养方案包括哪些内容?

第三章　学习与考试

第一节　学习的基本方法

——有效学习的“葵花宝典”

充分了解和掌握高职学校的学习特点及规律，才能提高学习效率、学习能力，掌握知识和技能，发展智力。

一、高职学习特点

高职学习具有专业性、自主性、多元性、实践性和创新性等特点，其中，自主性是核心。

(一)专业性

高职教育的学习活动是以掌握职业技能和知识为特征的活动，围绕着如何使大学生尽快成为高素质技术技能型实用人才而进行。

高职教育是职业、专业教育，各专业之间所对应的行业、职业有所不同，具有较强的职业定向性，因此，在培养目标、课程设置、教学内容以及教学安排上存在较大差异。

学生选择了专业，就确定了主攻方向，就必须对该专业及所对应的行业、职业甚至岗位有较深的了解。这样才能较好地掌握职业技能和专业知识，才能适应学校培养专门人才的目标。

(二)自主性

大学学习有相当大的自主性。大学学习不再依赖教师的计划和安排，教师课堂讲授少而精，学生不能只单纯地接收课堂教学内容，必须通过课外自学掌握更多内容。

此外，大学生自我支配的时间较多，而且在教学以外的时间，授课教师和班主任或辅导员一般不对学生学习什么、怎样学习，做出具体规定。

因此，自主性学习贯穿整个大学学习过程，如学习的安排、学习内容和学习方法的选择。大学生的自学能力的培养是适应大学学习生活的一个重要方面，也是大学生必须完成的一项重要任务，更是进行终身学习的基本条件。

(三)多元性

大学学习是多层面、多角度的。高职教育职业定向性,并不等于单一性,不等于学生的学习必须拘泥于某一专业或某一方向,因为专业之间是有联系的,是相互交叉渗透的。当代高职大学生身处知识经济时代,对知识的需求、吸收应更为广泛、多样。

因此,学生必须在侧重本专业知识学习的同时,广博、广泛地涉猎各领域,扩大自己的知识面,才能形成最佳的知识结构,实现"一专多能",以更好地适应社会的需求。

(四)实践性

高职院校的学习,是学生将高度抽象的专业理论知识运用于具体实践的活动,掌握、应用技能和改造世界的过程。

因此,实践性环节在高职教育、学习中占有十分重要的地位,实践性教学环节所占的比例在50%以上。大学生的实践性教学环节主要有教学实践、课程设计、项目实训、顶岗实习和毕业设计等。实践性教学环节对于培养大学生掌握职业技能是必不可少的。

(五)创新性

大学学习是学生在继承掌握前人积累的专业技术、知识的基础上,从事探索活动、培养创造能力、获得科学方法和创新精神的过程。创新性是高职教育的基本特点之一。

高职院校的教师基本上是本专业的科研工作者或是本行业的管理者、技术人员、能工巧匠,他们把自己的研究成果、国内外本行业的最新动向及趋势介绍给学生,使学生站在行业、专业发展的最前沿,激发学生的创造热情。

二、学习的基本方法

学业的成败不仅在于是否勤奋和刻苦,更在于是否善于学习。大学学习与其说是学习知识,倒不如说是学习方法。选择适合自己的学习技巧和方法,才能事半功倍,提高学习效果。

(一)树立良好的学风

一个人应该有自己独特的学风。作为大学生,首先,要端正学习态度。有了正确的学习态度,才能克服学习过程中出现的各种各样的问题。态度明确,注意力专注,学习效率才能提高。

其次,要探索适合自己,适应大学学习的方法。大学是集中、系统学习知识的时期,自主学习是大学学习活动的核心。大学学习不仅是掌握知识,更重要的是掌握学习方法。方法不等于知识,知识是低层次的,方法比知识更重要,方法是打开知识宝库大门的钥匙。最佳的学习方法要因人而异,每个学生要结合自己的实际情况(学习目标、任务、兴趣、爱好等),选择自己的学习技巧和方法。

最后,要用智慧驾驭知识。不少大学生认为进入信息时代,鼠标一点就可以包打天下,其实不然。信息不等于知识,知识不等于智慧,智慧是把信息和知识结合起来予以应用并取得良好效果的能力。知识不通过智慧加以运用不成为力量，关键是掌握科学的方法，用智慧驾驭知识。

（二）做好课堂笔记

俗话说：好记性不如烂笔尖。课堂笔记是构建知识结构的预制件和原材料，也是学习的备忘录。教材不能代替课堂笔记，大学课堂教师特别是高职的教师，讲授时往往突破教材的体系和内容，常常传授一些个人的治学成果、实践经验和学习方法，既讲成熟的理论和方法，也传授实践过程中的技巧，还会将书上没提及的背景和前沿知识传播给学生，并提出一些尚待研究的问题和方法。课堂笔记不但能积累资料，形成信息外贮，同时也有助于课后的理解、记忆、考试复习。

做好课堂笔记要注意以下几个方面：(1)记板书；(2)记思路；(3)记重点和难点；(4)留下思考痕迹；(5)选择性摘录事例，补充内容、疑问和不同见解；(6)整理笔记，做摘要。

（三）多渠道学习

学习途径多种多样，课堂教学已不是唯一的途径，科技的进步为学生学习新事物、新知识提供了方便。因此，除了课堂教学以外，大学生应通过各种途径和渠道开展多方面的学习和实践，如参加专题讨论、社会调查、参观考察、参加实训、查阅文献资料等。

（四）注重能力培养

高职学习期间重要的是能力的培养，特别是实践能力的培养。高职教育特别重视实践教学环节，高职学生应将所学的知识及技术运用于实践，在实践中培养自己的动手能力、操作能力、运用知识解决问题的能力等，在实践中学习。

（五）自主学习

高职学习时期，不再有老师的经常检查和督促，这就要求学生要有高度的学习自觉性和较强的学习计划能力，合理安排好自己的学习时间。高职学生要学会学习、提高学习能力，必须注重自主学习。

自主学习是主动地、有主见地学习，是要学生做自己学习的主人。自主学习包括自我激励、自我识别、自我培养、自我调控、自我评价五个方面。自我激励是前提；自我识别是基础，是学生对自己的智能特点、兴趣爱好和学习状态的基本评估；大学生要在学习过程中发挥主观能动性，立足于自我培养；要学会自我调控，优化学习策略，调整学习方向，改进学习方法；完善自我评价。

（六）创新性学习

创新精神和创新能力是成功学习的要素之一。创新性学习不是要求创造发明，而是要在学习活动中激发创新意识，培养创新思维，养成创新型性格，提高创新能力。高职学生要学会创造性地听课与看书，创造性地做作业，创造性地实践，在课程设计、项目实训、毕业设计中力争有所创新，在各种课外活动中锻炼创新能力。

图 2-4 合理安排 自主学习

总结 · 提示

高职学习具有专业性、自主性、多元性、实践性和创新性等特点，自主性是核心。

高职学习期间重要的是能力的培养，特别是实践能力的培养。

做好课堂笔记要注意以下几个方面：(1)记板书；(2)记思路；(3)记重点和难点；(4)留下思考痕迹；(5)选择性摘录事例、补充内容、疑问和不同见解；(6)整理笔记，做摘要。

问题 · 作业

你将怎样安排你的高职学习？你有什么好的学习方法可与大家分享的？

第二节 考试准备与技巧

——教你如何得高分

考试是测量学生学习成果和检查教师教学效果的重要手段。

一、考试类型

(一)课程考核

课程考核是课程中期和课程结束时,用于检查学生学习情况和教师教学成果,由学校组织的考试。课程结束考核通过则获得该课程学分,考核合格标准由学校自定。

(二)英语等级考试

为了检测在校大学生英语能力是否满足《大学生课程教学要求(试行)》要求,由国家组织的考试。

1. 高等学校应用能力等级考试

高等学校应用能力等级考试,是为了反映和评价高等职业教育修完英语课程的在校生英语应用能力而设立的标准化英语水平考试。高等学校英语应用能力考试分 A、B 两级。A 级考试为高职高专学生应达到的标准要求,B 级考试要求略低于 A 级。参加"高等学校英语应用能力考试"取得 60 分以上(含 60 分)为考试成绩合格,颁发有"高等学校英语应用能力考试委员会"印章的国家级合格证书。

2. 大学英语四、六级考试

大学英语四、六级考试作为一项全国性的教学考试,由国家教育部高教司主办,分为四级考试(CET－4)和六级考试(CET－6),每年举行两次。从 2005 年 1 月起,考试成绩满分为 710 分,凡考试成绩在 220 分以上的考生,由国家教育部高教司委托"全国大学英语四、六级考试委员会"发给成绩单。

(三)计算机等级考试

为了衡量学生学习计算机的程度,可通过计算机等级考试来体现。目前,等级考试有由教育部考试中心和各省教育行政部门组织的两种形式。各省组织的等级考试由各省区制定考试大纲,两种考试均使用全国计算机等级考试合格证书。

全国计算机等级考试(National Computer Rank Examination,简称 NCRE)是经原国家教委(现教育部)批准、由教育部考试中心主办,面向社会,用于考查应试人员计算应用知识与能力的全国性计算机等级水平考试体系。其目的在于测试应试者计算机应用知识和能力,向社会推广和普及计算机知识,也为用人部门录用和考核工作人员提供一个统一、客观、公正的标准。

全国计算机等级考试分四个等级。考生可任选其中一个等级报考,如果同一个级别中有不同类别的,考生必须选择其中一类。考试采用由全国统一命题,统一考试时间,纸笔考试和上级操作考试相结合的形式。目前,一级全部科目实行无纸化考试,全部在计算机上进行;四级的三个科目暂不实行机考。

一级:考核微型计算机基础知识和使用办公软件及因特网(Internet)的基本技能。

考试科目有:计算机基础及 MS Office 应用、计算机基础及 WPS Office 应用、计算机基础及 Photoshop 应用。

全国计算机等级考试
二级合格证书

照片

张 * *

参加 2002 年 09 月全国计算机等级考试（二级Foxbase+ ），成绩合格，特发此证。

证书编号：25163701219880
身份证号：371426821010005

NATIONAL COMPUTER RANK EXAMINATION CERTIFICATE

This is to certify that the bearer has passed the National Computer Rank Examination and has achieved the following grade:

Grade: 2
Language: Foxbase+
ID Number: 371426821010005
Certificate Number: 25163701219880

NATIONAL EDUCATION EXAMINATIONS AUTHORITY
THE MINISTRY OF EDUCATION OF CHINA
教育部考试中心

No. -20- 00060882

图 2-5　计算机等级考试成绩单

二级：考核计算机基础知识和使用一种高级计算机语言编写程序，以及上机调试的基本技能。

考试科目有：语言程序设计（C、C++、Java、Visual Basic、WEB）、数据库程序设计（Visual FoxPro、Access、MySQL）、办公软件（MS Office 高级应用）。

三级：分为网络技术、数据库技术、软件测试技术、信息安全技术、嵌入式系统开发技术共五个科目。

四级：分为网络工程师、数据库工程师和软件测试工程师、信息安全工程师、嵌入式系统开发工程师等五个类别。

全国计算机等级考试合格证书用中、英两种文字书写，全国通用。成绩合格者由教育部考试中心颁布合格证书。成绩优秀者，合格证书上注明"优秀"字样。等级考试证书是终身有效的。

(四)国家职业资格考试

职业资格考试即职业技能鉴定。鉴定是一项基于职业技能水平的考核活动，属于标准参照型考试。具体介绍详见本篇第五章第一节。

二、考试形式

大学考试形式已不再单一，有闭卷试、开卷考试、小论文、作品、现场操作、实训报告等，形式多样。

三、面对考试

考试成绩的好坏，对于下一阶段的学习乃至毕业有重要的影响。要如何面对考试呢？

(一)应对考试焦虑

焦虑属于消极的情绪。它是一种能减弱人的体力、精力，干扰人的正常活动的情绪体验，也属于不愉快的情绪。心理学家研究表明：学生在考试复习期间，适度的焦虑能提高学习效率。但是，焦虑程度的太高或太低都不能取得良好的学习成绩。

大学生产生考试焦虑主要是由于外部压力大，不能正确对待考试，担心考试不及格，大脑休息不足等原因而产生的。因此，大学生一定要端正考试态度。在考试前保证充足的休息，要培养良好的心理素质，树立自信心。正确认识考试，正确对待考试结果。

图 2-6　消除焦虑　轻松迎考

(二)在考试中建立诚信

考试作弊是考试季,教师和学生的中心话题,为了规范和严肃考试管理和纪律,杜绝考试违纪行为,每所大学都制定了相应的考场纪律。但惩罚只是手段,不是目的。大学生要从自我认识和心理调节做起,避免作弊心理出现,在考试中建立诚信。

大学生要明确学习目标,注意平时积累,提高学习动力,学会学习。要调整考试认知,理智看待考试及考试结果。要不断强化良好的自我意识,做到自知、自爱、自强、自制,塑造诚信人格,做好心理维护与保健。

(三)做好考试准备

考试成绩的好坏,主要取决于学生平时对课程内容的熟悉、掌握和应用程度,考前准备和临场发挥也很重要。考前准备要科学合理安排时间,制定好复习计划,系统复习,重点、难点相结合。

(四)养精蓄锐,保持良好的心理状态

考试前如果过分紧张,会加剧对考试的紧张恐惧、削弱考试信心,从而影响临场发挥,影响考试成绩。因此考试前一定要养精蓄锐,劳逸结合,保证充足的睡眠、加强营养,保持精力充沛、精神振奋。

总结·提示

高职学生要了解学习期间的各种考试类别，注重日常的学习和积累，掌握科学的应考方法，以便在各类考试中取得好成绩，顺利完成高职学业，并为继续深造创造条件。

问题·作业

谈谈你是如何调适考前情绪的？

第四章　高职奖学金

第一节　奖学金的种类

——你可以获得哪些奖学金?

一、奖学金的概念

在第一篇的第一章第六节的奖助制度中有提到,奖学金主要分为国家奖学金、国家励志奖学金和学校奖学金,部分高校还设有因企业或者校友捐赠而设立的奖学金,但因不具有普遍性,在这里就不进行详细介绍。下面将对前三类奖学金进行详细讲解。

(一)国家奖学金

《普通本科高校、高等职业学校国家奖学金管理暂行办法》指出:国家奖学金由中央政府出资设立,用于奖励高校全日制本专科(含高职、第二学士学位)学生中特别优秀的学生。中央高校国家奖学金的名额由财政部有关部门确定。地方高校国家奖学金的名额由各省(自治区、直辖市)根据财政部、教育部确定的总人数,以及高校数量、类别、办学层次、办学质量、在校本专科生人数等因素确定。在分配国家奖学金名额时,对办学水平较高的高校、以农林水地矿油核等国家需要的特殊学科专业为主的高校予以适当倾斜。本、专科国家奖学金的奖励标准为每人每年 8000 元。

(二)国家励志奖学金

2007 年,我国首次设立国家励志奖学金。在《普通本科高校、高等职业学校国家励志奖学金管理暂行办法》指出:国家励志奖学金是为了激励普通本科高校、高等职业学校和高等专科学校的家庭经济困难学生勤奋学习、努力进取,在德、智、体、美等方面全面发展,由中央和地方政府共同出资设立的,奖励资助品学兼优的家庭经济困难学生的奖学金。国家励志奖学金的奖励标准为每人每年 5000 元,一次性发放。同一学年内,申请国家励志奖学金的学生可以同时申请并获得国家助学金,但不能同时获得国家奖学金。

(三)学校奖学金

学校奖学金是由高校设立的,用于奖励品学兼优学生的奖项,一般来说,校内奖学金分为特等、一等、二等和三等四个档次，个别院校还设立有单项奖学金，用于奖励在某方面取得突出成就的学生；奖励金额各个院校并不相同，但设立奖项的目的却是相同的，即通过奖励，激励学生努力学习，用自己的努力证明自身价值。

二、奖学金的评选要求

(一)国家奖学金

1.国家奖学金的基本申请条件

(1)热爱中华人民共和国，拥护中国共产党的领导。

(2)遵守宪法和法律，遵守学校规章制度。

(3)诚实守信，道德品质优良。

(4)在校期间学习成绩优异，社会实践、创新能力、综合素质等方面特别突出。

2.国家奖学金的评审要求

(1)国家奖学金每学年评审一次，实行等额评审，坚持公开、公平、公正、择优的原则。

(2)获得国家奖学金的学生为高校在校生中二年级以上(含二年级)的学生。

(3)同一学年内，获得国家奖学金的家庭经济困难学生可以同时申请并获得国家助学金，但不能同时获得国家励志奖学金。

(4)高校要根据本办法的规定，制定具体评审办法，并报主管部门备案。

(5)高校学生资助管理机构具体负责组织评审工作，按规定流程提出本校当年国家奖学金获奖学生建议名单，报学校领导集体研究审定后，在校内进行不少于5个工作日的公示。公示无异议后，每年10月31日前，中央高校将评审结果报中央主管部门，地方高校将评审结果逐级报至省级教育部门。中央主管部门和省级教育部门审核、汇总后，统一报教育部审批。教育部于每年11月15日前批复并公告。

(二)国家励志奖学金

1.国家励志奖学金的基本申请条件

(1)热爱社会主义祖国，拥护中国共产党的领导。

(2)遵守宪法和法律，遵守学校规章制度。

(3)诚实守信，道德品质优良。

(4)在校期间学习成绩优秀。

(5)家庭经济困难。

(6)社会能力，工作能力较强，有一定的群众基础。

(7)无其他不良嗜好和不适合该荣誉称号的表现。

2.国家励志奖学金的评审要求

(1)国家励志奖学金实行等额评审，坚持公开、公平、公正、择优的原则。

(2)国家励志奖学金申请与评审工作由高校组织实施。高校要根据本办法的规定，制定具体评审办法，并报中央主管部门或省级教育行政部门备案。高校在开展国家励志奖学金评审工作中，要对农林水地矿油核等国家需要的特殊学科专业学生予以适当倾斜。

图 2-7　国家奖学金证书

(3)国家励志奖学金按学年申请和评审。申请国家励志奖学金的学生为高校在校生中二年级以上(含二年级)的学生。

(4)同一学年内,申请国家励志奖学金的学生可以同时申请并获得国家助学金,但不能同时获得国家奖学金。

(5)每年 9 月 30 日前,学生根据本办法规定的国家励志奖学金的基本申请条件及其他有关规定,向学校提出申请,并递交《普通本科高校、高等职业学校国家励志奖学金申请表》。

(6)高校学生资助管理机构负责组织评审,按规定流程提出本校当年国家励志奖学金获奖学生建议名单,报学校领导集体研究通过后,在校内进行不少于 5 个工作日的公示。公示无异议后,每年 10 月 31 日前,中央高校评审结果报中央主管部门,地方高校评审结果逐级报至省级教育部门。中央主管部门和省级教育部门于 11 月 15 日前批复。

(三)学校奖学金

1.学校奖学金申请条件

学校奖学金申请基本条件一般都包括有正确的政治方向,学习成绩在班级排名前列,遵守学校规定,在班级各方面表现优秀等,但由于学校奖学金是各个学校根据自身实际情况而制订的,因此,具体的细则方面都会有所差别,如班级排名多少,与国家奖学金能否同时获取等,都会因学校的不同而不同,并无统一性,因此,具体要求应参照本校《学生手册》。

2.学校奖学金评审要求

如同学校奖学金的申请条件一样,该奖项的评审要求是因学校的不同而不同,但一般来说,都应包括以下几方面:

(1)坚持公开、公平、公正、择优的原则。

(2)申请与评审工作由辅导员或者系内组织实施,并报学校资助管理机构评审。

(3)按学年申请和评审。申请的学生为高校在校生中二年级以上(含二年级)的学生。

(4)学校学生资助管理机构负责组织评审,在校内进行不少于5个工作日的公示。公示无异议后,确认最终获奖名单。

而具体申请、评审时间,都以各个高校的实际情况为准。

总结·提示

高职奖学金主要分为国家奖学金、国家励志奖学金和学校奖学金,各项奖学金都具备严格的申请条件和评审要求。

问题·作业

你所在的学校奖学金的申请条件和评审要求是什么?

第二节　获取奖学金的途径

——你如何获得奖学金?

在上一节中向大家介绍的申请各类奖学金的基本条件,从基本条件中可看出,想要获取奖学金,必须是具备学习成绩优秀、品质优良、社会实践、工作能力强等基本要素,下面就从专业学习和实践活动两方面来引导大家如何获得奖学金。

一、专业学习

奖学金,顾名思义,即为奖励学习优秀的奖金,因此,学习成绩优秀是获取奖学金的第一要素,扎实的专业知识和广泛的知识面是让自己学习优秀的重要途径。因此,在进入大学后,同学们首先要对自己所学的专业进行充分的了解,制定详细的学习计划。扎实掌握专业知识的同时,从专业理论中衍生新的知识点,通过扩展相应的知识面来巩固专业知识,如此循环,从而使自己的专业成绩不断提升,进而名列前茅,从而具有争取奖学金的资格。

掌握扎实的专业理论知识对于高职院校的学生来说,只是获得优秀学习成绩的两个条件之一,另一个条件则是理论应用于实际的能力,即动手能力。因为作为现代高职教育的特点之一,就是毕业的学生具有很强的动手能力。因此,积极参加校内外的实训课程,增强自己的动手能力,让自己的专业知识真正应用到以后的工作中,创造出生产力,则是学习成绩优秀的另一个有力的体现。

二、实践活动

现代的社会所需求的人才是要求具有较高综合素质的全才,而不是“两耳不闻窗外事，一心只读圣贤书”的书呆子。德才兼备，社会实践表现好、工作能力等体现综合素质的因素也是获得奖学金的基本条件。所以，在认真搞好专业学习的前提下，多参加社团、班级活动、社会活动等实践活动，提升自己的综合素质，在综合测评中取得高分，则成为获取奖学金的重要途径。

如何在综合测评中得到高分，因在有关综合测评的章节中有向同学们作了具体的介绍，这边就不再重复。在这里想强调的是，获得优秀的学习成绩，提高自己的综合素质并不单纯是为了获取奖学金，而是使自己学有所长、学有所用，使自己成为全面发展的高素质人才，从而在未来的社会生活中更好地体现自我价值，这才是最终目的。

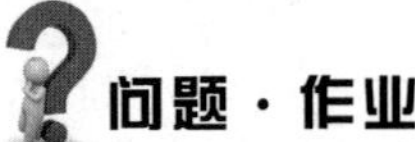

总结 · 提示

获取奖学金，必须具备学习成绩优秀、品质优良、社会实践表现好、工作能力强等基本要素，主要体现在专业学习和实践活动两方面。

问题 · 作业

获取奖学金的主要途径有哪些？

第五章 继续深造

第一节 职业技能鉴定

——职场通行证

一、职业资格证书

(一)职业资格证书制度

职业资格证书制度是劳动就业制度的一项重要内容,也是一种特殊形式的国家考试制度。主要是指按照国家制定的职业技能标准或任职资格条件,通过政府认定的考核鉴定机构,对劳动者的技能水平或职业资格进行客观公正、科学规范的评价和鉴定,对合格者授予相应的国家职业资格证书的政策规定和实施办法。

《劳动法》第八章第六十九条规定:"国家确定职业分类,对规定的职业制定职业技能标准,实行职业资格证书制度,由经过政府批准的考核鉴定机构负责对劳动者实施职业技能考核鉴定"。《职业教育法》第一章第八条明确指出:"实施职业教育应当根据实际需要,同国家制定的职业分类和职业等级标准相适应,实行学历文凭、培训证书和职业资格证书制度"。这些法律条款确定了国家推行职业资格证书制度和开展职业技能鉴定的法律依据。

(二)职业资格证书

职业资格证书是表明劳动者具有从事某一职业所必备的学识和技能的证明。它是劳动者求职、任职、开业的资格凭证,是用人单位招聘、录用劳动者的主要依据,也是境外就业,对外劳务合作人员办理技能水平公证的有效证件。

国家职业资格证书分为五级(初级)、四级(中级)、三级(高级)、二级(技师)、一级(高级技师)共五个等级。

个人可自主申请参加职业技能鉴定。申报职业技能鉴定,首先要根据所申报职业的资格条件,确定自己申报鉴定的等级。经考核鉴定合格者,由劳动保障行政部门核发相应的职业资格证书。

二、职业技能鉴定

职业技能鉴定是一项基于职业技能水平要求而进行的标准参照的考核活动。在我国，职业技能鉴定是根据国家法律、法规，按照国家规定的职业标准，通过政府授权的考核鉴定机构，对劳动者的专业知识和技能水平进行客观公正、科学规范的评价与认证的活动。

职业技能鉴定分为知识要求考试和操作技能考核两部分。知识要求考试一般采用笔试，技能要求考核一般采用现场操作加工典型工件、生产作业项目、模拟操作等方式进行。计分一般采用百分制，两部分成绩都在60分以上为合格，80分以上为良好，90分以上为优秀。

我国的职业技能鉴定实行政府指导下的社会化管理体制，即按照国家法律法规，在劳动保障行政部门领导下，由职业技能鉴定指导中心负责组织、协调、指导，各职业技能鉴定站(所)具体实施对劳动者职业技能的鉴定。

三、双证书制度

高职院校实行学业证书、职业资格证书双证书制度，实施双证书制度具有重要意义。

(一)实施双证书制度是贯彻落实党和国家职业教育方针政策的重要举措

《中华人民共和国职业教育法》，总则第八条规定："实施职业教育应当根据当地实际需要同国家制定的职业分类和职业等级标准相适应，实行学历证书、培训证书和职业资格证书制度"。2002年国家劳动和社会保障部、教育部、人事部联合下发的《关于进一步推动职业学校实施职业资格证书制度的意见》明确指出："在全社会实行学业证书、职业资格证书并重制度"。实施双证书教育是贯彻落实党和国家职业教育方针政策的重要举措。

(二)实施双证书制度是实现高职教育培养目标的有力保证

高职教育是培养面向企事业生产、经营、服务和管理第一线的高级技术应用型人才，双证书是实用型技能型人才的知识、技能和素质的外在体现和客观证明。职业资格证书是高职毕业生具有某种职业能力的体现和证明，是高等职业院校毕业生能够直接从事职业岗位的职业技能凭证。双证书制度充分体现了高职教育培养目标的要求，是实现高职培养目标的有力保证。

(三)实施双证书制度是实现国家人才资源开发的战略调整

1993年11月，党的十四届三中全会通过的《中共中央关于建立社会主义市场经济体制若干问题的决定》指出，"要把人才培养和合理使用结合起来"、"要制定各种职业的资格标准和录用标准，实行学历文凭和职业资格证书两种证书制度"。《决定》标志着党和政府对我国人力资源的开发政策作出了巨大的战略调整，提出了要在我国实行学历文凭和职业资格证书并重的证书制度的指导原则，从体制建设和政策导向上缓解了长期以来我国教育培训事业不适应社会经济发展要求的矛盾。

(四)实施双证书制度是高职院校提高毕业生就业能力的有效途径

一方面,随着社会经济的发展,科技不断地进步,职业日益分化和专业化,专业化的职业需要有特殊能力和相应资格的劳动者才能适应。随着市场经济的发展,人才市场对从业人员素质的要求越来越高,用人单位对从业人员的要求更讲究"适用"、"效率"和"效益"的标准与规格,这就需要应职人员职业技能强,综合素质高,上岗适应快。毕业生拿到学历证书只是完成上岗就业的一部分,只有在校期间就具备从事某种职业岗位的能力资格,才能在社会上得到认可,在人才市场上具有竞争力从而提高就业能力。

另一方面,双证书制度为用人单位录用人才提供一个公正的、客观科学的职业技能的评价依据。高职院校开展职业技能培训和鉴定,在一定程度上降低了企业员工职后培训的成本,缩短了大学生岗位适应期,能更快更好地进入角色和状态,因此,受到企业的青睐与欢迎,有效促进了高职院校学生的就业。

四、一专多能、一书多证

高职学生从一入学开始,就应该合理安排好时间,每一年都至少参加一个职业技能工种(项目)的培训考证。大一的学生可以考虑全国计算机高新技术,如计算机办公软件中、高级等;大二的学生可结合自己的专业、相应的职业技能工种报考,如物流专业可报考高级物流师(三级),电子商务专业可报考高级电子商务(三级),机械类专业可报考制图员中、高级,财会类专业可报考理财师,旅游酒店管理专业可报考导游证、前厅操作员等。三大的学生可根据就业需要和个人兴趣,增加培训鉴定工种或其他证书。如会计从业资格证、教师资格证、ISO9000 内审员证,等等。

表 2-1 国内常见资格证考试时间表

月份	证照名称	备注
三月	国际物流师	每年的 3、6、9、12 月第三个周日
	项目管理师职业资格认证	
四月	速录师职业资格考试	
	注册咨询工程师	
五月	营销师职业资格认证	5 月和 11 月各考 1 次
	人力资源师职业资格认证	
	物业管理师	
	全国秘书职业资格考试	

续表

月份	证照名称	备注
五月	环境影响评价工程师	
	监理工程师执业资格	
	注册建筑师(一级、二级)	
	物流师职业资格认证	
	全国会计专业技术资格考试	
	调查分析师	
	企业信息管理师	
	计算机技术与软件专业技术资格(水平)考试	
	土地登记代理人	
	全国卫生专业技术资格考试	
	二级、三级翻译专业资格考试	
六月	英语四六级考试	
	项目管理师职业资格认证考试	
	质量专业技术人员资格考试	
	注册税务师考试	
九月	理财规划师职业资格认证考试	
	注册会计师全国统一考试	9月下旬
	注册资产评估师考试	
	价格鉴证师	
	注册设备监理师	
	注册安全工程师	
	注册核安全工程师	
	全国计算机等级考试(NCRE)	
	项目管理师职业资格认证考试	
	国际商务师	
	建造师	
	司法考试	
	注册土木工程师	
	注册化工工程师	
	注册电气工程师	
	注册公用设备工程师	
	注册结构工程师	

续表

月份	证照名称	备注
十月	保险经纪人基本资格考试	
	市场总监销售经理业务资格培训认证	
	造价工程师	
	房地产经纪人	
	企业法律顾问	
	注册城市规划师执业资格考试	
	矿业权评估师	
	房地产估价师考试	
	审计、统计专业技术资格考试	
	出版专业技术资格考试	
十一月	经济专业技术资格考试	
	物流师职业资格认证考试	全国试点阶段,考试时间由劳动部通知
	国家公务员招录考试	

总结·提示

高职院校实行学业证书、职业资格证书双证书制度;高职学生应该积极参加职业培训技能鉴定,实现"一专多能、一书多证"。

问题·作业

高职院校实施双证书制度的意义?

第二节 继续教育

——你的永动力

一、自考专本衔接

自考专本衔接考试使高职高专教育与高等教育自学考试本科相互沟通,优势互补,资源共享,将原自考本科专业课程进行重新划分,与相同或相近专业的高职高专教育相整合,按不同要求进行考核,从而使绝大多数参加衔接考试的专科考生,在专科毕业时能完成本科的课程，取得自考本科毕业证书并申请相应的学士学位证书。

全省衔接试点专业面向各高职院校，包括民办院校，新生入学就可报考。学生在校期间可同时套读进行自考本科考试。

二、普通高校的“专升本”

统招专升本(全称“选拔优秀高职高专毕业生进入本科学习统一考试”，简称普高专升本，普通专升本，3+2专升本，普通全日制专升本)。根据教育部下达的各省普通专升本招生限额，选拔优秀普通专科应届毕业生在毕业之前(三年级第二学期)参加由省教育考试院组织的统一考试(部分省份为学校出卷)，选拔进入普通本科院校进行在校两年制本科学习，专科毕业后可升入所在省份设有对口专业的本科院校，并享受与普通本科生同等待遇，毕业时授予普通高等教育本科学历和学位证书，派发就业报到证。报名对象只限于在校应届普通全日制专科毕业生，报名条件为优秀专科毕业生，英语三级以上(上海为四级)，无不及格记录且所报专业必须与所学专业对口，并只限报考本省本科院校，不允许跨省报考。国家教育部政策法规司规定，普通高校专升本为国家统招计划普通全日制学历，第一学历为本科。

改革开放以来，中国的高等教育蓬勃发展，全国已积累了成百上千万大专毕业生，随着社会主义现代化进程的加快，社会对高层次人才的需求不断增长，越来越多的专科毕业生要求提高学历层次。普通专升本是目前专科提高学历层次的最佳选择，报考条件限制和考试难度略大，文凭属性属于普通全日制，与普通四年制本科无异，可以直接考研和报考事业单位。

三、成人教育本科、电大教育本科、网络教育本科等

高职生毕业后参加工作，可以选择边工作，边继续教育进修本科。

·【小贴士】·

福建普通高校的“专升本”常见问答

1.福建省有哪些院校参加专升本招生?

答:福建师范大学、福建农林大学、福建医科大学、集美大学、漳州师范学院、泉州师范学院、福建工程学院、闽江学院、厦门理工学院、三明学院、福州大学、福建警察学院和闽南理工学院。

2.外地考生或是往届考生是否能够参加福建省普通高校专升本考试?

答:普通高校的专升本考试通常只招收省内普通高等院校应届普通高职高专的优秀毕业生。

3.福建专升本考上本科且本科毕业后第一学历是本科还是专科?

答:专科学生升入本科毕业后的第一学历是本科。

4. 普通高校福建专升本的考生毕业证和正常的本科生毕业证有区别吗？

答：按国家规定专升本学生入学后，按本科院校学生学籍进行管理。毕业后由学校统一颁发毕业证书，其毕业证书内容填写“在我校 XX 专业专科起点本科学习”，学习起止时间按升入本科实际时间填写。已录取进入本科学习的专升本学生不颁发高职高专毕业证书。学习期满且成绩合格的学生，可根据《中华人民共和国学位条例》及有关规定申请授予相应的学士学位。学生毕业时，按国家有关本科毕业生的就业政策执行。

5. 福建专升本考试可以跨专业报考吗？

答：福建专升本从往年报考及录取结果来看，是可以的。

6. 福建专升本录取率是多少？

答：2010 年福建专升本的录取率约 35.6%，2011 年福建专升本的录取率约 40.7%，综合 2008、2009 年数据，近年来专升本录取率约在 35%～41%之间。

例如：2012 年福建专升本招生人数将突破 10000 人，今年报名人数在 16000 人左右，这就意味着：今年招生的录取率可以高达 62.5%以上，如果有认真准备的同学 80%以上都能考上。

总结 · 提示

高职学生可选择自考专本衔接、普通高校的“专升本”、成人教育本科、电大教育本科、网络教育本科等继续教育学习。

问题 · 作业

选择自考专本衔接继续教育具有哪些优势？

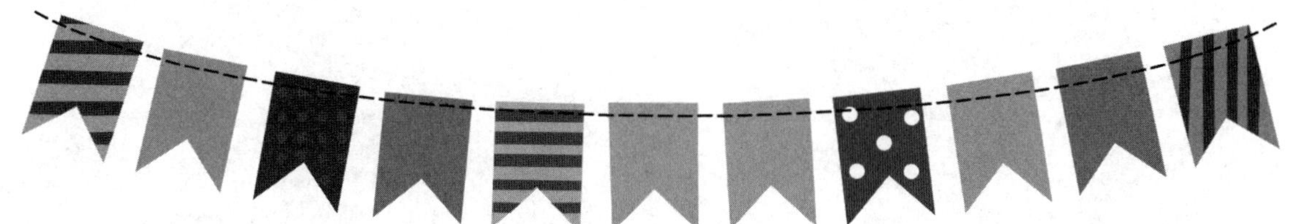

第三篇
修养篇

大学生是家庭、国家、社会的未来，在大学期间，除了认真学习，掌握必要知识和技能外，还应该特别注重个人修为，即行为的培养、品德的修养和综合素质的提高，使自己成为一个能担当家庭、国家需要，受社会欢迎的有用人才。

第一章 行为培养

第一节 个性化与习惯养成

——保持良好习惯

一、90后个性特点

目前，90后逐渐成为高职校园的学生主体。在中国经济、文化转型期和全球一体化的大社会背景下成长起来的，他们身上有很多优点，具有一些有别于80后的新特点。但也存在一些不容忽视的问题，如：

(一)自信、独立，但个人本位思想较重，团队协作意识不强

90后大学生获取各类知识的方式方法不断增多，个性自信而张扬，崇尚以“体验”式的做法验证结论，摒弃传统死板的“灌输”式教学模式。更注重自己个人的主观感受，更渴望个性、思想独立。他们当中大部分是独生子女，思考及行为方式往往会不由自主地自我些，不注意考虑他人感受。同时呈现出人际交往能力不强，缺乏团队协作意识，心理承受力相对薄弱的问题。

(二)价值观多元化趋势明显，功利性行为增多

90后大学生将较多的目光投向娱乐圈中的影星、歌星和通俗作家的作品，对政治和现实生活中的榜样不够关注，特别是对道德模范感到陌生。一些大学生轻视思想政治修为，思想深度不够，没有形成成熟、稳定的价值观。

(三)情感丰富，观念更为开放大胆

90后大学生的爱情观与性观念的形成时期相对超前，具有较明显的早熟特点。在他们看来，谈恋爱是对大学生活“空虚”的补偿，亦是对“不恋爱不叫大学”说法的尝试，显示了90后大学生特立独行，思想叛逆的特点。他们并不认为什么事情不可为，对于别人三令五申不要做的事情，他们不“盲从”，但在他们心中，事情只有自己亲身尝试、经历过，才会做出相应的决定。

二、良好习惯培养

良好的生活习惯不仅能促进个人的身心健康，而且对人的未来发展有着直接的作用。大学生精力旺盛，又处于长身体、长知识的重要阶段，良好的生活习惯是确保顺利度过大学阶段的重要基础。经过调查，大部分高校反映当前大学生的生活习惯令人担忧，不利于大学生身心健康发展。

（一）不良生活习惯的主要表现

1.作息时间无规律

很多同学不能严格要求自己。作息时间执行不到位，该休息的时候不休息，一些宿舍看电影、开卧谈会到深夜，然后第二天上午逃课睡觉。恶性循环，学业和健康均得不到保障。

2.日常饮食欠科学

有相当一部分大学生由于睡得晚，早晨起得迟，来不及吃早饭便去上课，在课间饿的时候随便买些饼干、方便面之类的零食充饥；有的大学生索性取消了早饭，养成了常年不吃早饭的不良习惯；还有的学生酗酒、暴饮暴食。大学生正处于长身体的关键时期，如此应付“吃饭”问题，实在令人担忧。

3.娱乐休闲无节制

适当的休闲娱乐可以给大学生的生活增添生活情趣，缓解压力。但是，部分学生经常光顾网吧、KTV等娱乐场所，无节制地沉迷其中，这不得不引起我们的高度重视。

4.自我保健意识差

“文武之道，一张一弛”，体育锻炼能增强体质，陶冶情操，增添活力。但是随着近年来网络游戏、电子竞技等的兴起，参与文体活动学生总数明显下降。学生的体能素质长期下降，肥胖学生的比例明显增多，近视眼发病例居高不下，多数大学生心理素质不高，抗挫折能力差，这些与缺乏体育锻炼不无关系。有些男同学不仅不注意自身卫生习惯，还经常在宿舍抽烟，使得其余同学被迫抽二手烟，影响了大家的身心健康。

大学生是民族的希望，国家的未来。随着改革开放程度的加大，“以人为本”的教育思想以及素质教育的贯彻实施，对当代大学生提出了更高的要求。家庭、高校、社会均要高度重视大学生的行为养成教育，培养具备高强综合素质的社会主义建设者和接班人。

（二）良好生活习惯的培养

1.高度重视，增强大学生良好生活习惯养成教育意识。

从某种程度上讲，习惯决定人生。不管是中小学，还是大学，以及学生家长，都要深刻意识到学生生活习惯养成的重要性。良好生活习惯的形成不是一朝一夕的，早期教育要从幼儿园抓起，小学、中学，直到大学都要重视学生良好生活习惯养成教育。只有从小打下良好的基础，大学阶段不断提高，才能自觉地养成良好的生活习惯。

2. 积极引导，组织开展有益于形成良好生活习惯的活动。

大学生活应该是多姿多彩的，学生在良好的校园环境中努力学习，积极进取。学校应组织学生参加各种有益于学生养成良好生活习惯的活动。如文娱表演、体育竞技、心理知识竞赛、保健知识讲座等等，让更多的人参加、了解，使学生课余时间过得丰富、充实而有意义，形成一种积极向上的氛围。

3. 强化管理，防止和杜绝不良生活习惯蔓延和泛滥。

国家、地方政府和学校对学校周围的一些场所采取相应措施。高校要严格学校管理制度，加强学生思想道德品质和行为规范教育。建议学生处、教务处和各院系共同配合，班主任和学生辅导员齐抓共管，采用广渠道、多形式、分层次地引导学生良好生活习惯的形成，保持健康的心理、生理和旺盛的精力投入到学习生活中去。

4. 自我约束，慎独而有意识地训练自己形成良好的生活习惯。

·【小贴士】·

行为心理学研究表明：21 天以上的重复会形成习惯，90 天的重复，会形成稳定的习惯，即同一个动作，重复 21 天就会成为习惯性动作。所以，没有改变不了的习惯，只是你不怎么想改变的习惯。即便充满个性的 90 后大学生，只要一个观念被自己验证了 21 次以上，就能成为信念，从而塑造良好的习惯。

在培养自身良好习惯时，应注意：

(1)提高认识。通过学习，了解习惯形成的原因、方式及习惯对人的影响，提高认识，自觉养成良好的行为习惯。

(2)注意区分好坏，慎重选择。

(3)注重细节，持之以恒。

(4)以拥有良好行为习惯的人为镜子，时时照自己，矫正自己的不良言行。

(5)经受磨砺，以锻炼自己的意志、毅力、信念，最后获得成功。

(6)任何一个良好习惯的养成都需要完善的过程。好习惯的养成是循序渐进，并在不断积累中趋于完善的。

三、做文明大学生

大学生处在社会和学校之间，终将会走向社会，注重文明礼仪是必不可少的。养成良好的文明礼仪，不仅对大学生身心健康发展、自信心确立、良好人际关系建立等产生积极的影响，而且将直接影响其今后在社会的发展。

因此，无论在校园内外，养成良好的文明礼仪，都是作为当代大学生的基本要求。每个人都应当用规范的文明礼仪来指导自己的言行举止，学礼用礼，以礼待人，争做文明大学生。

(一)礼仪的基本原则

1. 敬人原则,即尊重他人

"礼"字蕴含尊敬的意思。"礼争一分寸步难行,礼让一步海阔天空"体现的便是在交往过程中互相尊重、互留余地。这是礼仪的前提。

2. 自律原则,即约束自我

礼仪是潜移默化的内心信念,遵循礼仪需依靠个人的自觉性。每个人都具有主观能动性,若总在被要求的氛围下生活和学习,个体将很难得到较大的成长和进步。遵循礼仪的过程就是克己自省的过程。

3. 适度原则,即掌握分寸

在仪表、言谈举止等具体方面,礼仪讲究得体。过度地讲求礼节,过于谦卑,容易导致过于降低自尊,不利于身心健康的同时也使礼仪流于形式而失去其应有的价值。

(二)不同场合的礼仪

1. 宿舍礼仪

(1)在刚进入宿舍时,为增进彼此了解,可在床边或者橱门上贴上自己的名字和电话。

(2)尊重个人隐私,需借用别人物品时请提前告知。

(3)当使用公共资源时,相互商量,礼让为上。

(4)尊重彼此作息。休息时间,不大声喧哗、打电话,不把音响开得轰隆隆响。

(5)配合老师、生管、学生干部的工作。

2. 教室礼仪

(1)尊重老师,在课堂与老师良好互动,不做与上课无关之事,如吃东西、玩手机、睡觉等。

(2)注重个人形象,不在教学楼等公共场所抽烟、喧哗打闹、穿拖鞋或着奇装异服。

(3)爱惜公共资源,不在黑板、课桌椅和墙壁上乱涂乱画,离开教室关电关窗,带走垃圾。不将教室座椅和教学设备搬出室外。

3. 办公室礼仪

(1)进老师办公室前,应先敲门或喊"报告",征得允许后方可进入。

(2)与老师谈话保持适当的人际距离(约 1.5 米左右),不随便打断老师谈话,当与老师意见相左时,委婉地表达自己,如"在这个问题上,您说得有道理,我也有一些想法……"。

(3)等待老师时,注意不要坐在其他老师座位,也不能随意乱翻办公室的东西。

(4)办好事情后,先向老师辞谢,然后离开办公室,不做无谓的逗留。

4. 食堂礼仪

(1)打饭排队有秩序,更节约时间。

(2)用餐时注意形象,文明大方。

(3)尽量"光盘",不浪费粮食。

(4)用餐后,主动回收餐盘,维护公共用餐环境。

图 3-1 光盘行动

5. 观看和参与赛事的礼仪

(1)尊重双方参赛者,礼貌对待参赛者的偶尔失误,不当场出言不逊,甚至扔物品。

(2)观看比赛期间,切忌大声喧哗、盲目起哄。

(3)对比赛结果持有不同看法时,尊重裁判和评委的专业性和公正性。

(4)参赛的运动员专心备赛,尊重比赛和裁判。不在比赛期间做出有辱运动精神和道德风尚的行为,如恶意伤害竞争对手、公然顶撞裁判等。

6. 校园其他公共场所的礼仪

(1)维护公共卫生、资源。不随地吐痰、乱扔垃圾、不践踏草坪等。

(2)在校园内步行时尽量靠右,交谈时应靠路边;过狭窄的通道让老师或更有需要的同学先行;校内骑车时,不急驶,不在行车时做危险动作。

(3)情侣不在操场和女生宿舍门口等公共场合过于亲密。

7. 初入职场的礼仪

(1)着装整洁,干净得体。从头到脚,注重细节。

(2)提前 15 分钟上班,切勿迟到。

(3)热情主动与人问好,注意使用礼貌用语。

(4)不要打断领导、客户、同事说话。不要随便质疑、诽谤领导、客户、同事。

·【延伸阅读】·

居里夫人小故事

1903 年,居里夫人发现了一种新的物质——镭。这一发现,震惊了全世界。因为这项发现,居里夫人成了世界上第一个获得诺贝尔奖的科学家。从而,她享有盛誉,博得了人们的敬仰。可功成名就的她,对于过去的老师仍然十分尊敬。

居里夫人的法语老师最大的愿望是重游她的出生地——法国北部的第厄普。可是,她付不起由波兰到法国的一大笔旅费,回乡的希望总是那么渺茫。居里夫人当时正好住在法国,她非常理解老师的心情,不但代付了老师的全部旅费,还邀请老师到家里做客。居里夫人的热情接待使老师感到像回到了自己家里一样。

1932 年 5 月,华沙镭研究所建成,居里夫人回到祖国参加落成典礼。许多著名人物都簇拥在她的周围。典礼将要开始的时候,居里夫人忽然从主席台上跑下来,穿过捧着鲜花的人群,来到一位坐在轮椅上的老年妇女面前,深情地亲吻了她的双颊,亲自推着她走上了主席台。这位老年妇女就是居里夫人小时候的老师。在场的人都被这动人的情景所感动,热情地鼓掌,老人也流下了热泪。

居里夫人就是这样,当她成为一个伟大的科学家之后,仍旧没有忘记曾经传授给她知识的老师。

总结·提示

细节决定成败,成功源于好的习惯,培养好个性、好习惯、好礼仪,做文明有礼的大学生。

问题·作业

说说自己的好习惯和坏习惯,让好习惯感染大家,也让大家帮忙说说如何改正坏习惯。

第二节　理性消费与科学理财

——大学生活通用宝典

一、高职学生消费现状与问题

高职学生在离开了由父母庇护的家庭,来到大学校园后,获得了“财政大权”。但“月头风光,月中清仓,月底找人帮”的现象在同学们中间也非常普遍。部分同学生活上的开支比较随意,毫无计划性,且没有理财经验,经常是前松后紧,导致不断出现“财政赤字”。

一些同学还面对推陈出新的各种手机、电脑及数码影音产品等高科技消费,无法抵抗,也平添了不少经济压力。种类繁多的宴请、聚会、班搓、舍搓,在消费中屡见不鲜。服饰打扮成为必修。女生为了美容、护肤、时装、美发不惜代价，男生为了体育名牌、球鞋装备不甘落后。

这些学生的消费现状反映了高职学生在消费需要、态度和行为方面的问题。如：储蓄观念淡薄，财商需培养和加强；过分追求时尚和名牌，存在攀比心理；为了追求情感过度物质投入，难以理性把握适度消费原则，等等。

二、理性消费

为了不再让自己成为“月光族”，在大学校园中更好地生活，首先要理清头绪，测测自己的消费现状，从而更好地发现问题，理性消费。

测测你的消费现状

1. 高中时的零花钱有多少？
2. 你是如何支配每月的生活费？请分块列举。
3. 你是否有计划地花钱？
4. 你是否有记账的习惯？
5. 你有考虑过投资吗？

在了解自己每月的消费习惯后，如何才能杜绝非理性、无计划的消费行为，做到理性消费？建议大学生要选择适合自己的消费标准，考虑自己的支付能力，理性分析消费的价值，给自己的消费理性定位。这不仅可以为以后的生活养成良好的习惯，更加可以为自己的事业打下坚实基础。

图 3-2　理性消费

·【理性消费小贴士】·

1. 制定每月支出计划。如果你讨厌记账,那么至少在你拿到生活费以后,好好规划一下本月的大致支出,然后分门别类将费用划分好。怕用钱过度的话,不妨把钱存入银行,或者限制每天放在身上的现金,或者就是把钱分门别类装入信封,要用才拿。

2. 身上不带大额钞票。为了避免"一时兴起"的大额消费,不要轻易将大额的现钞(如50元、100元)找开。经验告诉我们,一百元一旦破开,就不易保留了。

3. 减少不必要的聚会。作为联络感情、互通信息的一种方式,同学、朋友之间的聚会当然是必要的。但一些纯粹是为了找个理由吃一顿的聚会,若是囊中羞涩,不去也罢。倘若既不想委屈自己的钱包,又不伤朋友感情,有时候就不得不学会一些善意的谎言。

4. 充分了解市场,进行二手交易。用过的课本、参考书等以相对便宜的价格转让,既充实了自己的钱袋,又给别人带来方便。同理,对于一些不是太介意新旧的物品,也可以通过此类途径进行购买,可节约部分开支。至于沟通信息的渠道,最佳途径当然是网络。

表 3-1　个人消费流水账模板

日期	收入	支出	余额	项目

表 3-2　每周小结模板

起止时间	
收入	
支出	
结余	
下周消费提醒	

表 3-3　每月小结模板

月份	
收入	
支出	
结余	
下月消费提醒	

三、科学理财

90后的高职学生注重生活品质,很多同学一方面不想降低对物质的追求,另一方面又苦于每月生活费的限制。消费支出无计划性,缺乏"理财意识"成为普遍问题。如何让钱生钱,更好地生活,科学理财呢。

(一)进行差异化理财,迈出理财的第一步

很多大学生认为银行利息低,于是并不把储蓄看作是自己理财的第一步。如果大学生将自己近期内用不到的那部分钱存为定期,将能够得到比活期高的利息,而且能够控制花销。久而久之,你会发现自己账户里的存款数正在不断地增加,也养成了合理花销的好习惯。

→→→→→

【案例分析】

同学甲每个学期的生活费都是一次性带足的,他使用活期存款,每个月规划好支出费用后定期去银行取现。这样一个学期下来,甲会发现自己的账户比原来多出了不少利息。

同学乙的生活费是按月给的,他的手头没有多余的资金可用于周转,在刚开始的3个月内,乙选择将生活费的30%用于储蓄。3个月下来,他就形成了一笔原始资本,他将这笔钱用于定期存款,并且在接下来的一年时间里保持着30%的储蓄。一年过后他惊喜地发现,自己的银行账户里不仅有自己全年生活费的30%,还另加了一笔"小钱",初次体验到了理财的收获。

←←←←←

(二)学会和银行打交道,谨防信用卡套现骗局

很多银行针对高消费的大学生群体,开辟出了款式多样的信用卡。社会上的不法分子,也利用大学生社会经验不足、辨别力较差的特点进行违法的勾当。

提醒大家,使用信用卡应该量入为出,适可而止。过度消费不仅会加重自身和父母的经济负担,还会对自己将来的消费习惯、经济状况、信用指数带来不良的影响。到毕业后才发现,自己的大部分薪水都要用来偿还信用卡借款,成为不折不扣的卡奴。

→→→→→

【案例分析】

刚毕业的大学生吴某不想找工作,就想靠着手上的一点积蓄,开个店做生意。但是开店本钱还差一点,去银行贷款需要找人担保。刚刚走出校门的他,社会经验较浅,没有人愿意担保。于是他灵机一动,为什么不办一张信用卡,先透支信用卡里的钱来周转,再用每个月赚的利润来还信用卡的钱?打定主意后,吴某很顺利的在银行办了一张透支额度为2.5万元的信用卡。

无奈事与愿违,吴某人生第一次创业以破产告终。祸不单行,就在此时,银行的催款单像雪花一样纷纷寄到了他的住处。刷卡的数额,透支的数额,超乎吴某的想象,也超出他能力负担的范围，他根本没有足够的钱来还信用卡。于是，银行将吴某告上了法庭，要求解除与吴某签订的信用卡领用合约，同时要求吴某支付透支本金、利息、超限费滞纳金。

←←←←←

(三)开源节流，学会投资，为今后的个人理财投石问路

在理财师的规划书中，经常可以看到要开源节流的建议，对于大学生来说，做好自己的理财规划，开源和节流同样重要。如今很多大学生都觉得“钱不够花”，最积极的解决办法是设法增加收入以弥补资金不足的尴尬。

当我们手头上的流动资金有一定富余时，我们也可以适当尝试进行一些真正的“投资”，如风险较小的基金及余额宝等。涉足这些投资领域，并不完全是为了挣钱，更多意义上是一种“演习”。

·【延伸阅读】·

基金定投是定期定额投资基金的简称，是指在固定的时间(如每月 8 日)以固定的金额(如 500 元)投资到指定的开放式基金中，类似于银行的零存整取方式。基金定期定额投资具有类似长期储蓄的特点，能积少成多，平摊投资成本，降低整体风险。它有自动逢低加码，逢高减码的功能，无论市场价格如何变化总能获得一个比较低的平均成本，因此定期定额投资可抹平基金净值的高峰和低谷，消除市场的波动性。只要选择的基金有整体增长，投资人就会获得一个相对平均的收益，不必再为入市的择时问题而苦恼。

余额宝是由第三方支付平台支付宝为个人用户打造的一项余额增值服务。把钱转入余额宝中，可以获得一定的收益。且支持支付宝账户余额支付、储蓄卡快捷支付(含卡通)的资金转入，不收取任何手续费。通过“余额宝”，用户存留在支付宝的资金不仅能拿到“利息”，而且和银行活期存款利息相比，收益更高。通过余额宝，用户不仅能够得到收益，还能随时消费支付和转出，像使用支付宝余额一样方便。用户在支付宝网站内就可以直接购买基金等理财产品，同时余额宝内的资金还能随时用于网上购物、支付宝转账等支付功能。转入余额宝的资金在第二个工作日由基金公司进行份额确认，对已确认的份额会开始计算收益。但余额宝实质是货币基金，仍有风险。

总结·提示

制订计划，学会记账，看紧钱包，理性消费。科学理财，学会投资，开源节流，让钱生钱。

问题·作业

请分块列举,制定一份详细的月消费计划。

第三节 健康的网络生活

——走下网络 走出宿舍 走向操场

近年来,网络化作为以信息技术为中心的新技术革命的重要特征,已影响到社会各个领域。随着数字化时代的日益迫近,网络这一被誉为"第四媒体"的新生事物,已经深刻地影响着人们生活的各个方面。作为引领潮流的大学生,更是无"网"而不胜,网络对于他们是一个挡不住诱惑的新奇世界。上网的高频选择就充分说明了这一点。网络在大学生闲暇生活中占据了举足轻重的地位,把网络熟练地应用于自己的生活,这在大学生中已经成为普遍现象。

一、网络对大学生的影响

就像任何新技术的运用在给我们带来便利的同时,也会给人类带来伦理道德上的困惑一样,网络不是洪水猛兽,但它却是一把"双刃剑"。数字化时代,网络在给大学生带来积极影响的同时,也不可避免地给他们造成一些负面影响。

(一)网络对大学生的积极作用

1. 网络在大学生的学习和生活中越来越发挥着不可或缺的作用。网络作为一种教育手段,丰富了教育内容,拓宽了教育途径,帮助大学生在一个宽广、自由的环境中积累知识,使大学生能方便、快捷地了解各种各样的现代科学知识和生活经验,有利于自身综合素质的提高。

2. 网络能够使大学生进行多元的互动和交往,促进了大学生相互之间的交流,同时也与广阔的社会进行了更有效的融合。

3. 网络将进一步把地球变小,让全球沟通便利千万倍,有助于大学生全球意识的形成。

4. 网络时代,父母与大学生将有更多的思考时间,来增进双方的感情以便更好地表达,有助于新型代际关系的建立。

当然,对大学生而言,网络在带来积极影响的同时,也不可避免地会造成一些负面效应。

(二)网络对大学生的负面影响

1. 对大学生世界观、人生观、价值观的影响。大学阶段是青年学生世界观和人生观形成的关键时期。大学生容易接受新事物、新观点,但由于缺乏经验与鉴别能力,容易是非不分。面对开放性的、超国界的、全球性的、多元的网络文化,大学生的人生观、价值观都会受到来自不同国家的文化传统、思想观念、宗教信仰及生活方式等方面的冲击。

2.对大学生心理健康的影响。网络交流的随意性、隐匿性使大学生面对人格与交往情境双重分裂的环境和氛围，容易使大学生放任自己逃避现实世界，一旦回到现实就会感到倍受束缚和限制，产生一种孤独感。严重者则逃避现实、整天沉溺于网络的虚拟世界之中不能自拔。这极可能扭曲大学生的人格，出现一系列的心理疾病。如：网络性心理障碍、网络依赖、网络成瘾等。

3.对大学生人际交往的影响。大学阶段是人际交往能力和人际关系形成的重要时期，由于网络交往与传统的具有亲和感的人际交往大不相同，往往难以形成真实可信和安全的人际关系。终日与电脑终端打交道，缺乏直接的人际交往，这易使大学生趋向于孤立、自私、冷漠和非社会化，易使大学生在现实生活中对他人的幸福和社会发展漠不关心。

4.对大学生学习方式的影响。据统计，大学生通过网络获取的信息比从传统渠道获取的信息要多得多，这与从正常渠道(教师传授)所获得的知识形成了巨大的反差，强烈冲击着大学生学习模式的形成。部分大学生识别能力较低，自制力不够，迷恋网络游戏，通宵达旦地泡在网吧，既不正常上课，也不按时休息，学习成绩直线下降，出现了“上机像条龙，下机像条虫”的现象。

二、大学生网络生活的内容

在网络时代，社会互动被赋予新的内涵，随着个人电脑的飞速发展，移动计算机、全球网络和多媒体被广泛应用，电子邮件因为具有从容、快速和廉价的特点，将成为最主要的人际通信媒介，在未来15年中，它将与声音通信并驾齐驱，甚至凌驾于声音通信之上。互联网络将成为社会互动的主要符号，将变成一个交流知识与互助的场所。

图3-3　杜绝沉迷　适度上网

（一）网络交友，乐此不疲

在网络时代，大学生结缘于电脑空间，形成“比特族”或“上网族”，通过QQ、MSN、E-mail（电子邮件）、ICQ（网络寻呼：英语“I seek you ”的谐音，即“我找你”的意思）、网上聊天室、BBS（电子公告板）、网络论坛等方式进行聊天、交友等人际交往。

因此，在网络时代，大学生逐渐出现了一种全新的交往方式，即网络人际交往。在网上聊天交友，是大学生主要的网络活动内容之一。各大网站的聊天室里挤满了大学生的身影，各个交友网站里排满了大学生的注册信息和留言。聊天、交友、网友见面成为一些大学生生活的重要构成，有的甚至深陷其中不能自拔。

（二）网络游戏，魅力难挡

在线游戏网站是大学生上网族们的一个好去处，围棋、象棋、军棋、扑克牌、麻将牌等应有尽有，大学生选购电脑时，将娱乐功能放在了电脑配置取舍标准的首位，即很多大学生将网速快不快、能不能玩三维游戏、画面是否清晰、音响效果是否立体，这一连串无关学业的问题作为大学生选购电脑时首先考虑的问题。有的大学生在游戏网站里一待就是七八个小时，凭借对网络的无限热爱来抵抗人类的自然欲求——食欲、睡眠，“饭可以不吃，觉可以不睡，网不可以不上”是其典型写照。

（三）网络视频，沉迷剧情

各种视频网站层出不穷，大学生对各种视频网站也了如指掌，在相对轻松的学习环境之下，有些学生对自己的学习生活和职业生涯没有很好的规划，没有目标而显得茫然，因此，用天天沉迷于各种肥皂泡沫剧来消遣自己的生活，从而耽误和影响了自己的学习和生活。

三、如何健康上网

面对网络对大学生学习方式的冲击，大学生要正确认识和使用网络，养成良好的用“脑”和上网习惯，避免对不健康的、不客观的、不科学的信息“全盘接受”现象的发生。要学会区别纷纭复杂的网络信息，进行判断和筛选，从中找到对自身发展有益的、正确的信息，让网络为我所用。

另外要用理智的眼光正视网络的负面作用，提高自身抵制污染的能力，自觉养成良好的上网习惯，在时间上限制自己，不沉溺于脱离现实的虚拟世界，使自己不仅是计算机网络的使用者，更是计算机网络的建设者和真正的主人。同时加强体育锻炼，加强健康责任感和自我保健意识。

（一）遵纪守法，安全上网

这是最基本的一个条件，遵守法律是每个公民最基本的义务。如果违反国家的法律规定，会受到法律的追究。具体来说我们应该做到：不浏览或散播有关色情、暴力、恐怖、分裂、颠覆国家、煽动民族分裂等的信息，不制作或散布计算机病毒，不利用网络做出危害国家、群众、他人的行为。

安全上网是健康上网的最重要一环，具体来讲，应当慎重结交网友，不随便约会网友见面，即使约会也要有他人的陪同，对于网友或网上的传言要加以分析，不要盲目相信。在受到网友的骚扰、威胁、恐吓时，要及时与其断交，必要时可以告诉监护人或寻求法律途径解决。

(二)诚实友好、尊重他人

这是道德上的要求。诚实友好一向都是中华民族的传统美德，网上也不例外。我们在网上与他人交流时，应当使用友好的语言，不使用粗言秽语。但对于诚实这一方面则要有所区分，诚实不代表随意把自己所有的真实资料向他人透露，当陌生人询问时，应当拒绝回答，在必要的情况下，可使用虚假的资料。

(三)合理有度，善用资源

这是健康上网最高层次的要求。在网络上虽然有用之不完的资源，但也要合理分配好上网、学习、生活的时间，不要只顾在网上流连，应当把上网作为一种学习方式和娱乐方式，而不是消磨时间的方法。同时也要明确上网的目的，正确处理好与学习、生活的关系，做到真正的健康上网。

(四)走出户外

认真贯彻落实党的十八届三中全会关于“强化体育课和课外锻炼，促进青少年身心健康、体魄强健”的精神，积极参加各种有益于身心健康的体育活动，丰富课余生活，争做一名“阳光学生”。

·【小贴士】·

网络谣言是指通过网络介质(例如邮箱、聊天软件、社交网站、网络论坛等)而传播的没有事实依据的话语。主要涉及突发事件、公共领域、名人要员、颠覆传统、离经叛道等内容。谣言传播具有突发性且流传速度极快，因此对正常的社会秩序易造成不良影响。

涉及罪名：网络谣言“四宗罪”：寻衅滋事罪、敲诈勒索罪、诽谤罪和非法经营罪。

→→→→→

【案例分析】

一段时间以来，一些谣言谎言在网络流传，引发社会关注。从“女干部携巨款潜逃加拿大”，到“艾滋病患者滴血传播艾滋病”，再到“女大学生求职被割肾”，这些信息耸人听闻，最后都被证明是不折不扣的谣言。

从国家互联网信息办公室网络新闻宣传局了解到，近期网上流传的所谓“新疆籍艾滋病人通过滴血食物传播病毒”等信息，已被有关部门查明均属谣言，多名捏造事实、编造和传播谣言者已被公安部门依法予以治安拘留处罚。

最近有人通过微博、QQ群及手机短信等形式传播不少有关“新疆籍艾滋病人通过滴血食物传播病毒”的信息，挑拨民族矛盾，煽动公众情绪，造成了不良社会影响。经有关部门查明，此信息是河南省洛阳市一李姓男子故意编造并通过手机短信散布传播的，郑州市某公司女职员戚某将收到的手机短信转发到QQ群后在互联网上扩散，李某和戚某及其他编造和传播谣言者现已被公安部门依法予以治安拘留处罚。公安部门还侦查发现，近期，新疆石河子木某、乌鲁木齐刘某、伊犁州张某、巴音郭楞州甘某等4人分别通过手机短信、微博、QQ群大量转发该谣言信息，公安部门已分别依法对这4人予以治安处罚。近一段时间网上流传的所谓“武汉大三女生求职时被割肾”、“玉溪将发生8.6级大地震”、“黔西部分乡镇儿童被抢劫盗肾”、“海南支教女学生被灌醉轮奸”等信息，经查证也均属编造，有关部门正在追查编造谣言者的责任，并将依法予以惩处。

总结·提示

网络对高职学生来说是一把双刃剑，既有积极作用也有负面影响；大学生网络生活主要包括：网络交友、网络游戏、网络视频等内容；高职大学生应正确认识和使用网络，健康上网。

问题·作业

高职大学生如何正确认识网络，健康上网？

第二章 品德修养

第一节 品格修养

——提升你的魅力

一、诚实守信——以诚信为本，做一个诚实守信的大学生

（一）诚实守信的概念及重要性

诚实守信，分为“诚实”和“守信”。诚实，即忠诚老实，忠于事物本来的面貌，不隐瞒自己的真实思想，不掩饰自己的真实感情，不说谎，不做假，不为不可告人的目的而欺瞒别人。守信，就是讲信用，讲信誉，信守承诺，忠于自己承担的义务，答应别人的事一定要去做。诚实与守信是统一的。

许多人认为在市场经济条件下，诚实守信已经过时了，如果仍然坚持诚实守信，就会吃大亏。但是，事实并不都是这么糟糕。大部分人都是坚持诚实守信的，社会的主流是积极向上的。如果大家都不讲诚信，每个人都互相猜疑，那社会将变成什么样，我们的生活又会如何？

大学生作为社会的主力军，诚信意识和诚信行为都关系着社会良好风气的形成。诚信是大学生素质的基础，是大学生健康成长、顺利进入社会的前提，同时也是大学生事业成功的保证。

（二）当代高职学生诚实守信现状

目前，在大学校园里，积极向上、诚实守信是主旋律，尔虞我诈只是一小部分人不诚信的借口。我们经常看到一些大学生拾金不昧的新闻报道，经常因为这些点点滴滴的诚信故事而感动。但是，大学生在诚实守信方面也确实存在着一些令人担忧的问题。

1．学习方面

有的学生无视学校纪律，经常迟到、早退、旷课，甚至编造谎言向老师请假；有的学生存在侥幸心理，考试作弊；有的学生平时作业互相抄袭，或者直接从网上下载，企图蒙混过关。

信，国之宝也
民之所凭也

图 3-4 诚实守信是中华民族的传统美德

2.经济方面

国家和各院校本着育生如子的原则，不让一个学生因为贫困而辍学。有的学生便以贫困为由，骗取国家助学金。有的学生在困难的时候向银行申请贷款，毕业后却故意不按时还贷，导致银行和学校陷入尴尬境地。

3.社会生活方面

在与同学交往的过程中，借取他人钱财不按时归还的大有人在，有的同学甚至爱财却取之无道，采取盗窃的手段窃取他人财物。有的学生在求职过程中，编造简历，草率签约，随意违约。

(三)如何做诚实守信的大学生

1.加强诚信意识

大学生要从思想上牢固树立诚实守信的世界观和人生观，认识到诚实守信的重要性，不被社会上的不良风气所动摇，坚持诚实守信的原则。

2.交友谨慎

大学生的心理年龄还不够成熟，社会阅历不足，容易被不良的行为影响。当我们发现有朋友不讲诚信，自己要有所警惕，尽量用自己的诚信行为将他感化，而不能让自己也变成不讲诚信的人。

3.说到做到

当我们向别人许下诺言，就要努力做到。如果不能做到，也要勇敢委婉地拒绝，而不是虚荣吹牛。每个人都不是万能的，有些事情做不到也是正常的。

4.从小事做起

我们常说：细节决定成败。要做到诚信，就必须从身边的点滴小事做起，一屋不扫何于扫天下。上课不迟到，不旷课，诚信考试，自己独立完成作业等都是大学生诚信的细节表现。试想一下，一个连平时的点滴小事都做不到诚信的人，关键时刻怎么就能做到诚信了呢？

5.分清事实，恰当诚信

要求我们做到诚信，主要目的是利人利己，造福社会。当你的诚信害人害己的时候，就要见机行事了。例如：当你遇到抢劫，歹徒要你说出你的具体信息时，你还对他抱以诚信，那就诚信过头了。

二、感恩奉献——做一个心存感恩、乐于奉献的大学生

感恩与奉献，人生中最唯美的也是中华民族几千年传承下来的两个美德，它们成就了我们非凡的人生，引领我们跨过那一道道貌似不可能跨越的槛。在生活中学会感恩，懂得奉献，才能将天地间美的真谛诠释得淋漓尽致。

（一）感恩奉献的定义

我们生活在这个社会里，无时无刻不在与人接触、交往，我们随时需要别人的帮助，也可能经常给别人伸出援手，我们强调助人为乐，其实也重视对别人的帮助予以感恩。所谓感恩就是乐于把得到好处的感激呈现出来且回馈他人。

一个人，要做到奉献，需要一点精神，一种境界，应超越私欲，与祖国共命运，与人民同呼吸。奉献，就是“恭敬地交付，呈献”。简单地说，“奉献”指满怀感情地为他人服务，做出贡献，是不计回报的无偿服务。

（二）学会感恩奉献的意义

不管是中国还是世界其他各国都很重视感恩，提倡奉献，这也说明了感恩奉献的重要性，学会感恩奉献无论对于我们个人还是社会都有着重要的意义。

1.有利于社会的和谐

俗话说：人有一分修养，便有一分气质；人有一分器量，便有一分人缘。如果我们学会感恩奉献，那么人们也会因为你的人品和器量愿意和你做朋友，甚至爱上你，也愿意在你困难的时候帮助你，因为感恩奉献，人与人之间的关系也会变得更加和谐美好，因为感恩奉献，可以让这个世界一天一天美好起来。人与人之间的人际关系就会变得温馨，人与人之间的友爱和谐就构成了整个世界的和谐！

2.有利于事业的成功

成功学家安东尼指出：成功的第一步就是先存有一颗感激之心，时时对自己的现状心存感激，同时也要对别人为你所做的一切怀有敬意和感激之情。

我们只有对社会对环境对周围的人心存感激，并勇于奉献，才能幸福愉快，才能学会主动帮助需要我们帮助的人，自己也能在遇到困难时得到更多的帮助，才能够成就事业，走出成功的人生之路。

3.有利于身体的健康

科学实验证明：人在斤斤计较、生气时的生理反应十分强烈，分泌物比任何时候都复

杂，且更具毒性。因此，爱生气的人很难获得健康，当然也更难长寿。

而懂得感恩奉献的人，经常对他人心存感激，会因为他人的帮助而感到幸福，不会因为各种细小的利益而斤斤计较和抱怨，甚至生气。因此，学会感恩奉献，有利于身体的健康。

4. 有利于心灵的快乐

曾经听到这样的一句话：一切享受没有比宁静更为享受；一切快乐没有比祥和更为快乐。学会感恩奉献，可以促进人与人之间的和谐，从而达到社会的祥和，让人与人之间少了争吵，少了抱怨，与此同时在这样和谐的人际关系和祥和的社会环境里，我们也让自己的心灵得以宁静和快乐！

(三)如何学会感恩奉献

学会感恩，意味着自己的成长，秀木出林可吸纳更多的日月风华，舒展茁壮而更具成熟的力量。而奉献则是一缕春风，一泓清泉，一颗给人温暖的舒心丸，一剂催人奋进的强心配方。

1. 怀感恩奉献之情

学会感恩奉献，就是要学会懂得尊重他人，对他人的帮助时时怀有感激之心；学会感恩奉献，就是要知道每个人都在享受着别人通过付出给自己带来的快乐生活；学会感恩奉献，首先要拥有一颗感恩奉献的心，一个人只有懂得感恩奉献，才会懂得付出，懂得付出后，才能获得感恩。

2. 说感恩奉献之话

学会感谢，是迈向自我实现价值的重要一步，心存感恩与向人道谢是两个让人通往成功的习惯，而向别人表达谢意是尊敬与礼貌的最高表现方法，也是建立与维系人际关系的最安全方法。学会感恩奉献，就是要学会把“谢谢”、“对不起”、“我爱你”等感谢的词挂在嘴边，生活中多一点理解，少一点抱怨，学会表达你对爱你和帮助你的人的感激之情和友爱的心。

3. 做感恩奉献之事

学会感恩，要培养谦虚的品德，对待比自己弱小的人，要知道躬身弯腰伸出援助之手；学会感恩，要有奉献精神，无论做什么事，应以“公”为先，做一个大公无私、乐于奉献的人。

总之，拥有一颗感恩奉献的心，才会懂得回报父母生育、养育之恩，才会懂得珍视学校老师启蒙、教育之恩，才会懂得珍惜国家、社会和大自然供养之恩；拥有一颗感恩奉献的心，才能更体会到自己的职责和责任；拥有一颗感恩奉献的心，就会多一些宽容与理解，少一些指责和推诿；拥有一颗感恩奉献的心，就会多一些和谐与温暖，少一些争吵与冷漠；拥有一颗感恩奉献的心，就会多一些真诚与团结，少一些欺骗与涣散。

图 3-5　感恩的心 孝敬父母

·【延伸阅读】·

孝心无价——毕淑敏

我相信每一个赤诚忠厚的孩子，都曾在心底向父母许下“孝”的宏愿，相信来日方长，可以从容尽孝。可惜人们忘了，忘了时间的残酷，忘了人生的短暂……

我不喜欢一个苦孩求学的故事。家庭十分困难，父亲逝去，弟妹嗷嗷待哺，可他大学毕业后，还要坚持读研究生，母亲只有去卖血……

我认为那是一个自私的学子。求学的路很漫长，一生一世的事业，何必太在意几年蹉跎？况且这时间的分分秒秒都苦涩无比，需用母亲的鲜血灌溉！一个连母亲都无法挚爱的人，还能指望他会爱谁？把自己的利益放在至高无上位置的人，怎能成为为人类献身的大师？

我也不喜欢父母重病在床，断然离去的游子，无论你有多少理由。地球离了谁都照样转动，不必将个人力量夸大到不可思议的程度。在一位老人行将就木的时候，将他对人世间最后的期冀斩断，以绝望之心在寂寞中远行，那是对生命的大不敬。

我相信每一个赤诚忠厚的孩子，都曾在心底向父母许下“孝”的宏愿，相信来日方长，相信水到渠成，相信自己功成名就衣锦还乡的那一天，可以从容尽孝。

可惜人们忘了，忘了时间的残酷，忘了人生的短暂，忘了世上有永远无法报答的恩情，忘了生命本身有不堪一击的脆弱。

父母走了，带着对我们深深的挂念。父母走了，遗留给我们永无偿还的心债。你就永远无以言孝。

有一些事情，当我们年轻的时候，无法懂得。当我们懂得的时候，已不再年轻。世上有些东西可以弥补，有些东西永远无法弥补。

“孝”是稍纵即逝的眷恋，“孝”是无法重视的幸福。“孝”是一失足成千古恨的往事，“孝”是生命与生命交接处的链条，一旦断裂，永无连接。

赶快为你的父母尽一份孝心。也许是一处豪宅，也许是一片砖瓦。也许是大洋彼岸的一只鸿雁，也许是近在咫尺的一个口信。也许是一顶纯黑的博士帽，也许是作业簿上的一个红五分。也许是一桌山珍海味，也许是一颗野果一朵小花。也许是花团锦簇的盛世华衣，也许是一双洁净的旧鞋。也许是数以亿万计的金钱，也许只是含着体温的一枚硬币……

在“孝”的天平上，它们等值。

只是，天下的儿女们，一定要抓紧啊！趁你父母健在的光阴。

第二节　道德修养

一、法制道德——做一个有道德、有法纪的大学生

(一)法治与道德的概念

法是在人类社会发展的过程中随着社会物质生活条件的改善而出现，在阶级出现后，与国家的出现而同时产生的。在其本质上是统治阶级的整体意志上升为国家意志。而法治，从字面上的意思来说，就是法律的统治。通过法律治理管理被统治阶级。在现实中法律被作为一种治理工具作用在生活中。法治是一定社会生产方式所产生的利益和需要的表现。

道德也是一种社会意识形态，是人们共同生活及其行为的准则和规范，是人们关于善、恶、是、非、荣、辱、公正与偏私等观念、原则和规范的总和。道德是一种重要的社会现象，其内容与评价标准也是由一定社会物质生活条件决定的。道德是社会人的基本价值观和行为准则。

(二)法治与道德的关系和区别

国家管理者在控制管理、均衡社会关系的手段主要有：法治、道德和宗教。随着宗教作用的减弱，管理和控制社会的责任逐渐转移到了法治和道德的头上。

法治与道德既有区别又有联系：

1. 法治与道德的区别

(1)产生的时间不同

法治与道德区别在于，法治是因阶级利益产生，它服务于某个特定的统治阶级，法治的产生与道德相比较晚，是人类社会发展到一定程度后才产生；而道德的产生是与人类社会发展同步，在原始社会道德就成为人们控制管理社会的一种手段和方法。

(2)产生的方式不同

与道德相比，法律是统治阶级制定，而道德是人们长期生产、生活中自发形成并成为一种约定成俗的习惯。

尽管他们的产生的时间和方式都不相同，但是道德与法治又相互联系、相互作用。

2. 法治与道德的联系。

法治与道德的产生都是建立在一定的上层建筑上的，它们都需要一定的经济基础。同时，法治与道德的存在都是为了调整社会关系，管理社会群体，维护社会秩序。有些道德规范有着法治的效力，这表明了道德的法治性；法治的一些理念也体现了一定道德的精神。它们是两种重要的社会管理、调控手段，既然法律是意志的具体化，而道德属于意志范畴，那么可以说，法律反映统治阶级的道德观。

(三)如何做一个有道德有法纪的大学生

作为大学生除了学习专业知识、人文知识外，培养个人自身修养十分重要，尤其是个人法治意识与道德修养。

随着我们经济发展、社会进步，大学生又是接触外来新事物、新文化的达人，在享受新事物和新文化带来的新鲜、刺激外，也受到一些不符合我们国情的道德和法治观念及不良观念的影响。因此，大学生自身树立良好的法治、道德观念十分重要。

目前我国大学生犯罪层出不穷，犯罪类型多为财产类，盗窃和故意伤害居多，近些年来网络犯罪也日益突出，女大学生卖淫等性犯罪也不断呈上升趋势。

这些犯罪原因复杂，有的是学生心理抗挫折能力差，情绪无法自控，往往是心理障碍引发犯罪；其次在校大学生多处于青春叛逆时期，生理机能发育尚不成熟，但此时内分泌旺盛，精力充沛，这一时期情绪波动较大，容易冲动，如果处理不好，在这一时期容易引发犯罪行为。

从2002年清华大学刘海洋泼硫酸伤熊事件到2004年云南大学马加爵的杀人事件，从2009年吉林郭力维杀人事件到2010年药家鑫杀人事件，从2013年复旦黄洋中毒事件到南航金城学院杀人事件等。大学生犯罪呈现出恶劣化的趋势，不但让自己深陷牢狱，也让受害人及双方家属深陷痛苦之中。

因此，作为大学生一定要提高自己的道德水平、加强个人的法治修养，努力做一名合格的大学生：

1.大学生要注重自身素质教育，加强个人思想道德建设，正确认识自我、认识社会。

2.要积极参加学校、社团、班级组织的公益活动，在实践中认识自己、认识社会，为自己树立正确的人生理想。

3.要冷静思考、理智处理突发事件，减少不理智行为。拒绝不良媒体的诱惑、影响，提高辨别是非与选择对错的能力。

4.加强个人法治修养,学会用法律知识保护自己的合法权益。

二、职业道德——做一个有职业良心和职业信誉的大学生

(一)职业道德的概念

职业道德,就是人们在职业活动中应遵守的道德准则,包括职业责任、职业良心、职业信誉、职业态度、职业作风和职业纪律,等等。

职业道德的概念有广义和狭义之分。广义的职业道德是指从业人员在职业活动中应该遵循的行为准则,涵盖了从业人员与服务对象、职业与职工、职业与职业之间的关系;狭义的职业道德是指在一定职业活动中应遵循的、体现的一定职业特征的、调整一定职业关系的职业行为准则和规范。

图 3-6 万事德为先

职业道德既是从业人员在进行职业活动时应遵循的行为规范。同时又是从业人员对社会所应承担的道德责任和义务。不同职业的人员在特定的职业活动中形成了特殊的职业关系、职业利益、职业活动范围和方式,由此形成了不同职业人员的道德规范。

(二)职业道德的意义

我国于2001年颁布的《公民道德建设实施纲要》,将职业道德作为公民道德建设的主要内容,并指出:“职业道德是所有从业人员在职业活动中应该遵循的行为准则,涵盖了从业人员与服务对象、职业与职工、职业与职业之间的关系。随着现代社会分工的发展和专业化程度的增强,市场竞争日趋激烈,整个社会对从业人员职业观念、职业态度、职业技能、职业纪律和职业作风的要求越来越高。要大力倡导以爱岗敬业、诚实守信、办事公

道、服务群众、奉献社会为主要内容的职业道德，鼓励人们在工作中做一个好的建设者。”

职业道德也可以看作是职业素质的一个重要方面，是一种职业竞争力。企业要想在越来越激烈的竞争中立于不败之地，就必须要有好的职业道德；对个人来讲，职业道德水平高，在与他人的竞争中就会占据有利的地位，使自己获取较多的利益，谁如果在职业道德上出了毛病，就会影响集体的声誉，自己也失信于人。作为一个从业人员来说，一些基本的职业道德首先必须遵守，如爱岗敬业、诚实守信、办事公道、忠于职守等；对于各行各业来说，还有一些特殊的职业道德需要遵守。

大学生在学校学习某一专业，将来进入社会就有可能在相对应的行业担负起社会角色，因此，大学生在校期间就应该树立起良好的职业道德和培养牢固的专业思想。

(三)职业道德的内容

我国《公民道德建设实施纲要》提出了职业道德的主要内容是：爱岗敬业、诚实守信、办事公道、服务群众、奉献社会。职业道德是道德在职业实践活动中的具体体现。

1. 爱岗敬业

爱岗敬业就是对自己的职业、自己的工作认真负责，热爱自己的本职工作，以恭敬、严肃的态度对待自己的职业，对本职工作一丝不苟、尽心尽力、忠于职守，为实现职业的目标而奋斗努力。一个人要做好自己的本职工作，没有爱岗敬业的职业精神是做不好的，现代社会人与人之间只是分工不同，职业无贵贱之分，这是职业道德所要倡导的首要规范。

2. 诚实守信

诚实守信就是实事求是地为人做事，讲信用、守诺言，这是职业道德的最基本准则。

3. 办事公道

办事公道就是指处理各种职业事务时要公道正派、客观公正、不偏不倚、公开公平；对不同的对象一视同仁，秉公办事；不因职位高低、贫富、亲疏的差别而区别对待。

4. 服务群众

服务群众是指听取群众意见，了解群众需要，端正服务态度，改进服务措施，提高服务质量，这是职业道德的重要原则。

5. 奉献社会

奉献社会就是要履行对社会对他人的职业义务，自觉地努力地为社会为他人做出贡献。这是职业道德的出发点和归宿，当社会利益与分部利益、个人利益发生冲突时，要求每一个从业人员把社会利益放在首位。

(四)如何做一个有职业道德的人

1. 公务员是政府官员，要有官德

公务员肩负人民的重托，代表政府的形象，必须公正廉洁、勤政为民，不能以权谋私、贪污受贿和渎职犯罪。公务员还必须堂堂正正做人，这对全社会有一种良好的带头示范作用。

2. 教师是为人师表的神圣职业，要有师德

“身教重于言教”——既要教书，也要育人，在学生面前一言一行都应作出表率。在个人品德上，应该正直、善良、诚实、谦虚，以高尚的品德去影响学生，感化学生；在治学态度上，应该刻苦、认真、严谨、求实，注意培养学生良好的治学习惯；在言谈举止上，应该仪表端庄、朴素大方、举止得体、谈吐文雅，不能随随便便，否则也会误人子弟。

3. 医生被称为白衣天使，要有医德

医生应该慈悲为怀，奉献爱心，治病救人，救死扶伤，实行人道主义；应该精益求精，认真负责，不能乘人之危，收取红包，更不能马马虎虎，草菅人命。

4. 经商者要有商德

经商者要文明经商，公平交易，讲究信誉，遵守契约，不能坑蒙拐骗，敲诈勒索。优秀的传统商德有：逐利思义、诚信无欺、公平交易、货真价实、笃守信用、乐善好施等。

各行各业都要有自己的道德规范，应遵守相应的道德准则。我们每个人几乎都在从事着某种职业，如果大家都把自己的那一份工作做好，我们这个社会的运转就会正常高效。

·【延伸阅读】·

人格是最高的学位——白岩松

很多很多年前，有一位学大提琴的年轻人去向伟大的大提琴家卡萨尔斯讨教：我怎样才能成为一名优秀的大提琴家？

卡萨尔斯面对雄心勃勃的年轻人，意味深长地回答：先成为优秀而大写的人，然后成为一名优秀和大写的音乐人，再然后就会成为一名优秀的大提琴家。

听到这个故事的时候我还年少，老人回答时所透露出的含义我还理解不多，然而随着采访中接触的人越来越多，这个回答就在我脑海中越印越深。

在采访北大教授季羡林的时候，我听到一个关于他的真实故事。有一个秋天，北大新学期开始了，一个外地来的学子背着大包小包走进了校园，实在太累了，就把包放在路边。这时正好一位老人走来，年轻学子就拜托老人替自己看一下包，而自己则轻装去办入学手续。老人爽快地答应。近一个小时过去，学子归来，老人还在尽职尽责地看守。谢过老人，两人分别！

几日后是北大的开学典礼，这位年轻的学子惊讶地发现，主席台上就座的北大副校长季羡林正是那一天替自己看行李的老人。

我不知道这位学子当时是一种怎样的心情，但在我听过这个故事之后却强烈地感觉到：人格才是最高的学位。

这之后我又在医院采访了世纪老人冰心。我问先生，您现在最关心的是什么？老人的回答简单而感人：是年老病人的状况。

当时的冰心已接近人生的终点，而这位在“五四”爆发那一天开始走上文学创作之路

的老人心中对芸芸众生的关爱之情历经近80年的岁月而依然未老。这又该是怎样的一种传统！

冰心的身躯并不强壮，即使年轻时也少有飒爽英姿的模样，然而她这一生却用自己当笔，拿岁月当稿纸，写下了一篇关于“爱是一种力量”的文章，然后在离去之后给我留下了一个伟大的背影。

今天我们纪念“五四”，80年前那场运动中的呐喊、呼号、血泪都已变成一种文字留在典籍中，每当我们这些后人翻阅的时候，历史都是平静地看着我们，这个时候，我们觉得80年前的事已经距今太久了。

然而，当你有机会和经过五四或受过五四影响的老人接触后，你就知道，历史和传统其实一直离我们很近。

世纪老人在陆续地离去，他们留下的爱国心和高深的学问却一直在我们心中不老。但在今天，我还想加上一条，这些世纪老人所独具的人格魅力是不是也该作为一种传统被我们向后代延续？

前几天我在北大听到一个新故事，清新而感人。一批刚刚走进校园的年轻人，相约去看季羡林先生，走到门口，却开始犹豫，他们怕冒失地打扰了先生。最后决定，每人用竹子在季老家门口的土地上留下问候的话语。然后才满意地离去。

这该是怎样美丽的一幅画面！在季老家不远，是北大的博雅塔在未名湖中留下的投影，而在季老家门口的问候语中，是不是也有先生的人格魅力在学子心中留下的投影呢？只是在生活中，这样的人格投影在我们的心中还是太少。

听多了这样的故事，便常常觉得自己是只气球，仿佛飞得很高，仔细一看却是被浮云拖着；外表看上去也还饱满，肚子里却是空空。这样想着就有些担心了，怎么能走更长的路呢？

于是，“渴望年老”四个字对于我就不再是幻想中的白发苍苍，而是如何在自己还年轻的时候，便能吸取优秀老人身上所具有的种种优秀品质。

于是，我也更加知道了卡萨尔斯回答中所具有的深意。怎样才能成为一个优秀的主持人呢？心中有个声音在回答：先成为一个优秀的人，然后成为一个优秀的新闻人，再然后是自然地成为一名优秀的节目主持人。

我知道，这条路很长，但我将执着地前行。

总结·提示

高职大学生要加强品格修养，健全人格，做一个诚实守信、懂感恩乐奉献、有法纪有道德、有职业道德的大学生。

问题·作业

请您结合自身实际，谈谈如何做一个诚实守信的大学生？

第三节 美育培养

——美化你的人生

一、美育的含义

美育是培养学生认识美、爱好美和创造美的能力的教育，也称审美教育或美感教育。美育要通过各种艺术以及自然界和社会生活中美好的事物来进行。通过艺术进行的美育就是艺术教育。在人的全面发展教育中，美育占有重要地位。

二、美育的内容和类别

学校美育的内容是学校运用审美对象、美学理论和美的创造规律作用于学生的情感，培养学生知美、爱美、审美、创美的能力，从而使学生变成一个具有更崇高审美境界、更远大审美追求、更高尚审美理想和更强审美创造能力的人的教育活动。

美育主要包括艺术美、自然美、技术美、旅游美。其中，艺术美、自然美、技术美、旅游美又各自涵盖很广泛的内容，这里不做详细的介绍。

本节主要对音乐美育和影视美育做简单的介绍。

(一)音乐美育

1. 音乐素质培养的重要意义

音乐作为美育的重要手段，它可以强烈深刻地作用于人的意识，对于人的个性、品德和情操有着潜移默化的作用，优秀的音乐是道德的花朵。一部好的音乐作品，能成为一代甚至几代人的精神食粮。积极向上的音乐可以直接激起人们相应的情绪和感情，它以崇高净美的音乐语言，唤起人的爱心，充实爱己、爱自然、爱社会、爱祖国、爱家乡、爱正义的情感。

音乐素质由两部分组成：鉴赏知识和操作能力。音乐艺术的美，对于启迪大学生的审美感染力、想象力、表达力和创造能力具有很大的影响。

2. 大学生的音乐素质要求

主要包括以下几点：

(1)掌握一定的音乐理论知识，了解和掌握构成音乐语言的基本要素及其表现功能。

(2)能够正确视唱。

(3)懂得欣赏中外简单的小型音乐作品。

(4)初步了解交响乐，懂得欣赏交响乐作品的一般常识。

(5)会演奏一两种乐器。

3. 培养大学生的音乐素质的途径

(1)开设音乐课。可以先开设一定的必修课，从音乐基本教育抓起，教会学生识谱、掌握节奏等基础理论知识；然后向高层次迈进，开设“大学生音乐欣赏”、“中外名曲欣赏”课

图 3-7　培养自己的音乐兴趣

程，通过欣赏提高兴趣；在此基础上可以多设选修课，让学生自由地选择自己喜爱的音乐形式，如合唱、器乐、简单的创作与指挥等。

(2)举办音乐知识系列讲座。

(3)举办专题音乐欣赏会，如结合纪念日和音乐家的生日举行几场欣赏会。

(二)影视美育

影视艺术以其独特的视听语言以及鲜明的艺术特征，成为现代社会最具影响力的"第一艺术"。影视凭借现代传媒技术的快速传播方式，全方位地渗透到人们的日常生活和精神领域，高校校园也不例外，对正处于世界观、人生观和价值观形成阶段的大学生极具吸引力和影响力，它通过视觉、听觉以及思维上特殊的感染力，可以陶冶人的情感，净化人的思想，完善人的品格，从而使其身心得到和谐发展，精神境界得到升华，人的素质得到提高，是思想政治教育的重要组成部分。

1. 影视美育的含义

影视美育就是通过影视艺术手段来感动人：陶冶人的情感，净化人的思想，完善人的品格从而促进身心的和谐发展，精神境界的升华，人的素质的提高。

2. 影视美育的特征

影视美育的特征主要表现在以下几个方面：

(1)视听直观性

车尔尼雪夫斯基说:"形象在美的领域中占着统治地位,美是在个别的、活生生的事物,而不在抽象的思想。"影视美育区别于其他美育手段的主要特征是形象的具体性和可感性,影视艺术的文化传播用直接、真实、生动的形象再现来反映生活、记录事态、传播信息,让观众从直观化的视听形象中得到真切的认识和感受,并从具体形象的情感陶冶中,受到感染和教育。

(2)多元兼容性

影视是美育中综合程度最高的,影视文化作品兼容了语言、音乐、绘画、摄影、雕塑、建筑等多种艺术的特性,并把它们有机地融合在自身的形态之中,使其通过影视动态影像得到最大限度的发挥,因此,影视美育具有多元的兼容性。

(3)传播广泛性

随着科技的进步,大量的电影作品可以通过电视、网络等多种大学生喜闻乐见的网络媒体被迅速、有效、广泛地传播,为影视作品的观看和传播都开辟了更广阔、更便捷的空间,也为影视美育提供更加广泛的载体,扩大其影响力。

(4)潜移默化性

正如杜甫诗句中所描写的那样"好雨知时节,当春乃发生,随风潜入夜,润物细无声。"影视美育也是一种潜移默化的教育,通过影视文化作品,深刻理解事物内在的本质规律,并从中得到情感与精神的享受,它的效果是如春风和细雨般对人产生深刻而久远的影响。在影视文化作品的熏陶下,就更容易会形成一种完美的具有较大稳定性的心理结构和心理定向,在此基础上形成和谐完整的人格。

3. 影视美育的途径

影视美育以其独有的特征对高等院校思想政治教育起着不可忽视的重要作用。

(1)巧借典型先进事迹,树立榜样示范

榜样示范,就是以他人的模范行为作为样子,影响学生的思想、感情、行为,以达到德育的目的。影视美育中的榜样示范就是运用影视资料了解学校、社会、历史上模范人物的优秀先进事迹,从而对学生进行教育,比如说学习雷锋月,让学生观看雷锋先进事迹,引导学生养成助人为乐的品质;组织学生观看《暖春》影视作品,培养学生在困难和挫折面前锲而不舍的斗志;也可以针对专业性,选择优秀的企业家或者员工,如电子商务专业,马云、俞敏洪的演讲或者先进事迹,这些榜样由于和学生的职业距离比较近,心理距离也比较小,容易被学生接受,也可以让学生更有效地看到自己的职业发展前景。

(2)依托优秀情感影片,进行情感陶冶

情感陶冶主要是指在德育过程中,让学生处于一种富有情感色彩的情境中,自然地受到道德感染和熏陶。影视美育中的情感陶冶法,就是利用优秀的电影作品引起学生的情感共鸣,激发学生的道德情感,使学生在教师不做说教或很少说教的前提下能够自觉领悟,产生积极的道德心理体验,从而形成积极的道德行为倾向。比如说在感恩节、母亲节、父亲节的时候,可以在班级中播放相关的影片,如《一路有你》《世界上最疼我的那个人去了》《实话实说——长大不容易》等,从而让学生产生共鸣,产生积极的德育效果。

(3)利用民族传统节日,开展节日教育

节日教育主要是利用民族传统节日,播放相关影视视频,开展特色鲜明、吸引力强的主题教育活动,充分挖掘民族精神的教育资源,帮助学生了解必要的历史背景,理解民族精神的内涵,让学生在日常生活中感悟民族精神的意义与价值,在实践活动中将民族精神内化为自身的精神品格。比如在国庆节,播放《建国大业》《小兵张嘎》等影片,开展爱国主义教育;五一劳动节,播放《当幸福来敲门》《没事偷着乐》等影片,开展劳动观教育;中秋节,播放《天堂电影院》《放牛班的春天》等温馨的影片,开展亲情、友情、爱情教育等。

(4)针对社会生活事件,进行行为引导

行为引导主要是针对现代高等院校的学生周遭发生的社会重大事件或者生活事件,播放相关影片视频,进行教育,起到引导教育的作用,促使学生形成良好的习惯养成。如在向不文明行为告别的主题班会中,用漫画和新闻报道的形式回顾黄金周以来天安门广场的口香糖事件,并展现国人在旅游中的不良行为,让学生了解公德养成的重要性以及大学生在校园里的表现。如在5.12汶川地震的消息传来之后,学院利用班会时间,组织学生观看地震灾区影像视频,进行生命教育和爱国教育,让学生珍惜现在、珍惜拥有,学生心灵受到极大的震撼,之后,学生心系灾区,纷纷表示了以自己的微薄之力支援灾区的强烈愿望。

(5)根据学期阶段安排,做好阶段教育

阶段教育主要是根据高等院校三段式的教育结构,针对大学不同阶段的培养目标,通过不同的主题教育影片进行教育,以期有针对性地达到不同阶段的培养目标的要求。如在大一阶段,播放《我的太阳》《阳光灿烂的日子》《实话实说——长大不容易》《暖春》等影片,进行主题教育,主要让学生了解大学生活,热爱大学生活,培养作为大学生应该具备的最基础的人格品质和习惯养成;在大二阶段,播放《心灵捕手》《我们的幸福时光》《放牛班的春天》《态度》《肖恩克的救赎》等影片,培养学生的优秀品质和树立正确的人生观、世界观和价值观;在大三阶段,播放《当幸福来敲门》《杜拉拉升职记》等影片,主要让学生了解毕业求职的压力和应该努力学习的品质和求职技能,以便更好地应对毕业求职和职场工作。

三、如何提高审美能力

人的审美能力的发展本身是一种创造能力的发展。审美能力对人的创造能力的作用,主要表现为激发和丰富个性生命,使之具有自发涌动的创造欲望和动力,高度敏捷与发达的能力和自觉的创造力,为思维和实践的创造力提供不竭之源。

美育的主要任务包括:一是培养和提高学生感受美的能力;二是培养和提高学生鉴赏美的能力;三是培养和提高学生表现美、创造美的能力;四是培养和提高学生追求人生趣味和理想境界的能力。重点是艺术美育、社会美育、自然美育和教育美育。艺术与美育各有侧重,艺术以创作与文化的理解为主,美育则以美感的培养为主。

当代大学生要使自己成为社会主义现代化建设的合格人才,就应当自觉加强审美修养,努力培养高尚的审美情操,发展自己感受美、创造美的能力,陶冶求真向善爱美的情操,按照美的标准来塑造自己。为加强审美能力的培养,应尽量多涉及文学、美术、音乐、摄影、戏剧等艺术实践，强化美的意识和对美的追求，提高对美的鉴赏和识别能力。

(1)要强化对美育的认识，充分认识美育的性质、特点和作用，自觉参加美育活动。

(2)学习美学知识。把美学作为必要的文化修养来学习。

(3)积极参加文艺表演活动，如唱歌比赛、舞蹈表演、戏剧表演等。

参加文学创作、书法、摄影、诗歌朗诵等比赛、展览。在积极参与中，获得艺术美的享受，积累审美经验，掌握审美知识，提高审美能力与创造美的能力；在美的愉悦中升华情感。

(4)学习欣赏精美的文学、艺术作品，既可提高艺术修养，又可以提高审美能力，陶冶性情，进而树立正确的世界观、人生观，形成正确的生活方式。

·【延伸阅读】·

中国优秀文化必读必听必知目录

一、中国美术

1.必知的十大画家

顾恺之、阎立本、吴道子、范宽、黄公望、石涛、朱耷、齐白石、黄宾虹、徐悲鸿。

2.必读书

《中国美术简史》(中央美院编)。

二、中国书法

1.必知的十大书法家

王羲之、欧阳询、张旭、颜真卿、苏轼、米芾、赵孟頫 、文征明、董其昌、郑板桥。

2.必读书

《中国书法简史》。

三、中国音乐欣赏

1.必听曲目

古琴曲:《流水》《梅花三弄》《阳光三叠》《潇湘水云》《醉渔唱晚》《平沙落雁》《渔樵问答》。

琵琶曲:《阳春白雪》《十面埋伏》《大浪淘沙》。

二胡曲:《二泉映月》《听松》《病中吟》《烛影摇红》《怀乡行》。

古筝曲:《渔舟唱晚》《高山流水》。

合奏曲:《春江花月夜》《月儿高》《塞上曲》。

2.必读书

《中国音乐史略》(吴剑)。

四、中国古代文学必读书目

《古文观止》《唐诗三百首》《水浒》《三国演义》《西游记》《红楼梦》《中国文学概论》。

五、中国历史必读书目

《中国史纲要》。

六、中国哲学史必读书目

《中国哲学简史》。

七、美学

《美德历程》《谈美》《美学散步》《新美学》《美学对话》。

总结·提示

高职大学生要加强美育培养，提高审美能力，做懂得发现美、创造美的大学生。

问题·作业

请您结合自身实际，谈谈如何做提高自己的审美能力？

第三章　争先创优

第一节　用心准备　提高素质

——在综合测评中拿高分

一、综合素质测评的意义——引导学生行为的“指挥棒”

目前，大多数高职院校仍然是以学生综合素质测评的结果作为考核学生的依据，它是评价学生、评先评优、毕业推荐、入团入党、成绩评定、降级升级等的考量基础。

(一)导向作用

综合测评事实上是引导学生行为的“指挥棒”。科学合理的评价工作可以引导学生自觉主动地提高自身素质，鼓励学生发扬优点，克服缺点，促进学生不断地自我完善。有了一个明确的、公认的标准，学生就可以变被动为主动，自觉地将培养目标内化为自身的标准和目标，引导学生不断地自我发展和完善。

(二)沟通作用

学校对学生进行综合素质评价所作的结论，是家长、社会和用人单位了解学生在校情况，对学生综合素质做出价值判断的有效资料。只有全面、准确、客观地对学生做出评价，才能更好地实现高校与社会的沟通，才能为社会和用人单位选好人才、用好人才、了解学校、评价学校提供科学的判断材料与依据。

(三)管理作用

学生综合素质测评既是对学生全面素质的一种价值判断，也是改进和完善学生管理工作的一种重要手段。通过学生综合素质测评，可以发现教学中存在的问题，及时向学校和有关职能部门提供学校教育活动在学生中的效果和反响，了解学生的总体素质状况，找出工作中的缺点和差距，进而为学校改革教学科学决策提供最具有说服力的材料。

二、综合素质测评方法简介——大学生综合素质的试金石

综合素质测评是对大学生的一种评价指标，以学生为单位。综合素质测评的内容包括德育测评、智育测评、拓展测评三个方面，每个类别根据情况给予一定的比例，再将学生在校的各种活动、学习或者各种竞赛给出一定的分数，根据所占比例算出总分，综合素质测评是全方位考核评价学生、评选优秀学生（优秀毕业生、三好学生等）、评定奖学金、各类单项奖的依据，测评结果直接与升级、留降级、评优、推荐入党、毕业推荐挂钩。

（一）综合素质测评的程序

测评时间：每学年进行一次，测评工作从每学年的第二周开始，其资料范围时间为上学年度 9 月初至本年度 8 月底。新生在入校第二学年初进行第一次测评。

测评组织程序：学校成立由学生处牵头的综合测评领导小组；各院（系）由主管学生工作领导、分团委书记、辅导员、班主任组成测评工作小组，全面负责测评工作。各班由 20％的学生代表组织评议小组，对学生个人测评进行评议进行评议后报院（系）测评工作小组审议，公示无异议后，报学校综合测评领导小组审议备案。

（二）综合素质测评的内容

各院校评价标准不一，在此不做详述。

《厦门某高校学生综合测评办法》

第一章　总则

第一条 为进一步调动大学生自我教育、自我管理、发奋成才的积极性，规范和养成大学生的良好行为，培养和塑造大学生较高的综合素质，实现学院的培养目标，全面促进学生工作，根据《中共中央国务院关于深化教育改革全面推进素质教育的决定》，结合学院实际情况，制定本办法。

第二条　综合测评是学校对学生在德、智、体诸方面表现的综合评定。评定的成绩作为当年评定“奖学金”、“三好学生”、“优秀毕业生”和各类单项奖的依据，测评结果直接与升级、留降级、评优、毕业推荐、推荐入党挂钩。

第三条　综合测评总成绩由德育、智育和拓展素质三方面成绩组成。构成比例：综合测评成绩＝德育成绩×0.4＋智育成绩×0.6＋拓展性素质成绩（加分）。

第二章　德育表现测评

第四条　德育成绩＝德育表现基本分＋附加分－扣分。

第五条　德育表现基本分为 60 分：凡能坚持四项基本原则、遵守国家法律法规、社会公德和学校规章制度，无违纪处分者，均可得基本分。

1. 坚持四项基本原则，不参与有损祖国尊严和荣誉、危害社会秩序和校园稳定的活动；积极要求上进，主动靠近党团组织，自觉参加政治学习和教育活动；有社会责任感。

2. 遵守国家法律法规，遵守学校规章制度，无违法违纪行为。

3. 遵守社会公德，讲文明、懂礼貌、尊敬师长、团结同学、乐于助人、诚实守信，培养严谨的生活作风和良好的生活习惯。

4. 关心集体，热爱劳动，积极参加集体活动和公益活动，热心为集体和同学服务，努力完成院、系、班级交给的任务。

第六条　德育表现附加分为40分：

(一)荣誉称号加分

上学年获得荣誉称号的加分如下：

国家级	省级	市级	院级	系级
10	8	6	4	2

同一项目获奖只取最高分，获得集体荣誉称号成员加分参照以上执行。

(二)其他加分

1. 见义勇为、拾金不昧，经系、院、市书面表彰嘉奖者分别加4分、6分、8分。

2. 入党积极分子并发挥作用者加1分，已由党组织确定为入党发展对象并发挥作用者加4分。

3. 积极参加义务劳动及志愿服务等活动每次加1分，义务献血每次加2分。

第七条　扣分规定：

1. 有违背四项基本原则言行的，直接记为0分。

2. 凡未经准假而不参加政治学习、集体活动、劳动者每次扣2分。

3. 通报批评一次扣6分；受警告、严重警告、记过、留校察看处分的分别扣10分、20分、30分、40分，并取消当学年评优和评奖学金资格。

4. 在院(系)精神文明建设活动及学生管理工作中，出现不合格的集体，成员每次每项扣3分。违反学生管理规定者每次扣3分，违反达三次者取消评优资格。

第三章　智育表现测评

第八条　智育成绩＝学业基本分＋附加分－扣分

第九条　学业基本分为80分：以学年所有必修课和规定选修课的成绩计算，考查成绩优、良、中、及格、不及格分别按90分、80分、70分、60分、50分折算。补考成绩一律以60分计算。补考没通过的取成绩高者。插班生经审批同意免修课程的分数以所在班级平均成绩计算。(学业基本分＝$\sum$单科成绩×课程学分/$\sum$各科学分×0.8)

第十条　学业表现附加分20分：

1. 公开发表论文(同一篇以最高分计)。

国家级	省级	市级	校级
10	8	6	3

2. 参加专业知识竞赛、科技活动获奖者,(同一项目以最高分计):

	国家级	省级	市级	院级	系级	
一等奖	12	10	9	4	2	
二等奖	9	8	7	3	1.5	
三等奖	7	6	5	2	1	
优秀奖	5	4	3	1	0.5	

3. 基本技能:主要包括英语、计算机、职业技能和职业资格认证等能力。

(1)英语等级考试加分值

A、B级	四　级	六　级
	425分及以上	425分及以上
1	4	5

(2)计算机等级考试加分值

一级	二级	三级	四级
1	2	4	5

(3)通过专业等级考试、资格认证者每通过一项按级别加分,初级加1分,中级加2分,高级加3分,以认证证书、成绩证明为准。

4. 满勤加4分。

第十一条　扣分规定:

1. 必修课和选修课考试不及格者,按各门课程学分值的一半扣分。

2. 考试作弊该门课程学分记0分,并按《考试纪律及违规处理办法》处理。

3. 在实践性教学环节中,违反纪律造成不良影响、违反规程造成事故或损坏设备者,酌情扣5~10分。

第四章　拓展性素质测评

第十二条　拓展性素质测评采用加分制,最高加20分:

1. 新生坚持参加军训,成绩合格,可加1分;成绩优良,可加2分;免训、缓训不加分。

2. 凡长期坚持体育锻炼,体育课成绩及格者,可加1分,因身体原因申请体育保健课者不加分。

3. 社会工作加分:

(1)学生干部

团委副书记、校学生会主席	4	副职 3
团委职能部门负责人、青年志愿者协会主席团、校学生会部长、学生记者团主席团、广播站主席团、系学生团总支副书记、系学生会主席团	3	副职 2
学生记者团部门负责人、青年志愿者协会部门负责人、系学生会部门负责人、十佳社团负责人、班长、团支书、宿舍楼长、广播站部门负责人	2	副职 1
团委各职能部门干事、青年志愿者协会各部门干事、学生记者团各部门干事、广播站各部门干事、系学生会各部门干事、班委、楼层长、宿舍长	1	

任期未满一学期,不加分;学生干部若不起作用者或考核不合格的,不加分;担任宿舍长若所在宿舍在参评年度内如果有两次以上(含两次)卫生评比不合格或违纪者,则不加分;身兼多职者以最高职务计分。任期满一学期且不足一年者减半加分。如果参评学生两个学期分别担任不同的社会工作,可先按标准减半加分,然后再予累加。

(2)参与各类大型活动和担任各类运动队、辩论队或其他代表队队长、教练加 2 分,成员加 1 分。

4. 文艺特长:各类文艺竞赛加分值如下:

	国家级	省级	市级	院级	系级
一等奖	8	7	6	3	2
二等奖	7	6	5	2	1.5
三等奖	6	5	4	1.5	1
优秀奖	5	4	3	1	0.5

注:同一项目不得重复累加,只取最高分;集体项目若得奖加分,候补成员减半。

5. 体育特长:各类体育竞赛名次加分如下:

	国家级	省级	市级	院级	系级
破纪录	10	8	6	5	4
一	8	6	5	4	3
二	7	5	4.5	3.5	2.5
三	6	4.5	4	3	2
四	5	4	3.5	2.5	1.5
五	4	3.5	3	2	1
六	3	2.5	2	1	0.5

注:同一项目不得重复累加,只取最高分;集体项目若得奖加分,候补成员减半。

6. 其他加分:本办法未涵盖的拓展性素质加分项,参照以上相近加分标准确定加分值,加分时应提供相关证明或证书。

第五章　实施办法

第十三条　测评时间：每学年进行一次(毕业班为本学年5月份，其他为下一学年9月份)，由下至上公开、合理地进行。

第十四条　品德行为表现分、学业成绩分和拓展性素质分，同成果不能重复使用。

第十五条　综合测评实施细则如下：

1. 各系由主管学生工作的系领导、辅导员、班主任组成领导小组，负责本系学生的综合测评工作。

2. 测评前对学生进行测评动员，明确测评目的，提出具体要求并使学生掌握综合测评各项内容与标准。

3. 每位学生参照综合测评各项内容与标准，实事求是地对本人上一学年度综合表现进行自评，并提供有关证明材料。

4. 辅导员、班主任组织各班成立品德行为表现、学业表现、拓展性素质的三个测评审议组，每组3至5人，由负责该方面工作的学生干部任组长，吸收小组长、宿舍长和部分学生参加，对学生自评数据、材料进行核实、统计、处理，计算出每位学生综合测评成绩，经公示无异议后由辅导员、班主任填写"学生综合测评评分汇总表"，签名后报系学生综合测评工作领导小组审核。各测评审议组应严肃工作纪律和流程，对徇私舞弊的参与者，视情节轻重，在总分中扣5～10分，并给予必要的纪律处分。

5. 系学生综合测评工作领导小组对各班综合测评结果审核，经公示无异议后，报学生处备案。

第六章　附则

第十六条　本办法公布后，各系可根据本系的实际情况，在不违反本办法的原则下，制定实施细则，报学生处备案。

第十七条　本办法自公布之日起实施，由学生处负责解释。以前颁布的有关办法自本办法生效之日起废止。

三、学生综合测评如何得高分？——评优评先的重要法宝

大学生的综合素质测评一般是对大学生的一种评价指标，是学校对学生在德、智、体诸方面表现的综合评定。一般高校都会将学生综合测评的评定结果作为当年评定"奖学金"、"三好学生"、"优秀学生干部"、"优秀毕业生"和各类评奖评优、推优入党的重要参考依据。以下内容依据普通高校学生综合测评的一般做法进行梳理，并针对性分析大学生在校期间如何积极创造条件得高分。

(一)努力学习专业技能，争取优异的学习成绩

一般来说，学生综合测评最重要的就是学业成绩，无论从学生的天职还是从综合测评的组成部分来说，努力学习好专业技能，争取优异成绩是提高综合测评成绩的关键所在。目前来看，高职学生关键要掌握动手能力和实践知识，只要按项目要求完成教学任务，一般学业分都会拿到。有些高校为了鼓励双证制度，都会在综合测评结构中加入考证加分项目(如：英语证书、计算机等级证书、职业资格证书等)。

(二)积极争取加入各级学生组织,全面提升自己各方面能力和素质

所谓学生组织包括校系学生会、校社团联合会、青年志愿者协会、校自律会和班委会。对于高职院校学生来说,除了学业成绩外,更为重要的是在校期间全面提升自己各方面能力和素质,而这个最主要通过争当学生干部来锻炼成长。一般来说,我们建议高职学生在校期间主动担任一个学生干部,参加两个社团协会,一方面锻炼成长自己,另一方面发展自己的爱好。所谓在其位要敢于担当,担任学生干部期间要经常主动主持或策划大型活动,提升自己的组织策划能力。

(三)积极参与各种校园文化活动,丰富自己的课余文化生活

校园文化活动是学生的第二课堂,从目前各高校来看,每学年都有丰富的校园文化活动,学生应该主动参与,一方面发展自己的爱好,另一方面通过这种爱好广交朋友,同时也通过校园文化活动取得优异名次,此项在学生综合测评占有相当大的分量,许多学校高度重视学生活动,特在综合测评里面提高此项比例或作为拓展加分。

一般高校学生综合测评比例不一,但绝大部分都具备上述三个方面,都要求学生在良好学业成绩前提下,积极参与各类校园文化活动并获得优异名次,同时通过学生干部全面锻炼自己,这就要求我们高职学生在新生入学时要认真学习相关综合测评办法,读懂读透,并用之指引自己的高职生活。

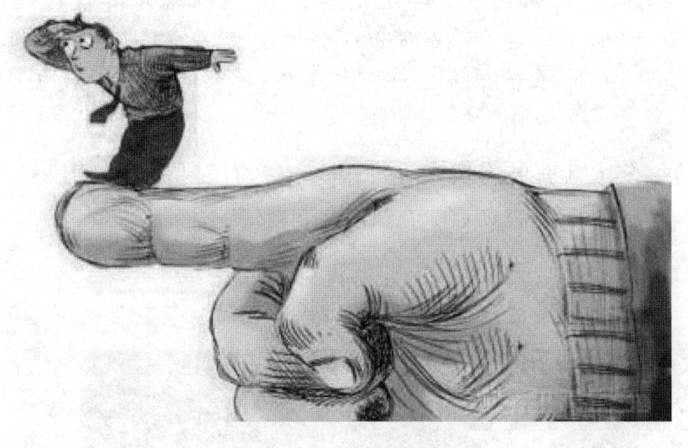

图 3-8 指引

总结 · 提示

大学生的综合素质测评是对大学生的一种评价指标,是学校对学生在德、智、体诸方面表现的综合评定。高职大学生要了解综合测评的重要意义,掌握综合测评的方法和内容,争取在综合测评中得高分。

问题·作业

谈谈高职大学生如何在综合测评中拿高分?

第二节　中国共产主义青年团

——党的助手和后备军

一、团组织建设

(一)组织架构

中国共产主义青年团(以下简称共青团)是中国共产党领导的先进青年的群众组织,是广大青年在实践中学习中国特色社会主义和共产主义的学校,是中国共产党的助手和后备军。

作为助手和后备军,党的奋斗目标、当代青年的历史使命,自然而然决定了共青团的光荣责任:坚定不移地贯彻党在社会主义初级阶段的基本路线,以经济建设为中心,坚持四项基本原则,坚持改革开放,在建设中国特色社会主义的伟大实践中,造就有理想、有道德、有文化、有纪律的接班人,努力为党输送新鲜血液,为国家培养青年建设人才,团结带领广大青年,自力更生,艰苦创业,积极推动社会主义物质文明、政治文明和精神文明建设,为全面建设小康社会、加快推进社会主义现代化贡献智慧和力量,为实现中华民族伟大复兴的中国梦而奋斗。

截至2013年底,全国共有共青团员8949.9万名,有基层团组织384.2万个,其中,基层团委29.7万个,基层团工委2.3万个,团总支22.5万个,团支部329.7万个。

共青团团旗帜的旗面为红色,象征革命胜利;左上角缀黄色五角星,周围环绕黄色圆圈,象征中国青年一代紧密团结在中国共产党周围。

图3-9　团　旗

中国共产主义青年团团徽的内容为团旗，齿轮，麦穗，初升的太阳及其光芒，写有“中国共青团”五字的绶带。它象征着共青团在马克思列宁主义、毛泽东思想的光辉照耀下，团结各族青年，朝着党所指引的方向奋勇前进。

图 3-10 团 徽

在高校中，共青团组织一般是以校团委、学院（系）分团委（团总支）、基层（班级）团支部、共同成长小组为团的组织主线。同时校团委还对学校各级学生社团（学生会、自律会、社团联合会等）有指导义务。

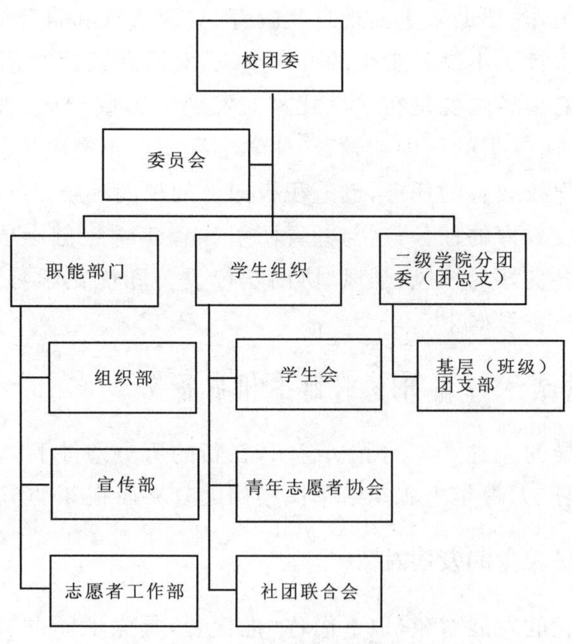

图 3-11 校共青团组织构架

(二)工作任务

随着社会经济的发展,共青团的工作重心和工作方式也在不断地发生变化,以适应新的现实需要和自身发展。在新时期,共青团高扬服务的主旋律,把服务放在首位,构筑了共青团工作的基本框架,表现为三个方面:服务于经济发展,为经济增长转移到依靠科技进步和提高劳动者素质;服务于社会,即服务于和谐社会,为人民群众的生产生活的基本需求服务;服务于青年,为青年在社会经济快速健康发展中建功立业、成长成才的根本利益服务。

在高校,共青团是学校党组织和行政组织对学生进行思政教育,实现教育目标,实施素质教育的广阔平台,其作用主要体现在以下几个方面:

1. 对学生进行思想政治教育,引导学生在实践中学习共产主义

团章中明确指出:"共青团是广大青年在实践中学习共产主义的学校,是中国共产党的助手和后备军。"由此决定了共青团在青年学生的思想教育中的重要作用,共青团的思想政治教育是高校德育的有机组成部分,共青团工作要贯彻学校教育的总体要求,紧紧围绕学校德育,注重在实践中,用共产主义理论和党的方针政策,培养团员、青年的思想觉悟和政治意识。

2. 引导大学生积极参与各种社会实践,走年轻知识分子正确的成长道路

多年的实践表明,由团组织倡导的社会实践活动,已成为大学生走向社会、服务社会、奉献社会的主要途径。通过实践活动,使大学生的专业知识日趋丰富,有利于完善他们的知识结构;使大学生社会化的速度日益加快,有利于他们尽快适应社会需求;使大学生政治上日益成熟,有利于提高他们的政治素质。

3. 指导学生组织工作,帮助学生实现自我教育、自我管理和自我服务

学生会组织和学生社团组织是学生的群众组织,对活跃校园文化,提高学生全面素质有积极意义。共青团的指导主要是在学生社团的发展中形成导向;加强管理和完善社团的管理制度,加强对社团骨干的培训和教育,使学生社团健康有序地发展。

4. 帮助学生完成学校教育的任务,创造积极向上的校园环境

帮助学生完成学校教育的任务,这与共青团引导青年学生健康成长的根本任务是一致的。主要要做好倡导良好的校风、学风,协助学校改善和优化学习和生活环境,促进学生刻苦学习、遵纪守法、奋发向上。

二、争做先进青年代表——做好党的助手和后备军

共青团作为党领导的先进青年的群众组织,在新的历史条件下,承担着不断巩固和扩大党的执政基础,带领广大青年为实现中华民族伟大复兴而奋斗的历史重任。

(一)推荐优秀团员作党的发展对象

推荐优秀团员作党的发展对象(以下简称"推优"),是党赋予共青团组织的一项光荣任务,是党组织发展青年党员的主要渠道,28 周岁以下青年入党,一般应从团员中发展,发展团员入党一般应经过团组织推荐。

(二)"推优"工作的具体步骤

1.各班团支部召开团员大会,由团支部委员会介绍申请入党的团员的情况,团员进行民主评议,提出推荐对象,经班主任(辅导员)同意后上报系团总支。

2.各系团总支在对推荐对象进行认真考察、排序,确定推荐名单后,报院团委。

3.院团委在征求学生工作部及各系党支部意见的基础上,确定推荐名单,并向全体团员进行公示。

4.符合推荐条件的团员填写《优秀团员作党的发展对象推荐表》,院团委签署推荐意见后,报党委审查、备案。

三、团日活动——让我们的团组织生活更精彩

(一)团日活动

团日活动就是以团支部为单位进行的一系列有益于德智发展的活动,其活动围绕一定的主题展开。

团日活动的现实意义是团结支部成员,并扩大支部影响力,加强支部与社会的联系,提升成员的整体素质。好的团日活动可以让成员在体验乐趣的同时收获一定的社会认可,创造一定的社会价值。

(二)优秀团日活动案例

作为一项集体活动,团日活动包含的内容绝对不仅仅是活动本身,从活动前的活动计划拟定,可行性分析,外联,经费预算,活动动员,到活动结束后的活动总结,每个步骤都包含许多技巧,想要开展一个出色的团日活动,方方面面都要考虑周到。

→→→→→

【案例分析】

低碳生活(low-carbon life)减少二氧化碳的排放,就是低能量、低消耗、低开支的生活。"节能减排",不仅是当今社会的流行语,更是关系到人类未来的战略选择。提升"节能减排"意识,对自己的生活方式或者消费习惯进行简单易行的改变,一起减少全球温室气体(主要是减少二氧化碳)排放,意义十分重大。"低碳生活"节能环保,有利于减缓全球气候变暖和环境恶化的速度,势在必行。减少二氧化碳排放,选择"低碳生活",是每位公民应尽的责任。

活动主题:"今日牵手低碳,明日绿色生活 "

活动时间:11 月

活动地点:待定

活动对象:本团支部全体团员

活动流程:

第一阶段:活动准备

1.收集环保低碳方面的知识及近期的一些环保类新闻,在班级展示,提出低碳环保的主题。

2.动员班级每一位同学参与这项活动,并讲解活动流程及其相关事项。

3.做好活动宣传,调动同学积极性。

4.邀请辅导员,班主任或者班助作为嘉宾亲临指导

第二阶段:活动过程

1.在活动开始时播放哥本哈根气候大会的开幕宣传片及其气候宣传片的视频。

2.通过向大家介绍近几年温室效应的加剧和全球气候变化的反常来引入低碳生活的理念。

3.凭借 ppt 播放向同学们展示相关图片,提出疑惑,并让同学们畅谈自己低碳生活的理解及日常生活中该如何去做。

4.每个小组向同学和嘉宾展示自己小组的设计成果,宣扬自己的设计理念。每个小组收集利用自己身边的废品,确定设计的理念,然后利用这些废品,设计出环保产品。在班会中展示自己的创新产品,向同学老师阐述自己的设计理念,环保之处。

5.设置投票环节,每个同学投出喜欢的作品,评出最优秀的作品。

6.在活动即将结束之时,号召同学在条幅上签名。把同学们设计的产品在学校进行展示,让全校同学投票,评出最优秀的环保产品。

第三阶段:后期工作

1.召开班会,交流各自的心得体会,以文字和图片的形式相互展示成果。

2.班委会及团支部召开总结会议,点评本次活动,并上交活动总结。

3.将活动成果发布在班级博客上,展示活动的成果以及班会的照片。

策划及总结:团支部书记

活动准备:全体团支委

活动宣传:宣传委员

博客维护:组织委员

总结·提示

团组织的架构和工作任务;高职大学生争做青年代表的途径和举措;“推优”工作步骤;团日活动简介和优秀案例展示。

问题·作业

请你谈谈高职学生要如何创造条件,争做青年代表?

图 3-12 班级团日活动

第三节 加入中国共产党

——争做青年先锋

一、创造条件入党——亲，你准备好了吗？

（一）入党条件

入党条件：年满十八周岁的中国工人、农民、军人、知识分子和其他社会阶层的先进分子，承认党的纲领和章程，愿意参加党的一个组织并在其中积极工作、执行党的决议和按期交纳党费的，可以申请加入中国共产党。

高职学生入党应具备的基本条件：作为高职学生，应积极创造条件争取早日加入中国共产党。具体来说应着重注意以下几个方面：思想上要坚定共产主义信仰，要有良好的入党动机；学习上除了成绩要在同专业或班级的前10%（各院校标准可不同），且学生综合测评成绩在同专业或班级的前30%外（各院校标准可不同）；还应该在专业技能学习上刻苦钻研，积极参加各类专业技能竞赛；工作上要积极担任校、系或班级等各类学生干部且表现突出，经常主持或参与校内外大型活动策划与组织，全面提升自己；生活上要乐于助人、关心同学，服务他人、有集体观念。

（二）入党的一般程序

入党分为四个阶段，即确定入党积极分子阶段、培养考察阶段、履行发展阶段（预备党员发展阶段)、预备党员转正阶段。

具体程序:(1)个人申请;(2)组织培养(入党对象培养考察期为一年以上),填写入党积极分子考察表;(3)填写《入党志愿书》,要有两名正式党员做介绍人;(4)支部审查,支部大会讨论作出决议,报党委;(5)上级党组织谈话了解、审批(预备期一年以上);(6)入党宣誓;(7)预备期;(8)支部考察预备期,提出能否转正意见,并报党委;(9)党委审查,合条件的转正,不合条件的延长预备期;(10)转正:个人申请;支部大会通过;报党委审批;(11)延长期:支部考察,提出意见,并报党委审查,合条件的转正,不合条件的取消预备党员资格。

(三)入党途径

高职学生入党途径主要是个人申请、党支部和校团委推优、老党员推荐、组织考察、党员大会讨论通过、党支部审核通过、上报学校党委审批。

因此,学生在校期间要先入团后积极创造条件入党;在过程中,要注意团结同学、关心和服务同学,乐于奉献,学习成绩优良,并在各方面(主要是思想、学习和日常行为)表现突出,在同学中起到模范作用。

(四)入党新规定

此次党员发展工作的修订体现了“严、实、新”,坚持贯彻党员发展工作的16字方针“控制总量、优化结构、提高质量、发挥作用”,严肃发展党员工作纪律,不能开后门、做交易,更不能搞不正之风。以下将新修订主要内容,结合高职院校党员发展工作列举如下:

1. 申请入党的年龄必须满18周岁,未满18周岁提交申请的基层党组织可以退回其入党申请,并明确告知其何时可以重新提交申请。

2. 关于办理接收预备党员手续的时间要求,第19条第3款规定,发展对象三个月内将离开工作、学习单位的,一般不办理接收预备党员的手续,也就是说高职学生前两年要努力创造条件争取入党,在毕业前三个月原则上不考虑发展。

3. 关于培训时间,原来规定一般为5～7天(或不少于40个学时),改为一般不少于3天(或不少于24个学时)。

二、保持共产党员先进性——展现先锋模范的风采

(一)严格按党员标准要求自己

《中国共产党章程》第一、二、三、四条对党员标准作出了明确又具体的规定。作为申请入党的同志争取入党,除了要全面了解和掌握党章规定的党员标准外,还应明确,党员标准既不能降低,也不是高不可攀,只要自己认真对照党员标准找出差距,努力进取,积极创造条件尽快缩小这些差距,就能达到合格党员的要求。具体来说高职学生应在实际过程中树立坚定的政治信仰,掌握良好的专业技能,积极通过各种方式、途径全面锻炼和成长自己,做到思想好、行为良、学习成绩优,在同学中间起到先锋模范带头作用。

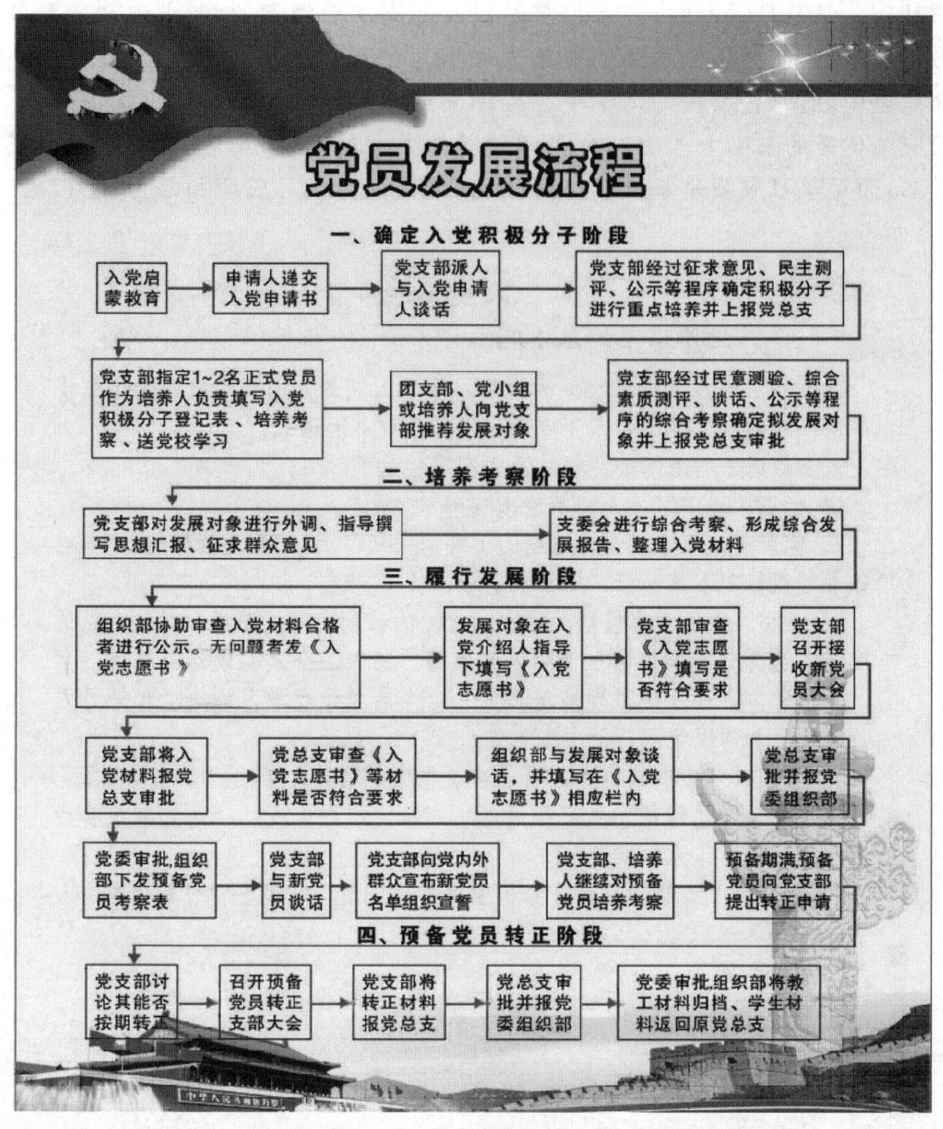

图 3-13 党员发展流程

(二)积极参加党、团和班级活动

入党,除应该全面了解和掌握党章规定的党员标准外,更为重要的是要以实际行动争取入党。作为新时期改革和建设的高素质技术技能型人才,更要以实际行动来证明,要积极发挥潜能、表现自我,主动参加学校举办的各类党、团和班级活动并有所建树。如新生军训服务、校运动会、篮球赛、辩论赛、文化艺术节活动、专业技能竞赛、青年志愿服务、班级团日活动、班级文明创建活动、宿舍文化创建活动、班级主题班会活动,等等。

(三)学习成绩优秀

作为一名要求入党的学生,除了各个方面表现突出外,更重要的是要有优异的学习成绩作基础。学习是学生的天职，很多时候其他同学能做到的，要求申请入党的同学应该做得更好；其他同学做不到的要努力做到。在入党的所有条件和程序过程中，学习成绩是重中之重，它反映一个学生在校期间的学习态度、学习能力、学习效果，只有在学习成绩优秀的基础上才能综合去考量其他方面的表现，当然，这里不是说其他方面不重要，而是学习成绩是基础。作为我们高职学生，学习成绩和综合能力应该同等看待，全面考量。

入党申请书

（一）入党申请书的基本写法

根据《中国共产党章程》的规定，要求入党的人必须亲自向党组织提出申请。在通常情况下，入党申请一般需采取书面形式。

入党申请书的基本书写格式及内容通常如下：

1. 标题。居中写“入党申请书”。

2. 称谓。即申请人对党组织的称呼，一般写为：“敬爱的党组织”，应顶格书写在标题下第一行，后面加冒号。

3. 正文。主要内容包括：第一，对党的认识、入党动机和对待入党的态度。写这部分时应表明自己的入党愿望。第二，个人在政治、思想、学习、工作等方面的主要表现情况。第三，今后工作或学习的决心和努力方向，即表明如何以实际行动争取入党。

4. 结尾。申请书的结尾主要表达请党组织培养、考察的心情和愿望，一般可用“请党组织给予考察和培养”、“请党组织审查”、“请党组织看我的实际行动”等作为结束语。

5. 在申请书的最后，要署名和注明申请日期。一般居右书写“申请人：×××”，下一行写上：××××年××月××日。

（二）范例

入党申请书

敬爱的党组织：

我志愿加入中国共产党。中国共产党是一个……。请党组织给予考察和培养。

此致

敬礼

申请人：×××

××××年××月××日

（三）注意事项

1. 入党申请书应由本人撰写；

2. 入党申请书应用碳素或蓝黑墨水钢笔书写；

3. 落款的日期一定要写明年月日。

图 3-14　入党申请书要求与范例

·【延伸阅读】·

中国共产党党员的义务和权利

基本义务

1. 认真学习马克思列宁主义、毛泽东思想、邓小平理论和“三个代表”重要思想，学习科学发展观，学习党的路线、方针、政策和决议，学习党的基本知识，学习科学、文化、法律和业务知识，努力提高为人民服务的本领。

2. 贯彻执行党的基本路线和各项方针、政策，带头参加改革开放和社会主义现代化建设，带动群众为经济发展和社会进步艰苦奋斗，在生产、工作、学习和社会生活中起先锋模范作用。

3. 坚持党和人民的利益高于一切，个人利益服从党和人民的利益，吃苦在前，享受在后，克己奉公，多做贡献。

4. 自觉遵守党的纪律，模范遵守国家的法律规范，严格保守党和国家的机密，执行党的决定，服从组织分配，积极完成党的任务。

5. 维护党的团结和统一，对党忠诚老实，言行一致，坚决反对一切派别组织和小集团活动，反对阳奉阴违的两面派行为和一切阴谋诡计。

6. 切实开展批评和自我批评，勇于揭露和纠正工作中的缺点、错误，坚决同消极腐败现象作斗争。

7. 密切联系群众，向群众宣传党的主张，遇事同群众商量，及时向党反映群众的意见和要求，维护群众的正当利益。

8. 发扬社会主义新风尚，带头实践社会主义荣辱观，提倡共产主义道德，为了保护国家和人民的利益，在一切困难和危险的时刻挺身而出，英勇斗争，不怕牺牲。

享有权利

1. 参加党的有关会议，阅读党的有关文件，接受党的教育和培训。

2. 在党的会议上和党报党刊上，参加党的政策问题的讨论。

3. 对党的工作提出建议和倡议。

4. 在党的会议上有根据地批评党的任何组织和任何党员，向党负责地揭发、检举党的任何组织和任何党员违法乱纪的事实，要求处分违法乱纪的党员，要求罢免或撤换不称职的干部。

5. 行使表决权、选举权，有被选举权。

6. 在党组织讨论决定对党员的党纪处分或做出鉴定时，本人有权参加和进行申辩，其他党员可以为他作证和辩护。

7. 对党的决议和政策如有不同意见，在坚决执行的前提下，可以声明保留，并且可以把自己的意见向党的上级组织直至中央提出。

8. 向党的上级组织直至中央提出要求、申诉和控告，并要求有关组织给以负责的答复。

党的任何一级组织直至中央都无权剥夺党员的上述权利。

总结·提示

入党的条件;党员发展的一般程序和具体流程;高职学生保持共产党员先进性的渠道:严格按党员标准要求自己,积极参加党、团和班级活动,学习成绩优秀。

问题·作业

请你谈谈高职学生如何创造条件加入党组织?

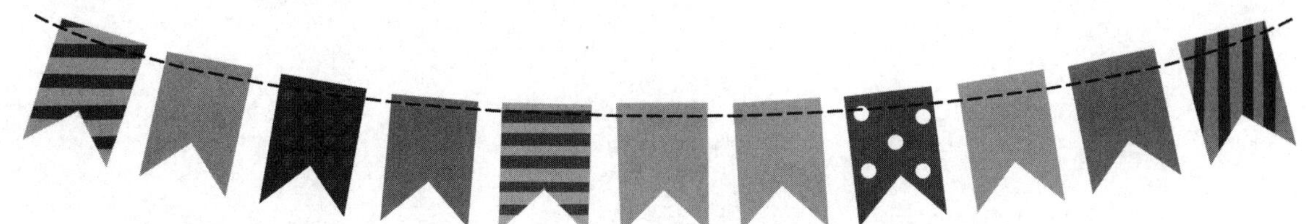

第四篇
健康篇

世界卫生组织(WHO)1946 年成立时，在其宪章中对健康的含义做了科学的界定："健康乃是一种在身体上、心理上和社会适应方面的完好状态，而不仅仅是没有疾病和虚弱的状态。"就是说健康这一概念的基本内涵应包括生理健康、心理健康和社会适应良好三个方面。大学生在日常学习生活中，应把生理和心理同时保健和调节好，着力养成健康文明的生活方式。

第一章 健 康

第一节 健康的概念

——你健康吗?

一、健康的概念

健康一词,按照传统的观念和习惯的看法多限于生理健康,主要是指躯体发育良好,生理功能正常,而很少考虑心理方面的健康。人既是一个生物性的个体,也是一个社会性的个体。人的健康不仅受生物因素的制约,也受心理因素和社会因素的影响。现代健康的含义并不仅是传统所指的身体没有病而已。根据"世界卫生组织"的解释:健康不仅指一个人没有疾病或虚弱现象,而是指一个人生理上、心理上和社会上的完好状态。这就是现代关于健康的较为完整的科学概念。

现代健康的含义是多元的、广泛的,包括生理、心理和社会适应性3个方面,其中社会适应性归根结底取决于生理和心理的素质状况。心理健康是身体健康的精神支柱,身体健康又是心理健康的物质基础。良好的情绪状态可以使生理功能处于最佳状态,反之则会降低或破坏某种功能而引起疾病。身体状况的改变可能带来相应的心理问题,生理上的缺陷、疾病,特别是痼疾,往往会使人产生烦恼、焦躁、忧虑、抑郁等不良情绪,导致各种不正常的心理状态,作为身心统一体的人,身体和心理是紧密依存的两个方面。

二、生理健康

生理健康就是人体生理上的健康状态。过去将生理健康定义为:"能够精力旺盛地、敏捷地、不感觉过分疲劳地从事日常活动,保持乐观、蓬勃向上以及具有应激能力"。

但是,到底什么是生理健康,有的人认为应当将健康与健康行为两个概念区别开来。

健康是指循环、呼吸系统、机体的各个器官、关节活动及肌力都达到最低正常水平,这样就会有助于减少退行性疾病发生的危险性。

健康行为要求健康达到一定水平,并且与敏捷性、速度、肌肉的耐受性和收缩力有关,能够使机体更好地从事职业与娱乐方面的生理活动。

世界卫生组织(WHO)关于什么是生理健康的定义是:"健康,不仅指一个人没有症

图 4-1　健康生活几个要求

状或是疾病表现的状态，还指有良好的生理、心理状态及社会适应能力”。根据这个定义，健康要包括躯体的生理、精神心理和社会环境的适应能力三个方面的健康。

健康的概念是广义的，它必须要包括上述的三个方面，也应当包含健康行为的方面。但是，生理健康的概念是狭义的，它只包括健康概念中的第一方面，就是躯体的生理方面的健康。这样一来，也就使生理健康和健康的定义，既不重复也不会混淆。即生理健康的概念从属于健康，健康概念中包含了生理健康的概念。

三、心理健康

世界卫生组织曾提出健康的一半是心理健康的观点。第三届国际心理卫生大会曾认定心理健康的标准：(1)身体、智力、情绪十分协调；(2)适应环境，人际关系中彼此能谦让；(3)有幸福感；(4)在职业工作中能充分发挥自己的能力，过着有效率的生活。可见心理健康不仅是知、情、意的协调统一，还包括能够适应环境，能够充分展示自我价值，并能够积极乐观地面对生活。其实心理健康不是一个静态不变的结果，心理健康与不健康之间并没有一条绝对的分界线，而是一种连续、不断变化的状态。

大学阶段是人成长、成才的预备阶段，大学生正处于青年中期向成人转变阶段，在这一充满危机和挑战的阶段，对心理健康的正确认识及正确的自我调节与适应非常重要。特别是大学新生，远离父母，必须融入新的环境、结识新的朋友、生活更加独立和自由，但是也面临着诸多挑战，比如：适应独立、适应群体生活、适应与人交往、适应自主学习、学会自我调节，等等。

俄国生理学家巴普洛夫说：忧愁、顾虑和悲观可以使人得病；积极愉快、坚强的意志和乐观的情绪可以战胜疾病，更可以使人强壮和长寿。同时研究表明：在诱发各种疾病的因素里，心理因素占了70%以上，不良心理因素对健康的危害甚至超过病菌。可见心理健康非常重要，大学生只有保持心理健康，培养良好的人际关系、积极乐观的心态、合理的情绪管理，才能以平衡的、正常的心态去适应新的变化，更好地迎接新的挑战。保持心理健康是大学新生一项非常重要的任务。

总结·提示

本节重点阐述了健康的定义，应综合从生理、心理状态和社会适应三个角度理解。生理健康是基础，心理健康是关键。

问题·作业

张某，男，大学三年级学生，是系里的体育健将，身高180厘米，体格健壮，入学三年从未踏入过校医务室，但不太合群，喜欢独来独往，经常因为一些小事和室友闹矛盾，至今还未能很好地适应大学集体生活。你觉得张某健康吗？为什么？

第二节　运动与健康

——生命在于运动

当今社会，随着经济与科技的快速发展，电气化、机械化、自动化逐渐代替了人体的大部分动作，使人体的运动在逐渐地减少。而随着人们生活水平的提高，人体内食用的高脂、高糖、高蛋白又因运动的逐渐减少而积聚增多。

因此，以上一少一多，使人体的正常新陈代谢功能下降，肥胖症、糖尿病、高血压、脑中风、心脏病的发病率在逐渐增多；心脏的功能也会因一少一多早衰十年以上，癌症发病率要比经常运动的人高7倍；动脉硬化、肾病、胆石症、骨质疏松症、精神抑郁症的发病率也在明显升高。

俗话说：生命在于运动，运动是提高人体免疫功能、抵抗疾病入侵、延长寿命的积极手段。根据研究资料表明，经常运动的健康人无论是细胞免疫功能还是体液免疫功能都优于一般人，“养生之道，常欲小劳”。运动是祛病延年、健康长寿的要素，是生命的需要。

图 4-2　养成健康生活习惯

下面将重点阐述体育运动对健康的影响。

一、体育运动对生理健康的影响

(一)体育锻炼可以促进生长发育、增进健康

体育运动能提高人体的吸氧能力，从而促进人体的新陈代谢和解毒过程；体育运动可促进全身血液循环，使肌肉得到充分的营养，提高肌肉的代谢能力，使肌纤维变粗，使肌肉发达、结实、匀称而有力。

(二)体育锻炼可促使大脑清醒，提高学习效率

体育运动能增加大脑的供血，改善大脑血糖和氧的供应，促进脑细胞的新陈代谢，提高大脑皮质的活动能力。提高神经活动的兴奋性、灵敏性和反应性，提高对某些自主神经和脏器活动的自控能力。

(三)体育锻炼可以促进个性培养,陶冶情操

体育运动可以帮助学生克服种种生理和心理上的障碍,培养其勇敢、果断、吃苦耐劳等优良品质。体育运动可调节人的一些不健康的情绪和心理如:消沉、沮丧、紧张等。体育竞赛运动,特别是一些团体运动,它要求团结协作、诚实、守纪、力争上游、胜不骄、败不馁的优良品质和作风。

(四)体育运动能提高机体免疫功能,提高机体抗御疾病的能力

体育运动能促进胃肠蠕动、消化液分泌,有助于机体的消化吸收,可预防和治疗习惯性便秘、消化不良等疾病。有研究表明,经常运动的人比不经常运动的人不易生病且长寿。

二、体育运动对心理健康的影响

(一)改善情绪状态

情绪状态是衡量体育锻炼对心理健康影响的最主要的指标。人生活在错综复杂的社会中,经常会产生忧愁、紧张、压抑等情绪反应,体育锻炼则可以转移个体不愉快的意识、情绪和行为,使人从烦恼和痛苦中摆脱出来。大学生常因名目繁多的考试、相互间的竞争以及对未来工作分配的担忧而产生持续的焦虑反应,经常参与体育锻炼可使自己的焦虑反应降低。

(二)提高智力功能

经常参加体育锻炼可以提高自己的智力功能,不仅使锻炼者的注意力、记忆、反应、思维和想象等能力得到提高,还可以使其情绪稳定、性格开朗、疲劳感下降等,这些非智力成分对人的智力功能具有促进作用。

(三)培养坚强的意志品质

意志品质指一个人的果断性、坚韧性、自制力以及勇敢顽强和主动独立等精神,意志品质既是在克服困难的过程中表现出来的,又是在克服困难的过程中培养起来的。在体育锻炼中要不断克服客观困难(如气候条件的变化、动作的难度或意外的障碍等)和主观困难(如胆怯和畏惧心理、疲劳和运动损伤等),锻炼者越能努力克服主、客观方面的困难,也就越能培养良好的意志品质。从锻炼中培养起来的坚强意志品质能够迁移到日常的学习、生活和工作中去。

(四)消除疲劳

疲劳是一种综合性症状,与人的生理和心理因素有关,当一个人的情绪消极或任务超出个人的能力时,生理上和心理上都会很快地产生疲劳。大学生持续紧张的学习压力极易造成身心疲劳和神经衰弱,保持良好的情绪状态和参加中等强度的体育锻炼则可以使

他们身心得到放松。

(五)治疗心理疾病

体育锻炼被公认为是一种心理治疗方法。美国的一项调查显示,1750 名心理医生中,80%的人认为体育锻炼是治疗抑郁症的有效手段之一,60%的人认为应将体育锻炼作为一种治疗方法来消除焦虑症。在大学生中,有不少人由于学习和其他方面的挫折而引起焦虑症和抑郁症,通过体育锻炼可以减缓或消除这些心理疾病。

总结·提示

本节重点阐述了运动与健康的关系,即体育运动对生理健康的影响,及体育运动对心理健康的影响,通过本章的学习,同学们将会更加了解到体育运动对一个人的健康有何重要影响。

问题·作业

1. 体育锻炼对生理健康有何影响?
2. 体育锻炼对心理健康有何影响?

第三节　高职体育运动

——展现青春活力

一、高职学生主要运动项目

体育是一项深受广大青年学生喜欢的运动,它给广大学生所带来的不仅仅是身体上的健康与活力,而且还有许多的好处,诸如,修身养性、陶冶情操、团结友善,等等。

高职大学生常见运动项目有:田径、篮球、排球、足球、乒乓球、羽毛球、网球;轮滑、自行车、健美操、武术、跆拳道、野外素质拓展等。本节针对高职学生常见的运动项目做简单的概述,它们分别是三大球(篮球、排球、足球)、三小球(乒乓球、羽毛球、网球)。

(一)篮球运动概述

篮球运动起源于 1891 年,1896 年篮球运动开始传入我国,随后逐渐在世界各地推广普及。篮球运动能在我国得以广泛地开展,是因为其有着广泛的群众基础,特别是各级各类学校广泛的开展普及,深受广大学生的青睐,尤其是大学生非常喜爱该项运动。

1. 篮球运动的特点

(1)集体性特点

篮球运动的活动形式是以两队成员相互协同攻守对抗的形式进行的,竞赛过程,集整体的智慧和技能协同配合,反映和谐互助的团队精神和协作风格,才能获得最佳成效。

(2)对抗性特点

由于篮球运动攻守对抗竞争是在狭小的场地范围内快速、凶悍地近身进行的,获球与反获球的追击、抢夺与限制、反限制,其拼智、拼技、拼体、拼力,必须有聪颖的智慧,还需要特殊的体能、剽悍的作风和顽强的意志与必胜的精神。篮球运动竞争的过程,即是陶冶这种作风、精神的过程。

(3)转换性特点

快速转换攻守对抗是现代篮球比赛的重要特点,因为篮球比赛的规则规定,以进攻得分,而进攻又有时间规定,攻后必守,守后必转攻,攻守不断转换,转换又在瞬间,瞬时变化无常,使比赛始终在快速而和谐的高节奏情况下进行,给人以悬念,这不仅给观赏者增添观赏乐趣,而且给参与者增智养心。

(4)时空性特点

篮球比赛在一定的时间内围绕空间的球和篮展开攻守对抗,因此在比赛过程中的时间观念、空间意识必须强烈,并以智慧运用各种形式、方法和手段去争取时间,搏夺空间优势,从而使比赛更具有时空性要求,这也是篮球运动的特点。

2. 篮球运动的作用

大学生通过参与篮球运动,不仅可以强身健体,而且可以使个性、自信心、审美情趣、意志力、进取心、自我约束等能力都有很好的发展,也有利于培养团结合作、尊重对手、公平竞争的道德品质。

(二)排球运动概述

排球运动是两队各六名队员在长 18 米、宽 9 米的场地上,从中间隔开的球网(男子网高 2.43 米、女子网高 2.24 米)上方,根据规则的规定运用各种技术,进行集体隔网对抗,不使球落在本方场地的一项球类运动。排球运动起源于美国。1905 年传入中国。

1. 排球运动的特点

(1)形式多样性和广泛的群众性

排球运动的场地设备比较简单,可设在室内亦可设在室外。地板上、沙地上、草地上、雪地上,甚至水中都可以进行排球活动,其形式多种多样,比赛规则容易掌握且可以变通。参加人数可多可少,运动负荷能大能小,适合不同年龄、性别、体质和训练程度的人在不同环境条件下进行活动。因此有广泛的群众性。

(2)技术的全面性和高度的技巧性

排球比赛中,任何位置上的队员都要参与防守和进攻;而且在大多数形式的比赛中,规则还要求队员轮转位置。因此每个队员都须全面地掌握各项攻、防技术。由于排球比赛具有球不能落地,必须将球击出不能持住,同一名队员不得连续击球两次等特点,决定了排球技术的高度技巧性。

(3)激烈的对抗性和严密的集体性

排球比赛中双方的攻防转换始终是在激烈的对抗中进行的，其对抗的焦点主要集中在网上的扣与拦之间。一分球的争夺往往要经过七八个回合。水平越高的比赛，对抗争夺越激烈。排球比赛双方都在利用规则不允许的3次击球机会，通过精心设计和巧妙配合，在瞬间完成激烈的攻防转换和完美的战术组合，体现了严密的集体性。

(4)轻松的娱乐性和高雅的休闲性

排球运动不拘泥形式，可支网相斗，亦可围圈嬉戏。只要有一块空间，或沙滩或草地，尽可享受击技的乐趣。排球比赛隔网进行，双方斗技，没有身体接触，安全儒雅，是人们欢跃、休闲的理想方式

2. 排球的作用

排球运动的功能也可称为是排球运动的价值：根据排球运动的特点，参加排球运动不仅能提高人们的力量、速度、灵活、耐力、弹跳、反应等身体素质和运动能力，并改善身体各器官、系统的机能状况，而且还能培养机智、果断、沉着、冷静等心理素质。通过排球比赛和训练，可以培养团结战斗的集体主义精神；可以锻炼胜不骄、败不馁、勇敢顽强、克服困难、坚持到底等良好品格。

(三)足球运动概述

足球运动是一项古老的运动项目。公元前，中国就有了用脚踢球的游戏——蹴鞠。16世纪以后，足球游戏在欧洲一些国家盛行起来。

1. 足球运动的特点

(1)整体性

足球比赛每队由11人上场参赛。场上的11人思想要统一，行动要一致，攻则全动，守则全防，整体参战的意识要强。只有形成整体的攻守，才能取得比赛的主动权及良好的比赛结果。

(2)对抗性

足球运动是一项竞争激烈的对抗性项目，比赛中双方为争夺控球权，达到将球攻进对方球门，而又不让球进入本方球门的目的，展开短兵相接的争斗，尤其是在两个罚球区附近时间、空间的争夺更是异常凶猛，扣人心弦。一场高水平的比赛，双方因争夺和冲撞倒地次数达200次以上，可见对抗之激烈。

(3)多变性

足球运动是一项技术上多彩多姿、战术上变幻莫测、胜负结局难以预测的非周期性运动项目，比赛中运用技战术时要受对手直接的干扰、限制和抵抗。技战术依临场中具体情况而灵活机动地加以运用和发挥。

(4)艰辛性

足球比赛中，运动员要在近8000平方米的场上奔跑90分钟，跑动距离少则6000米，多则10000米以上，而且还要伴随完成上百个有球和无球的技术动作，若平局后需决定胜负的比赛则要加时30分钟，如仍无结果，还需以踢点球决定胜负，因而运动员的能量消耗是很大的。

(5)易行性

足球竞赛规则比较简单、明了,器材设备要求也不高。一般性足球比赛的时间、参赛人数、场地和器材也不受严格限制,因而是全民健身中一项十分易于开展的群众性的体育运动项目。

2. 足球运动的作用

经常从事足球运动,不仅对自身良好性格的形成能产生巨大的影响,而且还可以培养人的意志、自制力、责任感及勇敢顽强、机智果断、坚韧不拔、勇于克服困难、团结协作、密切配合、集体荣誉、守纪律等良好品格。从事足球运动还可以提高人的力量、速度、灵敏、耐力、柔韧等身体素质,并能使人的高级神经活动得到改善,尤其能增强人体的心血管系统、呼吸系统等内脏器官的功能,从而促进人体的健康。

·【延伸阅读】·

我国国家主席习近平也曾自言:“自己很喜欢足球,中国足球一定要下决心搞上去,举办完奥运会之后,中国下了一个决心,既然我们其他的运动可以拿到金牌,那么足球啊,一定要下决心搞上去,但是这个时间会很长。”2008 年 7 月,他在秦皇岛考察奥运场馆,穿着皮鞋和正装展示了他的脚法,几脚射门便看出曾经的足球功底。后来他关于足球的几次零星讲话,也让人觉得非内行不可能讲得出来。2009 年,他在参观德国拜耳集团公司时讲,自己很喜欢足球,并指出中国有一流的球迷和可观的足球市场,但目前水平比较低,希望可以迎头赶上。不久又讲他有三大愿望,一是中国足球队进世界杯,二是中国能举办世界杯,三是中国有朝一日能获得世界冠军。这让足球界颇为振奋,因为中国足球得到了国家领导人的高度关怀,我们坚信中国足球有朝一日会走出中国,走向世界!

(四)乒乓球运动

乒乓球最早发源于英格兰,是从网球演变而来的。我国乒乓球运动是在 1916 年开展起来的。1952 年,我国加入国际乒联。经过几代人的努力,我国乒乓球运动水平走到了世界前列。

1. 乒乓球运动的特点

其特点是球小、速度快、变化多、技巧性强、趣味性高,设备比较简单,不受年龄、性别和身体条件的限制,在室内外都可进行,运动量可大可小,具有广泛的适应性和较高的锻炼价值,比较容易开展和普及。

2. 乒乓球运动的作用

经常打乒乓球能提高视觉的敏锐性和神经系统的灵活性,使人心情舒畅,想象力丰富,利于提高学习和工作效率;能改善人的心血管、脑血管系统的机能,使人的反应加快,身手敏捷,动作协调,四肢灵活、柔韧,形体健美;能提高控制情绪的能力及培养机智果断、勇敢顽强、勇于进取和敢于拼搏的优良品质与作风。

(五)羽毛球运动

20 世纪 20 年代初,羽毛球运动传入我国。在近几年的国际大赛中,中国羽毛球队取得了辉煌的成绩。

羽毛球运动是一种全身运动项目。无论是进行有规则的羽毛球比赛还是作为一般性的健身活动,都要在场地上不停地进行脚步移动、跳跃、转体、挥拍,合理地运用各种击球技术和步法将球在场上往返对击,从而增大了上肢、下肢和腰部肌肉的力量,加快了锻炼者全身血液循环,增强了心血管系统和呼吸系统的功能。

(六)网球运动概述

早期的网球运动起源于 13 世纪的法国。1885 年前后,网球运动传入我国。网球运动是一项深受人们喜爱、富有情趣的体育运动,具有很高的锻炼价值,它既是一种自我娱乐和增进健康的手段,又是一种艺术追求和享受,同时还是一个观赏性很强的体育竞赛项目。

长期进行网球锻炼,可以发展人体的力量素质、速度素质、耐力素质、柔韧素质、灵敏素质和高度的协调性,改善呼吸系统和心血管系统的功能,起到增进健康、抗病防衰的作用。

二、高职院校运动会

目前,国内高校运动会有全国大学生运动会(每四年一届)、省大学生运动会(每四年一届)、市大学生运动会(每两年一届)、各级各类学校运动会。各高职院校也有举办一年一度的学校运动会,它们一般都举办秋季校运动会,大概在每年的 10 月至 11 月举办,各高职院校举办运动会项目大体如下:

男子:100 米跑、200 米跑、400 米跑、800 米跑、1500 米跑、3000 米、5000 米跑、10000 米跑、110 米跨栏跑、400 米跨栏跑、跳高、跳远、三级跳远、铅球、铁饼、标枪、4×100 米接力跑、4×400 米接力跑等。

女子:100 米跑、200 米跑、400 米跑、800 米跑、1500 米跑、5000 米跑、100 米跨栏跑、400 米跨栏跑、跳高、跳远、三级跳远、铅球、铁饼、标枪、4×100 米接力跑、4×400 米接力等。

(一)高职院校运动会前的准备工作

1.强化安全意识

安全教育必须贯彻于校运动会的全过程。首先,要强调运动会的安全意义,树立安全意识,克服麻痹思想。其次,要加强组织纪律教育,要求学生严格遵守有关纪律和制度,一切行动听指挥,做到令行禁止。此外,还要进行安全知识与一般运动常识培训,使参与者掌握一些基本的运动常识,避免运动中出现昏迷、呼吸不畅、心率过高等现象。

2.组织学生做好校运动会报名工作

组织各院系进行报名工作,各院系以班级为单位组织报名,报名工作应遵循比赛的报

图 4-3 大学生运动会

名条件及要求进行报名，尽量做到人人都可以参与，人人都可以选择，不歧视弱者，发扬体育精神，使每个人都能体验体育所带来的好处。

3. 做好校运动会开幕式节目的彩排

历来，高职校运动会开幕式都备受各个学校领导重视，各级学校都会精心准备开幕式节目表演和方阵彩排，有的以院系为单位，有的以班级为单位，都进行了精心准备，来展现集体的荣誉感和班集体的独特魅力。因此，运动会方阵彩排是各级各类院校运动会前应准备的一项重要工作。

（二）高职院校运动会期间的工作

1. 做好开幕式的表演工作。
2. 做好参赛运动员比赛前身体的检查工作。
3. 做好参赛运动员准备活动。
4. 组织校医务人员、保安人员负责好安全保卫工作。
5. 整理跑道外围学生座位区。
6. 组织有序的比赛。
7. 做好后勤保障工作（参赛人员、工作人员）。
8. 其他注意事项。

（三）高职院校运动会结束后的工作

1. 做好闭幕式总结。
2. 及时对获奖者、参与者进行表彰。
3. 整理好场地和器材的回收。

·【小贴士】·

运动会期间的注意事项

运动会的竞赛项目多、持续时间长、运动强度大、参加人数多，安全不容忽视。

1. 要遵守赛场纪律，服从调度指挥，这是确保安全的基本要求。

2. 没有比赛项目的同学不要在赛场中穿行、玩耍，要在指定的地点观看比赛，以免被铅球、钉鞋等器械击伤，也避免与参加比赛的同学相撞。

3. 参加比赛的运动员赛前一定做好准备活动，以使身体适应比赛。天气稍冷时跑至微微出汗后多做压腿拉腿等柔韧性练习。

4. 在临赛的等待时间里，要注意休息。

5. 临赛前不可吃得过饱或者过多饮水。临赛前半小时内，可以食用少量糖果，以增加热量，参加长跑项目的同学应在赛前两小时前补充高糖食品(或赛前半小时内)。

6. 比赛结束后，不要立即停下来休息，要坚持做好放松活动，例如慢跑等，使心脏逐渐恢复平静。

7. 剧烈运动后，不要立即停下，慢走放松。不要大量饮水、吃冷饮。

8. 各运动员要记住自己的比赛项目和比赛时间，以免忘记或记错。运动员一定要提前15分钟到检录处检录，然后由裁判引领进入场地比赛。检录不到以弃权处理。

总结·提示

本节阐述了高职大学生常见运动项目，主要有田径、篮球、排球、足球、乒乓球、羽毛球、网球；轮滑、自行车、健美操、武术、跆拳道、野外素质拓展等。并根据高职大学生常参与的运动项目，做了简单的概述，分别是篮球、排球、足球、武术。通过本节的学习，让同学们对高职大学生常见运动项目有个基本的认识。

问题·作业

1. 你最感兴趣的运动项目是什么？

2. 篮球、排球、足球及武术的起源分别经历了哪些过程？

第二章 生理健康

第一节 身体保健

——身体是革命的本钱

我们对身体健康的定义是:身体各部位完好,身体各器官能正常工作。如果没有健康的身体,智慧没有机会表现出来,财富失去价值,知识无法利用。可见身体健康是大学生顺利完成学业、参与社会活动的先决条件。

世界卫生组织公布:个人的健康和寿命40%取决于客观因素,其中15%在遗传,10%在社会因素,8%在医疗条件,7%在气候影响,而另外的60%取决于自己。可见对于保持健康的身体,自己平常的生活方式与习惯是不容忽视的。特别是随着人们生活水平的提高和生活方式的影响,一些"富贵病"悄悄降临,"亚健康"也成为越来越普遍存在的"疾病",且这些疾病有年轻化倾向。

一些大学生,因为不良生活习惯:过量吸烟、酗酒、睡眠不足、缺少运动、沉溺于网络游戏、情绪低落等原因,导致出现亚健康状态。

一、不良生活习惯的危害

(一)熬夜

晚上1:00以后不睡觉,人体的代谢作用会改由内分泌燃烧,用内分泌燃烧产生的毒素会很多,会使体质变酸。通常熬夜的人得慢性疾病的几率比抽烟或喝酒的人都来得高。所以每天尽量在23:00以前睡觉,不要熬夜!

(二)吃夜宵

凡是晚上8:00再进食就称作夜宵。吃夜宵隔天会疲倦,爬不起床,肝也会受损。因为睡觉时,人体各器官活动力低,处于休息状态,因此食物留在肠子里会变酸、发酵,而产生毒素伤害身体。

(三)不吃早餐

不吃早餐,这是非常不正确的饮食习惯。早餐一定要丰富,而且要选择耐燃烧4～5

小时的食物，才足够你一天的消耗量。长期不吃早餐，对人的大脑、消化系统等产生不良影响，而且容易导致肥胖。

（四）运动不足

在阳光下多做运动、多出汗，容易帮助体内排出多余的酸性物质。但是由于现代人的生活节奏不断加快，加之交通工具的不断更新，宅男宅女越来越多，运动量大大地减少了，这样导致酸性毒素长期滞留在体内，造成体质的酸性化。

（五）过重的心理负担

心理负担过重也会导致体质酸性化。有关科研机构曾做过这样的实验，把两只小白鼠放在两个笼子里，一只小白鼠用黑布将其眼睛蒙上，然后用一根小棍去骚扰它。一个月后发现，蒙上眼睛的小白鼠体液完全酸性化。第二个月发现小白鼠的身上出现了癌细胞。而另一个笼子里的小白鼠却安然无恙。可见在高度紧张、高度压力的情况下，生物体会出现严重的酸性化。

科学家也发现，当一个人在发脾气的时候，尤其是暴怒的时候，他呼出的气体都是有毒的。由于我们在日常生活中、在工作中，感情上都承担着不少的压力，在压力得不到释放的时候，同样能导致体质的酸性化。

（六）过度吸烟、喝酒

吸烟的害处很多，香烟燃烧时释放 38 种有毒化学物质，其中有害成分主要有焦油、一氧化碳、尼古丁、二恶英和刺激性烟雾等。过度吸烟容易造成：肺部疾病、心血管疾病、癌症、骨质疏松、影响智力等。

过度饮酒，对人体的伤害是全面的。喝酒直接伤肝，易导致酒精肝、肝炎、肝硬化。肝脏伤了后，视力必然下降，身体解毒能力也下降，造成免疫力下降，容易感染其他病和肿瘤；喝酒伤胃，消化不好，体质就差，也容易感染其他病；喝酒还会伤害心脏、脾脏、胰腺，容易引起高血压、心血管病、中风和胰腺炎；喝酒会伤肾，造成前列腺炎，影响性功能；喝酒伤神经，经常酗酒的人会产生对酒的依赖性，脾气变得暴躁、不安；喝酒伤害容貌，经常喝酒的人容貌枯槁、憔悴，皮肤也容易衰老。

二、良好生活习惯的养成

（一）晨起一杯水

早上起床时，胃内的食物早已消化完毕，这时水的进入就如同冲水马桶一般，将胃壁的残渣冲洗得一干二净。晨起喝水后数十秒内水就会到达全身各个角落，可以促进细胞的循环代谢，让身体从睡眠中醒过来，有提神醒脑的功效。

人在睡眠中也会排汗，所以水分仍在持续的流失中。晨起喝水可适时补充睡眠中流失的水分，让细胞充满水分，肌肤看来饱满有弹性。可稀释尿液，冲洗尿道，并化身为粪便的软化剂，让你顺畅排除留存在体内的废物。也可以稀释逐渐黏稠的血液，降低血液的浓度，避免血压飙升。

（二）吃一顿营养的早餐

早餐是激活一天脑力的燃料，不能不吃。许多研究都指出，吃一顿优质的早餐，可以让人在早晨思考敏锐，反应灵活，并提高学习和工作效率。研究也发现，有吃早餐习惯的人比较不容易发胖，记忆力也比较好。

（三）每日运动30分钟

许多研究都指出，每天运动30分钟就可以得到运动的好处，包括：预防心脏病、糖尿病、骨质疏松、肥胖、忧郁症等，甚至有研究指出，运动可以让人感到快乐，增强自信心。如果你很久没有运动，建议你循序渐进，慢慢增加长度与强度，可以从最简单的快走运动开始，每天快走20～30分钟，持续走下去，一定能感受到许多好处。

（四）每日5蔬果

这是1991年，由美国国家癌症研究院和健康促进基金会共同推动的全民营养运动。根据调查，多吃蔬菜水果的人，可以减轻癌症与心脏病的风险。

建议你，把蔬果放在最容易看到、随手就可以拿到的地方，提醒自己多吃蔬果，也可以把蔬果切丁，当作点心，代替那些会令你发胖的饼干、零食。需要注意的是不要在餐后马上进食水果，当餐后马上进食水果时，消化慢的淀粉、蛋白质和脂肪会影响消化快的水果，这些东西要在胃部停留1～2小时甚至更长时间，跟消化液产生化学作用，分解后才进入小肠吸收，水果被阻碍前进停滞胃内，在华氏104度高温之下腐败。

水果的主要成分是果糖，在胃内的高温下产生发酵反应甚至腐败变化，会生成酒精及毒素，出现胀气、便秘等症状，给消化道带来不良影响。引起种种疾病，包括胃灼热、消化不良、肚痛等。

（五）把大自然带进屋内

静听雨打落叶的声音，或望着鱼儿在水中优游的模样，都能给人安详宁静的心境。专家指出，与大自然结合的感觉可以减轻压力。在家中或宿舍中种植盆栽，或养一缸鱼都是不错的建议。

（六）再忙也要和家人朋友聊聊天

美国心脏病权威，曾任前美国总统克林顿医疗顾问的欧宁胥（Dean Ornish），历经数十年研究发现，拥有亲密关系可以预防与减缓心脏病，增强抵抗力。不管外在生活多么多彩多姿，每个人都需要拥有可以打开心扉，分享心事的亲密关系。所以不管再忙，每天也要和家人朋友聊聊天，滋养彼此的亲密关系。

总结·提示

养成良好的生活习惯，杜绝熬夜、吃夜宵、吸烟、酗酒等不良习惯。美好健康生活从细节开始。在校大学生养成良好生活习惯、营造健康生活方式，刻不容迟。

问题·作业

根据你日常的生活习惯，评估下自己的生活方式是否健康，有哪一些可以改进的？

第二节　疾病预防

——远离疾病“污染”

在青年人观念中，疾病似乎是一个遥远的概念。身体健康的重要性往往在遭遇疾病时才显得深刻。“身体是革命的本钱”。获得成功需要个人拥有良好的品格，比如意志坚强和思维敏锐等。但所有的这些因素都必须依托基本的前提——拥有健康的体魄。对于青年朋友而言，身体健康是美好校园生活的基础。学会正确预防和避免疾病的发生是维持身体健康的必修课。

疾病是机体在内外环境中一定的致病因素的作用下，因稳态破坏而发生的内环境紊乱和生命活动的障碍。对每个人和每种疾病而言，致病因素不尽相同。但归结起来主要包括内因和外因两方面。

其中，个人的遗传素质、机体免疫能力和心理因素等是致病的内在因素；自然因素（如病毒、细菌、气候）、心理和社会因素（如生活环境、营养情况和生活习惯）等则是致病的外在因素。下面简述几种大学生常见疾病，并重点就疾病的预防进行普及和宣传。

一、上呼吸道感染

上呼吸道感染是指发生在鼻腔、咽或喉部等上呼吸道的一类急性炎症。常见的症状比如咳嗽、流涕、喉痛、咽痛、头痛发热。就具体疾病类型而言，普通感冒、流行性感冒、扁桃体炎、鼻咽炎、喉炎等都属于上呼吸道感染。70％～80％的上呼吸道感染疾病由病毒引起，余下少部分则由细菌所致。

一般来说，受凉、气候突变以及过度疲劳等可能导致全身或呼吸道防御功能降低，将使原本存在于上呼吸道的或从外界侵入的病毒或细菌迅速繁殖，从而诱发疾病。因此，在日常生活中，可从以下两方面加以预防：

（一）避免诱因

注意气候交替的日常护理，及时增减衣服，避免因受凉和淋雨而降低个人免疫力。讲究个人卫生，警惕“病从口入”。定期清洁寝室，注意室内通风，以尽量控制和减少进入体内的病毒细菌。在感冒高发和流行的季节，尤其应避免与感冒患者接触，避免在人多的公共场合频繁出入，必要时，以戴口罩、勤洗手等方式做好个人防护。

项目	普通感冒	流感
病的发作速度	慢	快、突然
发烧	不发烧，或发烧不严重	发高烧
乏力	不太严重	非常无力，浑身酸痛
咳嗽	不咳嗽，或轻微咳嗽，有痰	干咳
喉咙痛	痒、痛	一般
头痛	不头痛或头痛较轻	头痛较重
食欲	正常	没有食欲
冷战	不打冷战，或偶然打冷战	打冷战

图 4-4　如何区别流感和普通感冒

（二）增强体质

均衡营养和坚持健康规律的生活方式，有利于增强自身的御寒能力和免疫能力。大学生合理膳食，增加营养，多饮水，每日摄入足量维生素、蛋白质和微量元素等。再者，应善于安排每日学习和娱乐时间，养成劳逸结合、定期体育锻炼和健康饮食的生活方式。

二、急性气管炎、支气管炎

急性气管炎、支气管炎是由病毒细菌感染、物理和化学刺激（过冷的空气、粉尘、气体烟雾等）或过敏源（花粉、动物毛发、高蛋白食物等）引起的气管—支气管黏膜的急性炎症。

主要症状为咳嗽、咳痰。常伴有轻度发热（体温 38 ℃）。常见于寒冷季节或气候突变季节。也可由急性上呼吸道感染（指鼻腔、咽或喉部的急性炎症）蔓延迁徙。疾病较急，多于 3～5 天好转。若日久未痊愈可发展为慢性支气管炎。如能注意以下三方面，则能一定程度避免该疾病：

（一）预防感冒

感冒是引起急性气管炎的主要原因之一。在外地异乡求学的大学生，应逐渐学会照顾自己。特别应注意气候变换和易感季节时，加强个人护理和体质锻炼，预防感冒等引起的上呼吸道感染。

（二）改善环境卫生

在寝室生活中，应杜绝吸烟等不良习惯，以免刺激性的烟雾和气体诱发疾病。有吸烟习惯的同学，应选对场合，不在宿舍等公共区域吸烟。切勿因吸烟影响宿舍环境，危及舍友身体健康。

(三)避免接触过敏源

对于一些过敏体质或者患有支气管疾病(如哮喘)等家族病史的同学而言,了解自身的过敏源并加以避免是主要方法。若不确定自身的致敏因素,则在日常生活中注意避免接触常见的过敏源。避免吸入粉尘,尤其应定期清洁床上用品,不养动物,尽量少吃海鲜等。一旦发现可能的致敏因素,应做好记录并隔离切断过敏源。

三、肺结核

肺结核是由结核杆菌引起的一种缓慢发病的慢性呼吸道传染病。发病的高峰年龄是15～35岁,尤其青春后期和成人早期发病率偏高。患病后可出现长期低热(午后及傍晚开始,次晨降为正常),伴有乏力、夜间盗汗等全身中毒症状,以及咳嗽、咳痰、咯血、胸痛和气急等。疾病可治愈,但需坚持正规治疗。若治疗不及时可导致死亡。

肺结核具有传染性,可通过咳嗽、打喷嚏或大声说话时喷出的飞沫传播。预防方法有如下三点:

(一)接种疫苗

我国规定出生后即开始注射卡介苗,后每隔5年作结核菌素复查,阴性者加种,直到15岁为止,大学入学体检也包括这一项目。卡介苗是预防结核的疫苗,注入人体后,能使人体内产生对结核杆菌的免疫力,防止感染和发生结核病。

(二)增强免疫力

大学生应养成良好的卫生和生活习惯,注意膳食营养和休息,加强身体锻炼,增强自身抵抗力和免疫机能。

(三)坚持"三早"原则

对待肺结核病人,应坚持"早发现、早隔离、早治疗"。若发现自身咳嗽咳痰三周以上,痰中带血则应提高警惕,及早就医。

一般而言,肺结核病人药物治疗2～3周后传染性便降低,但咳嗽时应以手帕或纸掩口,不随地吐痰或吐在纸中烧毁。无传染性后可参加社会活动。治愈则需不间断服药6～8个月或更长时间。

四、急慢性胃炎

急慢性胃炎指各种病因导致的胃粘膜急慢性炎症。急性胃炎起病急,病程短,通常表现出上腹部疼痛、食欲减低、恶心呕吐等。多由物理因素(食物过冷、过热或粗糙)、化学因素(如药物、烈酒、咖啡等)、生物因素(如细菌、毒素等)以及心理因素(如应激)引起。

急性胃炎若治疗不彻底可演变为慢性胃炎。长期服用对胃刺激性强的食物和药物(如过度吸烟、酗酒)和幽门螺杆菌感染等也可导致慢性胃炎。慢性胃炎通常无典型症状,或出现消化不良症(如饭后饱胀、无规律心窝部隐痛、反酸、烧灼感等)、贫血、消瘦甚至大出血等。在此，提醒大学生从如下两方面着手预防：

(一)培养良好的饮食习惯

三餐定时定量，不暴饮暴食，或过分节食。进食时应细嚼慢咽。忌食生、冷、硬、热、辣等刺激性强和卫生不达标的食物。避免不必要进服消炎止痛等药物，以及咖啡、可乐等饮品刺激。

(二)适时缓解心理压力

在日常生活中，大学生应注重提升自身压力应对的技能。当遇到应激事件时，便可及时应用各种方法缓解压力(参照心理健康篇之压力应对)。避免以过度压抑情绪、酗酒、暴饮暴食或绝食等不健康的方式应付。

五、急性阑尾炎

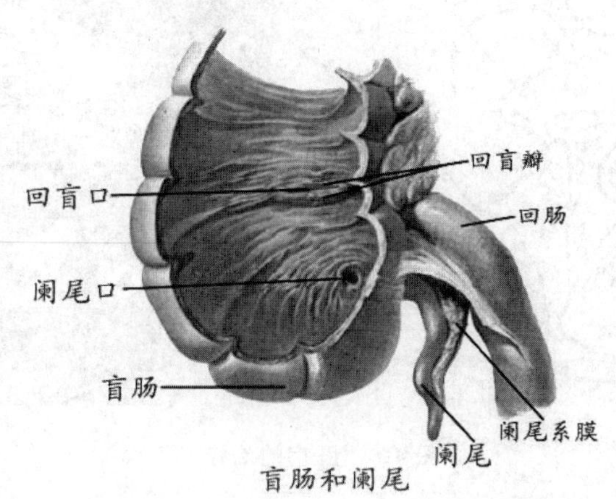

图 4-5 盲肠和阑尾

急性阑尾炎是大学生最常见的急腹症之一。阑尾是附于盲肠末端的一个蛆闯状盲管，长约 6～8 cm，直径约 0.5～0.7 cm(如图 4-5 所示)。管腔阻塞和细菌入侵是急性阑尾炎的诱因。由于阑尾管腔较狭窄，极容易发生堵塞。当胃肠道功能紊乱时(如饮食不节、受寒、便秘、腹泻、精神刺激等)，加重了阻塞和血供障碍，导致细菌侵入阑尾壁内形成阑尾炎。表现为转移性右下腹疼痛(开始时上腹部或脐周疼痛，几小时至十几小时后疼痛转移到右下腹)、轻度恶心呕吐，伴有便秘、腹泻和发热(一般在 37.5～38 ℃之间)。

为了避免发生急性阑尾炎，大学生应养成良好的生活习惯，避免过度疲劳和受凉导致免疫力下降致使病菌入侵。此外，养成合理膳食和定期排便的生活习惯。在进食过程应充分咀嚼，多食用富有膳食纤维的蔬果，促进肠胃蠕动和食物消化。

六、病毒性肝炎

病毒性肝炎指由多种肝炎病毒引起的以肝脏损害为显著特点的全身性传染病，具有传染性强、传播途径复杂、流行面广、发病率较高等特点。主要表现为发病后出现乏力、食欲不振、恶心、呕吐、厌油腻、肝肿大、肝功能异常等。根据不同的病毒，分为甲型、乙型、丙型、丁型和戊型等。大学生中以甲型及乙型肝炎多见。

甲型主要经消化道传播。病人或带病毒者的粪便中含有大量病毒，可直接或间接地污染食物和水，再经口进入体内。苍蝇叮咬食物也是传播途径之一。一般在感染后2～8周发病。甲肝病毒感染后人体对此病有一定免疫力。对此疾病的预防要点在于加强饮食饮水卫生。避免在不正规的摊点和饭馆进餐，公共聚餐时要用分食制或使用公筷、公勺。

图 4-6　肝病的治疗

乙型肝炎通过非消化道途经传播，其中血液传播是最主要途经，如通过注射、针刺、使用血液及血制品等。唾液、精液等分泌物也是重要传播途径。乙型肝炎在1～6个月发病。因此预防乙肝重点在于避免通过血液的病毒传播。为此，大学生应做到：应到正规医疗单位就诊，非必要时不输血和使用血制品。日常的食具、洗漱刮脸用具应专用。例如同寝室的男生应避免共用剃须刀片。爱美的女同学应杜绝随意地文眉、文唇等。接触乙肝病人后，应用肥皂和流水洗手。

确诊为乙肝的同学无需过分担心和紧张，应格外注重饮食和个人卫生，否则将造成乙肝病情反复或癌变。生活中应使用专用的餐具和洗漱用品。可适当补充B族维生素和矿物质，如谷类食物。不吃不洁净的食物，尤其是霉变的花生以及没有腌制好的酸菜；少吃腌制食品、烧烤、动物油和肥肉；不酗酒和空腹喝酒。

·【小贴士】·

实用的急救小常识

一、止血

1.加压包扎法。适用于小范围出血。先用消毒纱布垫覆盖伤口后,再用棉花团、纱布卷或毛巾、帽子等折成垫子,放在伤口敷料上面,然后用三角巾或绷带紧紧包扎,以达到止血目的为度。若无消毒敷料和绷带时,可用清洁的手帕和宽布带代替。伤口有碎骨存在时,禁用此法。

图 4-7 创伤止血

2.指压法。适用于小范围出血初期应急。找到伤口的向心端(靠近躯干)的动脉点,用力将拇指或其他手指压迫该动脉在邻近的骨骼上,以阻断血流。止住出血后,需立即换用其他止血方法。

3.止血带止血法。适用于四肢较大动脉的出血。用特制的止血带或宽布条、毛巾、橡胶管等代用品,环形扎在出血肢体的近心端,即在出血部位的靠近身体侧,这也是止住肢体出血的有效方法之一。

4.其他止血法。鼻出血的应急措施有:(1)鼻道堵塞法:用脱脂棉花或干净的普通棉花,用麻黄素滴鼻药水稍浸湿慢慢塞入鼻道,应塞得较深、较紧,口中无血液倒流。1～2小时后可轻轻将棉花取出。(2)冷敷法:患者平卧,用冷水浸湿的毛巾敷在鼻部及额部,也可用冰袋或毛巾包裹小冰块冷敷。用湿毛巾冷敷时,每隔数分钟换一次。(3)指压法:患者仰坐于椅子上,可用拇、食指紧捏双侧鼻翼,压迫鼻中隔前部,同时应抬头张口呼吸。

二、中暑

在炎热季节，户外活动和体育锻炼时间应在上午或傍晚，时间不宜太长并做好防晒。中暑①者应迅速脱离热环境，到荫凉通风处休息，并采取降温、消暑措施，如解开衣扣，喝清凉饮料(或冰冻饮料或凉盐开水)，服用人丹十滴水或藿香正气水等。对热痉挛及循环衰竭型患者，应重点补充生理盐水或葡萄糖生理盐水，可大量口服含盐的饮料。对日射病患者，重点是进行头部降温。如让患者仰卧，垫高头部，额部作冷敷(如冰袋)或以30%的酒精擦身。同时用风扇向患者吹风散热。

三、触电

若触电者还与电源接触着时，应首先迅速切断电源，或用干燥的木棒竹竿等不导电的东西拨开电线，不要用手去拉触电者。如触电较轻、病人清醒，应就地平卧1～2小时，观察心跳的变化。如触电者呼吸、心跳已停止，必须在现场立即进行人工呼吸及胸外心脏按压。

1. 口对口人工呼吸法。操作时，先迅速将病人领扣和皮带解开，使其仰卧。救护人跪在一旁，一只手捏住病人的鼻孔，另一手托住他的下颌，打开口腔，并用掌根轻压环状软骨以间接压迫食道，防止吹气时气体进入胃内。救护者先深吸一口气，然后对准患者的口部吹入，将气体吹入病人的呼吸道，吹气完毕将捏鼻子的手松开，用一手挤压胸部帮助病人呼气。每分钟反复有节律地进行16～20次，注意吹气时不要漏气太多，吹的气量要多。

2. 胸外心脏按压。平放病人，使其仰卧在地上或硬木床上。将一手掌根放在病人胸骨下段两乳之间，另一手掌根叠放在该手的手背上，伸直肘关节，双手掌根部适度有力，有节奏地带有一定冲击性地向下压，使胸骨下陷3～4 cm。然后迅速放松(手不离开病人胸部皮肤)，解除压力使胸骨复原，此时静脉血液又回流到心脏。如此一压一松，反复有节律地进行，造成人工的心脏收缩、舒张。挤压时用力要均匀，轻重适度。成人每分钟60～80次，小儿80～100次。

四、溺水

首先应尽快清除口、鼻中的泥沙、杂草或分泌物，如口腔紧闭，可将下颌推向前方，使口张开；解开衣扣、腰带，迅速倒水。倒水时，可将病人俯卧，腹部垫高，或把病人放在抢救者的大腿上，挤压背部，以倒出肺、胃内的水。如果是小孩，可倒提双脚，使积水倒出。神志清醒者经抢救后可给予漱口、喝热茶等，让病人安静入睡。如病人呼吸、心跳已停止，不可过分强调倒水，以免延误抢救的时间，即使倒出的水量不多，也应立即进行有效的人工呼吸和胸外心脏按压。在就地抢救的同时，应迅速请医生前来处理。

五、晕厥

一旦发现有人晕倒，应立即让病人平卧，或取头低脚高位。但肥胖者不可取头低脚高位，以免影响呼吸。然后解开其衣领、腰带等，使其呼吸顺畅；注意保暖，针刺或手指掐揉人中、合谷穴等。经上述救护后，一般病人都能较快恢复。神志清醒后可喝一些热茶。如

---

① 中暑：根据发病机理可分为四型。a. 循环衰竭型。面色苍白，皮肤湿冷，明显脱水，昏倒，神志不清或恍惚。b. 高热昏迷型。体温达39.5 ℃以上，烦躁不安，嗜睡或有昏迷。c. 热痉挛。肌肉疼痛和痉挛。d. 日射病。剧烈头痛、头晕、眼花、耳鸣、恶心、呕吐、兴奋不安或意识丧失，体温升高或正常。

果是心源性晕厥，心跳突然停止时，应就地迅速作胸外心脏按压，并注意病人的呼吸情况。同时设法尽快送医院抢救。

总结·提示

在日常生活中，增强体质、避免接触病源、保持个人和寝室卫生和合理饮食等能有效预防各种常见疾病，维持良好的体格。

问题·作业

1.大学生常见的传染性疾病有哪些？

2.举例谈谈如何在日常生活中避免常见疾病。

第三节 饮食健康

——谨防“病从口入”

大学是学生学知识、长身体的重要阶段，同时也是良好的饮食卫生习惯形成的重要时期，这个阶段掌握一定的营养学知识，形成良好的饮食习惯，对于促进生长发育，保证身体健康有重要的意义。

对于第一次远离父母独立生活的大学生们，如何吃好每日三餐，形成良好的饮食习惯是入学独立生活的一个重要部分。

一、大学生平衡饮食的重要性

人体所需的主要营养素有碳水化合物、蛋白质、脂肪、维生素、无机盐、水和饮食纤维等。对大学生而言，保证科学的营养和平衡的饮食具有重要性。

(一)能够补充体力，增强记忆力

大学生是一个特殊群体，他们处于青春发育期，代谢旺盛、活泼好动、运动量大，同时学习任务繁重。生长发育状况，学习效力的高低，生活能力及抗病力的强弱，劳动效力、运动能力的大小等都与营养卫生有着密切的关系。如果营养不良，不仅影响到身体的健康，而且也会影响到学习和生活。

科学研究显示，适当改善营养状况，使饮食结构尽量平衡，对于长时记忆力的充分发挥可能产生有益的影响。

(二)强身健体，防病祛病

饮食平衡相当于一种食补，一方面补虚，即补充身体气血的虚损；另一方面能增强身体的免疫能力，减少疾病的发生。

食补是以补养为主，治疗为辅，它将饮食营养与药物治疗完美地融为一体，既可享美食之乐，又可达强身健体、防病祛病之疗效。最重要的是，食补胜于药补，古今皆然。

通过合理营养、坚持体育锻炼，同时摄入富含维生素 C、维生素 E 和胡萝卜素的食物，可强健身体，增强免疫力。

(三)缓解情绪，调整心情

在人体所摄入的食物中，有一些营养物质能改善人的心情，使其轻松而愉快。如菠菜，其富含的镁能使人头脑和身体放松；鸡蛋，富含胆碱有助于提高记忆力，集中精神；瓜子则有助于心情平静等。让大学生了解这方面的知识，对于其缓解情绪，调整心情具有一定的作用。

二、大学生饮食习惯的常见误区

当前大学生的饮食习惯存在以下误区。

(一)洁癖型饮食

对食品的清洁要求过度，多见于有洁癖的学生。此类学生饮食过求洁净，要求绝对的绿色食品、无公害食品，不吃有防腐剂、添加剂的食品，不吃剩饭。这种饮食习惯难与他人共食，不适宜学校的团队生活，严重影响身心健康。

(二)西洋型饮食

有些学生饮食上很洋化，喜欢牛排、炸鸡、汉堡、面包、牛奶、碳酸饮料、巧克力与咖啡等。这样的饮食习惯，往往会造成热量摄入过多，容易引发肥胖，而且还会造成营养不均衡，影响健康。

(三)相悖型饮食

主食与副食相悖。一般来说，我国的饮食习惯以主食为主，副食为辅，以米面谷物为主要食物，佐以肉类、蔬菜、糖、茶、水果等。实践证明，这种饮食搭配是科学的，对身体有益。部分在校学生饮食主副颠倒，把副食作为主食，每日三餐以糕点、面包、水果、肉、糖为主，很少吃饭与蔬菜。每周去超市采购一次副食品，基本上不进食堂吃饭。此为主食副食相悖型饮食，不利于健康。

(四)放纵型饮食

有些学生家庭富裕，在家吃惯了山珍海味，来学校后不习惯食堂的饭菜，经常到校外饭馆大吃大喝。这些学生喜欢享受美食美酒，不计较花钱多少。正如《内经》中所说："以酒为浆，以妄为常。"醉酒、腹泻、胃胀、呕吐等病症经常不断，对身体健康极为不利。

(五)愚昧型饮食

有些学生饮食不讲节制，不讲卫生，饥一顿饱一顿，饮食全无规律。食堂、饭馆、路边餐桌及校外盒饭，想吃就吃，毫无顾忌。还有的学生在考试、做毕业设计等学习紧张的时刻废寝忘食，饮食无常，睡眠不足，焦虑过度。中医说："饮食自倍，肠胃乃伤"。此型饮食者多不注意调养，以至出现胃肠受伤，肝脾不和等病症。

（六）辟谷型饮食

部分学生追求线条美而盲目减肥。除经常服用减肥药减肥茶之外，不敢进食，唯恐长肉，于是选择辟谷型饮食。辟谷乃方士道家修炼成仙的方法，即不食五谷（五谷杂粮），仅以水、蔬果充饥。这当然不是科学的饮食方法。部分肥胖学生也误入此途，导致头晕、乏力、困倦、虚脱等时有发生。

（七）区域型饮食

高等院校学生来自五湖四海。不同区域的学生有不同的饮食习惯。比如山西省喜面食，食味多酸；湖广喜食大米，食味多辣；冀鲁喜食菽黍，食味多甘。学生带着各自的地区饮食习惯进入学校，不能适应学校的普通饮食而坚持区域性饮食，不能因地制宜，亦为饮食之误，往往给生活带来烦恼。

三、合理健康饮食必须遵循的原则

针对大学生以上诸多种常见的不良饮食习惯，我们应当遵循一些健康饮食原则。

（一）平衡性原则

图 4-8　合理膳食

平衡是指人所摄取的各种营养成分与身体的生理需要之间形成相对平衡，反之则称为营养失调。营养失调的一个方面是营养不良，另一个方面是营养过剩。因此，人体营养需求与补充之间应保持相对的平衡。

(二)适当性原则

适当是指人所摄取的各种营养成分之间的配比要合理,即在全面和均衡的基础上进行适当的饮食搭配。人体元素组成与人体在不同状况下对各种营养的需要量是有一定比例的,只有合理的营养搭配 ,尤其是热量中蛋白质、脂肪和碳水化合物三者的比例要合理适当,才能有利于人体更好吸收与利用营养成分。

(三)全面性原则

全面是指人所摄取的各种营养成分要全面,不能偏食。没有任何一种天然食物能够包括人体所需的各种营养素,也没有单一营养素能够具备全部的营养功能。因此,无论哪一种食物的营养有多丰富,都不可能完全满足人体健康的需要,只有通过摄取多种食物中包含的各类营养成分,才能确保人的健康需要。

(四)针对性原则

每个人的遗传因素、身体状况、所处年龄阶段、生活环境、营养状态等各方面的条件均不相同,因此,在营养摄入和补充方面应区别对待。当生活和工作环境、生理条件改变时,营养素的供给应予以适当调整。此外,为了保证身体健康,应随四季变化,合理安排膳食。

总之,健康的体魄离不开合理的膳食。如果大学生能养成良好的饮食卫生习惯,并结合有效的体育锻炼,那么无论对于社会、家庭还是自己本身,都具有重要的意义。健康就是最大的资本,为了自己及家人的幸福,请同学们关注饮食健康。

·【小贴士】·

大学生如何通过饮食保证健康

现在的大学生除了学习以外还会参加很多文体活动,有的还会出去打打工,总之大学生的生活是丰富多彩的,但是脑力劳动再加上体力劳动会使大学生们每天消耗大量的能量,这些能量不能及时地补充就会影响健康。那么,大学生们应该如何通过饮食保证健康呢?

一、适量的食谷饮奶

大学生们要注意日常饮食还是要以食用谷类为主,因为谷类中含有人体需要的大量的营养成分,如蛋白质,维生素,碳水化合物,脂肪和矿物质等。这些营养能够及时地补充身体消耗的能量所需。每天适量地饮用牛奶可以增强体质,一般每天饮用 300 mL 的牛奶就可以,适当的饮用牛奶可以补充身体能量,增强体质。

二、多吃水果、蔬菜

现在的大学生们都是自己在外学习生活,经常在外面吃一些膨化食品,这些都是不好

图 4-9 营养均衡

的。应该多吃点新鲜的水果、蔬菜,如黄瓜,西红柿,西瓜,苹果等。水果、蔬菜中含有大量的维生素,能够平衡人体在日常生活当中的饮食所需,起到强化身体机能、增强体质的作用。

图 4-10 多吃蔬菜水果

三、及时补充水分

水是生命之源,人体内需要大量的水分。大学生们长期处在紧张的学习中,应该及时的补充身体的水分,不能等到感到口渴之后再去补充水分,口渴表示身体已经缺水啦。每个人每天至少要喝 1.5 公升的水,多喝水能够强化脂肪代谢抑制食欲,减少感冒生病,让身体更加健康。

四、适量的吃一些蛋类、鱼类和瘦肉

图 4-11　多喝水

蛋类、鱼类和瘦肉中含有丰富的蛋白质、矿物质、维生素等身体所需的营养成分。经常适量的食用可以弥补我们在日常饮食中的营养所需，均衡饮食。均衡的饮食可以提高身体免疫机能，让身体更加健康。

五、少饮酒

现在的大学生们经常聚在一起喝酒吃饭，这样经常饮酒对身体健康影响很大。酒是一种高能量的食物，长期无节制的饮酒会导致食欲下降，影响身体健康。酒精还会刺激大脑，影响记忆力，所以大学生们更不能经常饮酒。为了自己的身体健康最好做到少饮酒或者是不饮酒。

六、合理的进餐

大学生们要分配好作息时间保证正常的进餐时间，早饭要在清晨起来 6 点半到八点钟左右，中午要在十一点半到一点之间吃饭，晚上则要在六点半到八点之间，保证早晨要吃好，中午要吃饱，晚上要适量的进餐原则，不要暴饮暴食，保持合理均衡的饮食习惯。这样才能保持身体的健康。

·【小贴士】·

细菌性食物中毒

（一）病因

细菌性食物中毒是由沙门氏菌等多种细菌中的一种所引起，吃了被细菌及其毒素污染的食物后，引发以胃肠道损害为主的急性传染病。发病与被污染食物有明确关系，容易集体发病。

（二）传播特点

传染源为病人、感染的家禽和家畜、带菌的正常人等。带菌的粪便通过直接或间接途径污染水，如通过苍蝇或蟑螂污染食物、水或生活用具，再经口而引起中毒。流行特征是突然发病、潜伏期短、发病前进食同一污染食物，常集体发病、发病高峰在7—11月。

（三）临床表现

潜伏期从1 h到数天不等。主要以胃肠道症状为主，如恶心、呕吐、腹痛和腹泻。大便常为水样、量多，每天可数次至数十次，故可引起脱水，严重者可因此而休克。患者常伴有发热、畏寒等。呕吐物、粪便中均可检查出致病细菌。

（四）治疗

患病后应去医院进行对症治疗和抗菌药物治疗。如输入生理盐水或口服补盐液治疗。轻者可不用抗菌药物或口服抗菌药物，严重者可静脉用抗菌药物。

（五）预防

注意饮食、饮水卫生和食品加工管理；不喝生水；肉、禽、乳、蛋类的处理、加工、贮存应严防污染，食用时应煮熟；冰箱中的熟食及吃过的食物应重新煮过杀菌；吃海鲜及水产品应注意食材新鲜，务必煮热。

·【小贴士】·

细菌性痢疾

（一）病因

细菌性痢疾简称菌痢，是由痢疾杆菌引起的常见急性肠道传染病。细菌主要侵犯结肠黏膜，引起肠黏膜的炎症反应，造成肠黏膜细胞的变性、坏死，坏死脱落后可形成小而浅的溃疡。严重的中毒性菌痢，由细菌毒素引起的全身中毒症状严重，可导致重要器官功能衰竭。

（二）传播特点

传染源是病人和带菌者。病人及带菌者的粪便中含大量痢疾杆菌，粪便直接或间接污染食物、饮水和手等经口进入肠道而感染。

（三）临床表现

潜伏期数小时至7天，多数为1～2天。主要临床表现为畏寒、发热、腹痛、腹泻、脓血便和先急后重。腹泻每天可10～20次，大便量少，呈糊状或脓血便。

（四）治疗

一旦确诊为菌痢，应进行隔离、卧床休息。饮食用流汁或半流汁为宜，忌食多渣多油或有刺激性食物。有脱水者应口服或静脉补充生理盐水或葡萄糖盐水。及时、合理使用抗菌药物。

(五)预防

早期发现病人及带菌者,应及时隔离、彻底治疗。加强饮食、饮水卫生,消灭苍蝇,养成饭前便后洗手的习惯。熟食和瓜果不要在冰箱中放置过久,取出后先加热消毒再食用。不要吃生菜和不洁瓜果。口服大蒜、黄连有一定预防作用。

总结·提示

健康饮食是大学生身体健康所必需的一部分,大学生应针对自己不良的饮食习惯,积累健康饮食的基本常识,掌握健康饮食的基本原则,塑造健康的体魄,为现在的学业和将来的工作提供必要的身体素质。

思考·作业

1.结合本节所学和实际经验,谈谈健康饮食的重要性。

2.你如何评价自己的饮食习惯?结合实际情况,谈谈如何改进。

第三章 心理健康

第一节 认识自我

——做最好的自己

我就是我

——维琴尼亚·萨提亚(Virginia Satir)

我就是我。

遍及整个世界,再没有一个人与我如此相似。

我所做的一切都是真实可靠地属于我,因为那是依靠我自己的力量做出的选择。

我拥有关于我的一切,我的身体、我的感觉、我的嘴、我的声音,

以及我所有的行动,不论它们是针对他人还是我自己。

我拥有我的幻想、我的梦、我的希望、我的恐惧……

我拥有我所有的胜利和成功,所有的失败和错误。

因为我拥有全部的我,我可以变得与自己如此的亲密无间。

通过这样做,我用我身体的每一个部分来爱自己,并与自己友好相处。

我知道关于我的某些方面正在困扰我,而其他一些方面并不为我所了解。

但是只要我友好地爱自己,我都可以鼓励我自己,并且充满希望地寻找解决困境和了解自我的方式。

在任何一个时刻,无论我怎样看和听,无论我说或做些什么,也无论我怎样思考和感觉,这些都是真实的我。

之后,如果发现某些我看、听、想和感受的部分已经不适合我,我将抛弃那些不再适合的部分,保留其余,并创造出新的东西来取代我所丢弃的那些。

我可以看、听、感觉、思考、说和做。

我拥有这样的本领,可以生存,可以与他人亲近,可以创造价值,还可以理解和影响这个世界上除我以外的人和物。

我拥有自己,并因此可以规划和管理自己。

我就是我,而这让我感觉良好。

心理治疗师萨提亚在这段“自我告白”里,呈现了自我的丰富内涵,更饱含深情地表达了对自我的悦纳。每个人都是独特存在的个体。“认识你自己”(Know yourself)不仅

是一条镌刻在德尔斐智慧神庙的箴言，还是许多人穷极一生探寻的课题。对于踏入人生新征程的大学生，大学阶段是自我整合和统一的关键期，关于"自我"的问题将是接下去的生活中一个经常被提及的重要问题。为了理清这一问题，需要把握特殊性和普遍性相统一这一原则，即不仅需要了解处于该年龄阶段的普遍特点，而且还需全面清醒地明确自我的个别特点，在此基础上，建立充分的自尊心和自信心。

一、大学生的普遍发展特点

(一)大学生的基本生理特点

大学阶段正处于青年中期(18～22 岁)，生理发展已接近完善，并处于人生的巅峰期。具体表现在：

1. 在体能的发展上，身高、体重、内脏等各项身体机能增强，体力充沛，能从事各项体育锻炼活动。

2. 在脑神经系统的发展上，大脑发育成熟，神经系统趋于健全，神经活动的抑制性和兴奋性趋于平衡，但仍带有较强的兴奋性。

3. 在性机能发展上，进入性成熟阶段，性激素分泌活跃，男女性都表现出各自性别的成熟体态，男性肩部增宽、须毛丛生，女性臀部增大，体态丰润。

(二)大学生的基本心理特点

与生理发展不同的是，大学生的心理发展尚未完全成熟。主要表现在：

1. 自我意识增强，自主性和自尊感增强，但还未能全面恰当地认识自我，还未能很好地控制自我，易于自卑或自大，行为表现较冲动。

2. 情感体验丰富，但因需要和价值观念的波动，情绪变化起伏大。

3. 智能高度发展，抽象逻辑思维能力和分析解决问题能力充分提升，但因社会经验不足，思维活动仍带有较多的理想色彩和片面性。

4. 性意识迅速发展，产生强烈的异性交往愿望，但尚缺乏正确的性角色观念和行为。

生理上的成人感和心理上的不成熟易于使大学生陷入内心的矛盾和冲突，如独立与依赖的冲突、理想与现实的冲突、交往与闭锁的冲突、优越与自卑的冲突、轻松感与压力感的冲突等。这种种冲突交织而成的网，如果得不到合理的引导而破除，终将捆缚心灵成长。而超越这些矛盾的第一步则是"认识自我"。

二、建立恰当的自我意识

(一)大学生的自我意识

恰当积极的自我意识是大学生心理健康的重要体现。自我意识包括对自己身心状态以及自己与周围世界关系的认识、体验和评价。具体而言，就是自己对自己的身高、体重和外貌等生理特征，个性、能力和兴趣等心理特征，以及自己与他人的关系程度等的认识。

从"知、情、意"的三层结构上看，自我意识涵盖自我认识、自我体验和自我调控。例如,“吾日三省吾身”即是体现对自我的觉察、反省,属于自我认识层面;“天生我才必有用”即是一种肯定自己的积极情感体验,也是自我体验层面的表达;“有志者事竟成”则表现在不受外界条件的影响下,个人能对自己的情感和行为进行调节和控制,是自我调控的层面。

与中学阶段相比,大学生的自我认识更加深刻和丰富,自我评价的能力越来越强,自我调控能力也有较大提高。但与此同时,大学生的自我意识还不够成熟,自我认识和自我评价通常高于现实的我或者别人眼中的我。例如,曾经有位大学生,认为自己自信开朗、才华横溢。但在一次民主评议会上,其他同学对他的评价令他感到惊讶,许多同学认为他看起来傲慢自大。由此可见,强烈的自尊心使得这位同学对自己做出过高的评价。这也是大学生面临的普遍问题。理想自我和现实自我的差异容易给青年人带来抑郁矛盾的心理。因此,学会正确地认识自我是大学生涯重要的必修课。

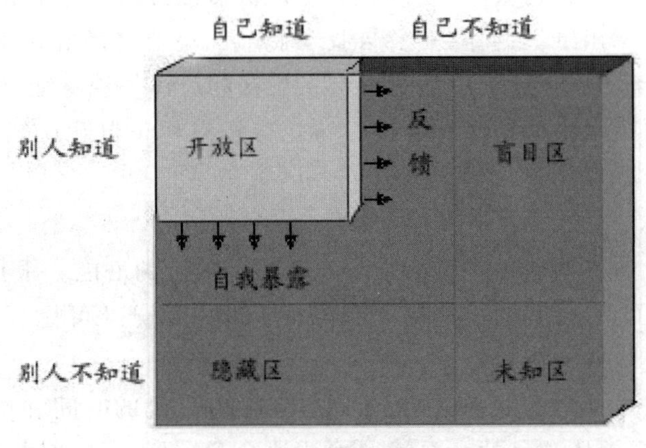

图 4-12 乔韩窗口

(二)认识自我的途径

心理学家斯普兰格认为青年期是自我的“第二次诞生”,是“自我发现”的新时期。在这段时期,青年人将关注的焦点投入自己的内心世界,侧重于自我探索。然而由于自我的复杂性,大学生需要掌握并综合运用多种途径促进自我认知。

根据著名的乔韩窗口理论(如图 4-12 所示),每个人的“自我”可分为四部分:公开的我(自己和别人都了解的部分)、盲目的我(自己未知,但是别人已知的部分)、秘密的我(自己知道,但别人未知的部分),以及未知的我(自己和别人都未知的部分)。其中,自我认识的过程是一个通过他人反馈和自我探索不断缩小未知区域的过程。具体而言,常用的促进自我认知的途径有以下四种:

1. 自我省察法

自我省察法就是通过反省、觉察自己在过去和现在的表现来形成对自己的认识或评价。睡前回顾和比较法是两种可操作性比较强的方法。

睡前回顾指在每天临睡前回顾当天的表现,问问自己:“今天对自己的整体评价如何?”,“今天做得比较成功的事情是什么?体现了自己身上哪些特点?”,“今天做得不够理想的事情是什么？是受自己身上哪些不足的因素影响？将如何改进以争取下次更理想？”,“今天对自己有什么新发现？”等一系列问题促进自我反思和分析。

比较法则指与他人、和自己进行比较。其中，与他人比较，是指个人通过将自己与同水平、优于自己或劣于他人比较，来确定自我价值和位置。例如，与心目中优秀的人进行比较，认识到自己身上还有尚待学习的部分；以能力不比自己强的人进行比较来增强自信心。当然在比较过程中，需要确立合理的参照体系，忌单纯停留在某一种比较方式上，易于造成认识偏差。自我比较，则是指将现在、过去和理想的我进行综合比较。可以拿出一张纸，分别写上过去的我、现在的我、理想的我，纵向写上身高体重外貌等生理特征、性格特点（优点和缺点）以及人际关系，通过对这些项目进行诚实的回答，更合理准确地认识自我，接纳无法改变的自我，完善可改变的自我。

2. 他人反馈法

正可谓“以人为镜，可正得失”。他人反馈法是认识自己的一种重要途径，指借助他人的评价来审视自己。拿出纸笔制作一个“自我”调查表，虚心请教和了解父母、兄弟姐妹、朋友、老师以及恋人等不同他人眼中的自己具备怎样的身体外貌特征、性格特征和人际关系。并通过将此与自己眼中的这些特征进行对比分析来纠正自我认知的偏差、补充自我认知的漏洞。

3. 活动探索法

心理学家威廉·詹姆斯曾说：“一般人只发展百分之十的潜能。跟我们应做到的程度相比，我们等于只醒了一半；我们只使用了身心很少的一部分。”可见，我们每个人心中还存在很大的未知自我尚待唤醒和挖掘。

大学阶段作为进入社会的准备时期，允许青年们有充足的时间和精力尝试各种形式的实践活动（尤其是未曾体验过的），在活动中认清自我。例如有的同学通过一次大胆参加歌唱比赛的经历，发现自身的音乐潜能；还有的同学通过一次当众发言发现自己在言语表达方面不够流畅自信。不管发现的是优点或是缺点，都让我们朝现实的自己迈进一步。但必须注意的是，盲目变换各种活动只能让自己更加迷惘，针对活动的成败分析和经验总结是十分必要且关键的。

4. 测验辅助法

测验辅助法则是指通过相对科学的仪器和量表对个体的生理状态、心理特点进行描述。除了人为的沟通和自省外，借助科学的生理测验和心理测验能促使我们对自己有更客观的认识。日常生活中的体检就是借助精密的医学器械来了解自己的生理健康状况（包括身高、体重、五官和内脏活动）的测验，并能在某种程度上反映心理问题，具有较高的参考价值。在心理层面，心理测试是认识自己的重要辅助手段。其中，比较常用的心理测样量表有卡特尔 16 种人格因素测验、气质问卷、艾森克人格问卷、爱德华个性偏好测验、MBTI 职业性向测试等。这些量表通过答题者的自我报告能在一定程度反映自身的个性特点和兴趣倾向，但同时也带有主观性。

二、培养自信心

在建立恰当自我意识的基础上，我们再来探讨自信心的培养。自信心通常指个人在任务面前相信自己能够胜任和完成的积极体验，是一种对自我存在价值的肯定，对自我能力的信任和欣赏。

对于一些大学生而言，自信心不足直接影响他们在各种活动的表现，他们常意识到自己的不足，觉得自己这不行那不会，或者十分艳羡他人的优点，渴望自己能像别人一样，或者过于追求完美而无法接受自己的一点瑕疵，产生厌恶自我、封闭自我的心理。

著名的思想家爱默生曾说："自信是成功的第一要诀"。自信心不仅能使我们在大学阶段取得优秀的表现，为青春绘制一幅精彩的画卷，更是日后步入社会的必要准备。为此，建议大家可以通过以下四种方式来增强自信心：

(一)积极的自我暗示

借助时机运用积极肯定的词语来评价自己、激励自己。在自己完成一件事情（可大可小）时，当下对自己进行言语的正面强化，如"亲爱的，做得好！"、"我就知道我可以"；在遇到棘手的事情时，通过"没关系"、"慢慢来"、"你能行"等言语给自己默默打气助威。另外，可以利用每天清晨在镜子前梳洗的几分钟时间，微笑地看着自己的眼睛，告诉自己"你看上去真棒"，为新的一天开个好头。

(二)体验和想象成功

请闭上眼睛，整理和回顾一周内做得令自己满意的几件小事（不一定十分重要），如课堂主动发言、公交车上主动让座等。聚焦在自己做这些事的每个细节，唤起当时的美好感受或者他人的正向反馈，并据此赞扬自己、告诉自己有哪些优点。建议可将这些事情详尽记录下来，每天加一点、每周加一些，逐步建立自己的信心加油站。在每当感到气馁灰心时，可以在脑海中放映这些成功的小事，可以在安静的一角翻阅这些传递正能量的文字，想想自己的优点，以此来提升自己面对困难的勇气和信心。这便是"自信的蔓延效应"。

除了体验过去的成功，想象将来的成功也是一种不错的方法。例如许多同学通常在第一次上台发言前会感到很焦虑，担心自己表现不好。此时，不妨让自己先坐在台下，想象着自己脚步轻盈而坚定地走向讲台，身姿挺拔、神情自然地将自己所要陈述的要点娓娓道来，想象讲到精彩时台下观众的掌声，想象着亲爱的朋友和老师鼓励的眼神，等等。总之，通过预先想象已经获得了成功来增强自信心。

(三)塑造自信的形象

俗话说："相由心生"。自信的人经常给人的印象就是行事从容干练。因此，我们可以从较为简单地塑造外在自信形象着手，来带动内在的成长。首先，保持自己的仪表整洁得体；其次，在走、站和坐时抬头挺胸，尤其行走的步伐快一点；再者，积极进入他人的视线。例如在听讲座和上课时，尽量靠前排坐；与他人交谈时正视他人的目光，多使用肯定的语气进行表达，话音抬高等。这些都是自信者惯常的外在表现和行为特点，通过模仿和塑造可在内心滋长出自信向上的力量。

(四)优势补偿

补偿指通过自身的努力奋斗达到某一方面的优势和成就，以此补偿生理上或性格上的缺陷，这是一种超越自卑的强大动力。我们回顾伟大的人类发展史，可以看到诸如贝多芬、张海迪、海伦凯勒、阿德勒等来自不同领域的巨人们，早已用行动和成就来让历史记住他们。他们的缺陷和不完美则因这些成就衬托而更显珍贵可爱。许多人的自卑源于自身存在无法改变和选择的缺陷，如果你身上也有这些的不完美，请接受它们成为自己的一部分，再忘掉它们。心无旁骛、不卑不亢地耕耘，你将与那些巨人一样成就有魅力的自己。

总结·提示

“自我”的整合是大学阶段所要面临的关键任务，学会恰当地认识自我，并基于此自尊、自信和自爱有利于解决一系列成长过程的心理矛盾，是心理健康的重要保证。因此，大学生应掌握正确的途径认识自己，有意识地培养自信心。

思考·作业

1. 结合本节所学和实际经验，谈谈如何正确认识自我。
2. 你是如何评价自己的？结合实际情况，谈谈如何培养自信心。

第二节　人际交往

——和谐人际圈

一、人际交往概述

一家新的比萨店开张，你邀请朋友去品尝，他说他要帮助父亲整理花园，你决定带你弟弟去吃。但是当你到比萨店的时候，你看到朋友与其他同学在那里。你会：

a. 走到朋友面前，叫他骗子，然后告诉他，你们的友情完了。

b. 用力将弟弟的盘子放在桌上，打翻他的饮料。

c. 决定不对你的朋友说什么，向前走点你的比萨，像没事一样。

d. 晚上给你朋友打电话，问发生了什么。

如果是你，你会怎么做呢？可能遇到这样的问题，我们的处理办法各异，但解决问题的方向，大体分为以下几种：(a)表现出你的愤怒；(b)将愤怒转移到其他上面；(c)把愤怒藏在心里；(d)试图解决冲突。在这四种处理方法中，哪一种方法才能更有效地处理问题，而又不影响人际关系的维护呢？

事实上，任何一个人都不可能孤立地存在，一个人交往顺利，会感到心情舒畅，身心愉悦；而一个人的交往受挫，便会感到心情郁闷，产生烦恼、忧虑等不良情绪。美国心理学家戴尔·卡耐基曾说：“一个人事业的成功，只有15%是由于他的专业技术，而另外的85%

要靠人际关系和处事的技巧”。对于大学生来说，良好的人际，不仅影响到身心健康，还将影响到学习、工作及生活的顺利程度，可见人际交往在大学生活中是不可忽略的一部分，而如何处理好人际关系也是大学生不得不面对的一门必修课。

图 4-13 现实中人际交往的问题

(一)人际交往的概念及原则

人际关系指社会人群中因交往而构成的相互联系的社会关系，包括亲属关系、朋友关系、学友(同学)关系、恋人关系、师生关系等。

我们通常说的人际交往就是指人际关系对象之间交往、沟通的过程。无论是在生活中、学习中，还是工作中，人与人之间的交往无处不在。从小学到高中，再到大学，大家对于人际交往并不陌生，而如何处理好人际关系却一直是困扰大多数人的问题。我国已故的著名心理卫生家丁瓒先生曾说:“人类的心理适应，最重要的就是对于人际关系的适应”。

良好的人际关系的形成与维护是大学生不可忽略的一门学问，人际交往是双方之间的交往与交流，缺乏任何一方，人际关系的维护都存在困难，因此，积极主动非常重要。同时，在人际交往中，互帮互助、真诚、尊重、信任、理解都是非常重要的原则。

大学生活中，人际关系的作用不容小觑，其中很重要的一点就是良好的人际关系有助于营造良好的生存环境，更好地得到周围朋友的指引和帮助，因此，互帮互助是人际交往必须遵循的原则之一；没有哪一个人喜欢虚情假意的人，也没有哪一个人愿意和一个处处想占便宜、存心刁难的人做朋友，可见，真诚、尊重是我们收获美好友谊的第一步；相互理解，表现在遇到矛盾时，懂得站在对方的立场思考问题，能够理智地处理发生的事情。相互理解是维护人际关系不可缺少的品质之一；相互信任，也是人际交往中非常重要的原则，充满怀疑和猜忌的友情是不会长久的，因此，相互信任在人际交往中也是不可忽略的品质之一。

（二）人际交往的心理效应与技巧

1. 人际交往的心理效应

社会心理学提出心理效应在人际交往中存在一些有趣的现象，在与人交往过程中适当利用这些心理效应，对于我们构建良好的人际关系具有重要意义。

（1）首因效应与近因效应

首因效应与近因效应是由美国心理学家洛钦斯首先提出的，反映了人际交往中主体信息出现的次序对印象形成所产生的影响。

首因效应也叫首次效应、优先效应或第一印象效应。它是指当人们第一次与某物或某人相接触时会留下深刻印象，而这一印象将影响到之后对于该物或者人的认知及评价。

与首因效应相反，近因效应是指多种刺激一次出现的时候，印象的形成主要取决于后来出现的刺激，即交往过程中，我们对他人的评价，主要受到最新的一次接触产生印象的影响。

在人际交往中，特别是在对陌生人的认知中，首因效应的影响特别明显，而在多次交往的朋友中，近因效应的影响更加明显。因此，在人际交往过程中，我们应该认识到这两种心理效应在我们与人交往过程中产生的影响，既要给别人留下良好的第一印象，也要注意经营自己之后的形象。

（2）光环效应、投射效应与刻板效应

光环效应又叫晕轮效应，是指在人际相互作用过程中形成的一种夸大的社会印象，如用对一个东西的局部认识来作为对其整体的评价，如“情人眼里出西施”及“明星效应”。

投射效应，是指与人交往时，把自己具有的某些不讨人喜欢的特点转移到别人身上，认为别人也是如此。如“以小人之心，度君子之腹”。

刻板效应，是指人们通过自己的经验形成对人或事物较为固定的看法叫刻板印象，如“南方人细腻，北方人粗犷”。

在人际交往中，这三种效应常常会误导我们对他人的认识与评价，因此，我们应该注意到这些影响，避免因对他们错误的评价而影响人际关系。

2. 人际交往的技巧

（1）积极主动与他人交流

每个人内心都非常渴望得到朋友，但是却很少有人能够主动去和他人交流。假若我们勇敢一点，大方地主动与人沟通交流，这样可以避免尴尬，还有可能多交到一位朋友。比如你如果常常在寝室楼道里碰到某个陌生的同学，试着主动向对方点头微笑，你们一定会慢慢熟识起来。

（2）真诚为他人做些事情

在别人需要帮助和支持的时候，积极地为他人做些事情，能够增加他人对你的好感，从而与别人建立融洽的关系。如果我们能够积极为他人做些事情，那么，在我们遇到困难的时候，自然会得到大家的理解和帮助。

（3）真诚地称赞别人

记得在一本杂志上记载过这样一则故事：有一个老太太，她喜欢周游世界，虽然她不懂得每个国家的语言，但她会在到达那个国家旅游前努力学习这个国家的一些礼貌用语及称赞别人的话，然后在旅途中，真诚地与周围的人交流并赞美他们，这样，她每到一个陌生的国家，都能交到很多朋友，度过愉快的时光。“良言一句三冬暖，恶言一句六月寒”，在与别人相处的过程中，要善于发现别人的优点，感受这份美好。每个人都渴望被赞美，真诚的赞美不仅能够使对方发现自己的优点，还能使双方的关系因为真诚的赞美而变得更加和谐。

(4)不要过于显示完美

我们可以看到不少这样的人，他们各方面的素质都不错，成绩优异，在校内外各种比赛中多次获奖，但是他们往往不能和别人友好地相处。心理学家做过这样一个实验：随机找到一群互不相识的人，让他们在一个房间里观察在另一个房间里发生的事情。在这个房间里，实验者安排了四个人做一些事情，其中一个人表现非常出色，几乎没有差错；第二个人表现同样出色，但是不小心把杯中的水洒了；第三个人表现平平，但是没有出状况；第四个人表现平平，又把杯中的水洒了。最后问这群人他们比较喜欢哪个人，结果是大多数人最喜欢第二个人，而对第四个人的评价最低。为什么呢？其实一个有魅力的人，不是要让别人觉得你有多完美，关键是让他人觉得与你在一起的时候能体现出自己的价值。每个人都不希望在与朋友相处时，自己只是作为陪衬的绿叶，所以在我们的朋友面前，偶尔示弱，对于维护良好人际关系会起到不错的效果。

(5)微笑是交际中最好的武器

在人际交往中，获得友谊最快捷的方式就是微笑。美国心理学家卡耐基曾说，你的笑容就是你好意的信差。你的笑容能照亮所有看到它的人。无论是遇到心情糟糕还是心情正好的人，你的一个微笑都可以给他们带来阳光与温暖。特别是对那些遇到生活挫折、工作压力、学习困难的人，一个笑容也能够给他们带去正能量。当然，我们所说的微笑是指真诚的微笑，发自内心的，能给人带来温馨感觉的。

(6)能站在别人立场，并包容不同观点

一些同学在家里被父母迁就，逐渐变得以自我为中心。凡事只考虑自己的感受，不懂得为他人着想。其实想要赢得友谊，我们应该在遇到矛盾时，学会站在对方的立场上思考问题，并包容不同的观点。不要强加自己的意愿给别人，坚持自己的观点不一定要以压倒对方的观点为前提。同一件事情，从不同的角度出发会可能会有完全相反的立场。

(7)认真倾听

在朋友需要的时候，能够耐心倾听对方的诉说。倾听对方的观点是传递自己的尊重与关怀的重要信号。与朋友有对立观点时，也要学会倾听，不要急于证明自己。其实，只有倾听之后才能够理解对方要表达的，也才能更好地对比不同的观点，找出矛盾所在，才能达到有效沟通的目的。

大学是一个小社会，是大学生通往复杂社会的一个过渡点，在这里大学生学习的不仅是专业知识，还要学习如何为人处世，为步入社会做最好的准备，所以对于新入学的大学生来说，处理好人际关系是大学生活不可忽略的一个关键点。

·【小贴士】·

异性交往中的注意事项

1. 区别友谊与爱情

友谊的支柱是理解，爱情的支柱是感情。友谊具有广泛性，即不受数量方面的限制，而爱情具有专一性和排他性，是最高尚也是最自私的感情。异性同学的交往经常会被误解为爱情。一些同学相互交往较频繁，或一方言谈举止没把握好尺度，容易让另一方误会，认为别人爱上了自己，从而出现单相思、爱情错觉等。

2. 注意交往方式

异性同学交往以集体交往为宜，如课堂上讨论发言，课外活动等，为大家创造了异性交往的机会。异性同学交往采取集体交往的方式，更有利于避免人际间的各种猜测和误解。

3. 把握好交往的尺度

异性同学相约一同参加某项活动，如听音乐、看电影、观画展、逛书市等等，这是正常的、公开场合的异性交往，完全可以大大方方地赴约。在异性同学一起参加活动时，女生应端庄、坦荡，在男生面前要穿着得体，行为端庄，切忌庸俗、太过性感，让对方产生误解和非分的念头；男同学要沉稳庄重，避免行为放纵和言语鲁莽，应该尊重女同学，注意与女同学保持必要的距离。

总结·提示

人际交往是大学生生活、学习适应和发展的必备能力，良好的人际交往习惯是在生活细节中形成的，掌握人际交往的技巧和原则有利于建立良好的人际关系，提高生活质量。

问题·作业

1. 试着评估下自己的人际交往，思考下可以从哪几方面提高自己的人际交往水平？
2. 使用你认可的一条或者几条人际交往的技巧，坚持一个月，谈谈感受？

第三节　恋爱与性心理

豪猪生长在非洲，身上的毛硬而尖。天气寒冷的时候，它们就聚在一起互相靠身体取暖，但是当它们靠近时，身上的毛尖会刺痛对方使它们立刻分开，分开后因为寒冷它们又聚在一起，聚在一起又因为痛而分开，这样反复数次，最后它们终于找到了彼此间的最佳

图 4-14 正确对待异性交往

距离——在最轻的疼痛下得到最大的温暖。

大学生经过多年艰苦的学习和奋斗，度过了漫长而苦涩的中学时代，终于迎来了生命中的自由的曙光，来到了向往已久的大学象牙塔。在这里，大学生获得了前所未有的自由，学习压力没有以前那么大，时间相对比较充裕，家长和老师的监督也不再那么严苛，校园生活相对开放和自由，加上自身性生理的成熟和情感的需求，恋爱成为大学生最主要的需求之一。然而由于自身心理和情感的不成熟，正确对待恋爱问题和摆脱性心理困扰是大学生成长道路上极为关键的一步。

一、树立正确的恋爱观和恋爱行为

（一）树立正确的恋爱观

1. 恋爱与学业：主观上，大学生都知道学业是第一位，感情是第二位，但在实际行动中，一些大学生用于恋爱的时间远远大于学业。有些大学生不能很好地控制情感，影响了学习和健康。大学生在学校的主要任务是学习，因为爱而荒废了学业是得不偿失的。确立自身理想抱负，权衡爱情和事业轻重，让爱情成为实现理想的“动力”，获得健康幸福的爱情与充实的人生。

2. 尊重对方：追求爱情应当以尊重对方为前提。爱情不是占有和私欲。更不要轻易去玩弄他人的感情。爱上一个人，就应当为对方的幸福着想。其次，爱情是一种自觉和自愿的感情，它只能在轻松愉快的气氛中产生。如果采用强迫、欺骗或纠缠手段去获取对方的爱，即使达到目的，爱情也不会长久。还有，要尊重对方的选择，不能一味地将自己单方面的爱强加给对方。也不能因遭对方拒绝而苦闷，实施抱负，甚至走上违法犯罪道路。

3. 提倡志趣相投的爱情：真正的爱情是以拥有共同的志趣为基础，共同的理想、追求、事业维系着感情，而感情的共鸣才能促进爱情的发展，而不是一时的激情或者随随便便的游戏。有些同学说"我们不在乎永久，只在乎曾经拥有"；有些说"我们现在谈恋爱是为学习怎样和异性相处"；也有些认为交朋友"只要她漂亮就行"或"只要他对我好就行"。爱情是需要不断追求和培养的，不是一旦拥有就永远拥有。因此，在恋爱中，我们还要注重不断提升自己的内在和外在的各方面的素质，爱情才能获得长久的内力支持。

4. 以诚相待、彼此忠贞：双方应该以诚相待，不可怀有不良目的和动机，如借恋爱之名骗取他人钱物，无节制地挥霍。恋爱关系一旦确定，就要彼此忠贞，不可朝秦暮楚，见异思迁，出现三角恋、多角恋。视爱情为儿戏，对爱情不严肃的人，自己最终也会受其困扰，以至受到道德、良心上的谴责。

5. 提高挫折承受能力，正确对待失恋：大学生的恋爱受多种因素的制约，因而在追求爱情的过程中遇到各种波折是在所难免的。况且有恋爱就有失恋，这是个辩证的自然法则。面对失恋，要注意调节不良情绪，理智对待、看待失恋。

(二)树立正确的恋爱行为

1. 恋爱行为要文明。现在大学校园对待恋爱比过去宽松，但有的大学生不分时间、地点，在教室、宿舍过于亲密，在众目睽睽下行为随意、轻浮放纵。这样不仅破坏校园风气，也是对他人不尊重，不文明和不道德的行为表现。

2. 网络是虚拟，网恋要慎重。有些同学把网恋视为一种浪漫情感，轻易相信网络感情。同异性网友聊过一次天，便相见恨晚；有些大学生第一次"接触"便说"我要娶你，爱你到永远"，并迅速建立恋爱关系，到头来却是"风马牛姻缘"，甚至上当受骗，导致悲剧。请切记网络是虚拟的，网恋要慎重。

3. 切勿轻易偷尝禁果。爱情历来都是被称颂为最纯洁、最神圣的情感。而一旦发生性关系，就会使感情变味。特别是恋爱的进程是要经历相识期、朋友期、恋人期，而有些大学生轻易跨越这个情感过程。一些女生认识对方不久，就轻易委身于对方，其实却最终被人看轻。特别是未婚先孕，对女性既造成身体伤害又造成心理伤害。女生应该学会拒绝，"如果你爱我，你应尊重我"，男生也要正确地认识"性"的问题，如果你真爱她，就应该为她考虑，维护她的纯洁。而且在大学生纯洁的感情中掺进性行为之后，就可能使性超乎一切之上。所以对性的尊重就是对爱情最大的承诺。

4. 要洁身自爱。大学生要倡导性纯洁，减少婚前性行为和婚外性行为的发生。采取必要的避孕措施，这不仅可以有效地预防性病、艾滋病的传播，而且可以避免性行为产生的不良后果。

二、大学生性心理困扰与调适

目前，我国青春期心理和生理教育相对滞后，学生从网络等其他渠道获得的性知识又存在偏差，这导致大学生在性心理、性生理发展的关键时期得不到正确的引导，产生很多的困扰，具体表现在：

我国是一个文明古国，在性问题上较之西方国家比较保守，多数国人认为关于性的问题羞于启齿，更不会在大众场合进行宣讲，因此，无论是家庭还是学校都不会给学生系统和正规的性教育。这样就会引起不必要的焦虑、紧张、压抑或者自责。

（一）性自慰行为困扰

所谓性自慰行为，是指在没有异性参与时自我进行的满足性欲的活动。一般有性幻想、性梦和手淫三种形式。

1. 性幻想，是指人在清醒状态下对不能实现的与性有关的事件的想象，是自编的带有性色彩的故事，也称作“白日梦”。处于青春期的少男少女，对异性的爱慕和渴望很强烈，但又不能与所爱慕的异性发生性行为以满足自己的欲望。因此在入睡前、睡醒后卧床的那一段时间以及闲暇时就依赖性幻想的方式满足自己的性欲求。这种性幻想在人的青春期是大量存在的，它的出现是正常的、自然的，是性能量的一种释放，不会对他人和自己造成伤害。当然要认清幻想和现实的不同，不可将幻想与现实混淆。

2. 性梦，是指在睡梦中与异性发生性行为、达到性满足的现象。据国外资料报道，性梦的发生率男性高于女性；男性多发于青春期，女性多发于青春期后。性梦也是青春期成熟的正常心理现象，从生理上来讲，无论男女、青春期还是青春期后，人体内性激素水平迅速增加，尤其是少男，精子和精液在体内积蓄到一定量时便要排出体外，它们是驱动性生理反应的一股强大“动力”，谁也回避不了。在这股“动力”的驱使下，会出现一系列性心理活动，例如对异性的向往和爱慕、容易想到性的问题、出现想象中的意淫等。对于性梦，大学生应该正确看待，性梦毕竟是一场梦，不是现实，不需要愧疚、自责和不安，更不能说明做性梦就是不正常和低级的，梦境毕竟不需要符合逻辑，梦只是潜意识的表达，不必信以为真。

3. 手淫，是指通过对生殖器官（通常也包括身体其他一些部位，如肛门、乳头等）进行有意识的刺激，通过自我抚弄或刺激性器官而产生性兴奋或性高潮，从而获得性满足的活动，是释放性能量、缓和性心理紧张的一种措施。手淫在青春期男、女中均可发生，以男性更多见。目前国内外都认为适度的手淫是一种自然的、正常的、健康的行为。但放纵自己，过分追求手淫将导致精神萎靡，学习成绩下降。其实，手淫的害处并不在于手淫本身，而在于笼统地认为“手淫有害”带来的心理挫伤，手淫后的恐惧心理、犯罪感、自我谴责、悔恨心理才是一切手淫危害的真正根源。

（二）性自慰行为调适

要摆脱以上性自慰行为的困扰，可采取以下方法进行心理调适：

第一，改变认知，全面科学地评价自己的行为是否适度。适度的性自慰行为不会对身体造成伤害，也不会影响自己的人格和人品，它只是一种正常的性生理和心理反应。

第二，调整行为，充实自己的生活，合理发泄自己的精力和能量。大学生要树立远大的目标和理想，把精力用于学习和人际交往上，开阔自己的视野而非仅把眼光放在谈恋爱这一件事上。

第三，有选择地开展视听活动，不阅读色情小说，不刻意看与不文明性行为有关的影视节目，不浏览黄色网页等，睡前也尽量少看爱情刊物，以免引发性冲动。

第四，加强体育锻炼，使充沛的精力得到有益的释放，作息时间要有规律，养成锻炼身体的好习惯。

第五，注意穿着，平时不穿紧身衣裤，以免引起别人的性冲动，睡觉不穿紧身内衣，避免形成性兴奋、产生性欲望。

·【小贴士】·

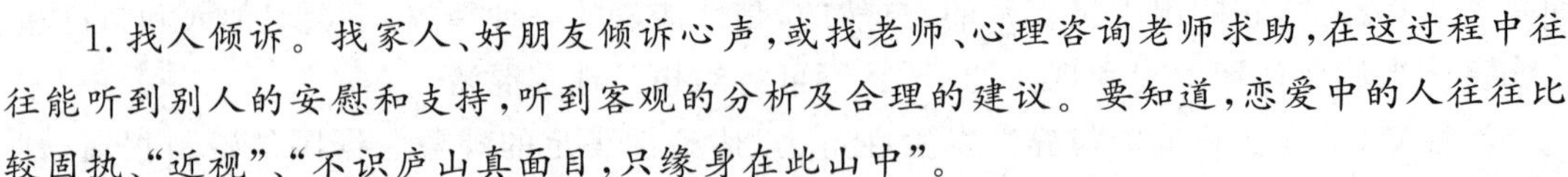

失恋调节方法

1. 找人倾诉。找家人、好朋友倾诉心声，或找老师、心理咨询老师求助，在这过程中往往能听到别人的安慰和支持，听到客观的分析及合理的建议。要知道，恋爱中的人往往比较固执、“近视”、“不识庐山真面目，只缘身在此山中”。

2. 转移、升华。当失恋局面确实无法挽回时，就要学会将注意力转移和升华。“塞翁失马，焉知非福”。失恋后除了可以把主要精力用在学习上，还可以多与同学交往、扩大自己的交际圈，多参加一些社团活动，把自己的情感转移、上升到有助于个人发展的学习、工作中去。

3. 遗忘对方，完善自我。有句话说得好，过去的就让它过去！如果是因为对方见异思迁、不尊重感情，那么这种恋爱关系不必留恋，因为“如果爱不属于自己，分手本身就是幸运”。如果是因为自己存在不足，则应多理解对方，并尽快完善自己，以便今后获得幸福爱情。失恋虽然很痛苦，但是经过失恋，你会发现你又成熟了许多。

图 4-15 校园心理咨询

失恋的同学不妨先“悬置”自己的痛苦和非理性认知，让自己置身事外，从整个人生的角度，从一个旁观者的角度，从以下几个方面重新审视自己逝去的这份感情。

——我们当初是怎么开始恋爱的？

——我喜欢对方哪一点？

——这些我喜欢的地方,是不是被我无限放大了?

——对方真的是那么完美无缺?还是因为失去才变得那么重要?

——我为什么把一个平凡的人想象得像白马王子或圣洁女神?

——对方是不是还有些缺点,而我对此却常常视而不见?

——我如此悲伤痛苦的意义是什么?

——如此下去能给我带来什么?

——我是不是可以带着痛苦,过另一种生活?

——也许什么情绪都会过去,痛苦只是暂时的。

——失恋让我学会了放弃,学会了勇敢,学会独立和乐观。

——失恋只是人生的一个过程,它丰富了我的人生经历。

——失恋,不过如此,没有谁,太阳都照常升起。

——我该振作起来了!

——振作起来!

——从明天起做个快乐的人!

无论如何,请记住生命中所有的灾难都是可以度过的,没有什么能摧毁一个完整的生命,生命中所有的灾难都会让你变得更加坚强、更加勇敢、更加成熟,无论失去谁,失去什么,只要没有失去自己,生命就有机会更加精彩。

·【延伸阅读】·

真爱不是狭隘的占有——林徽因与三个男人

林徽因,建筑学家和作家,为中国第一位女性建筑学家,同时也被胡适誉为“中国一代才女”。20世纪30年代初,与夫婿梁思成用现代科学方法研究中国古代建筑,成为这个学术领域的开拓者,后来在这方面获得了巨大的学术成就,为中国古代建筑研究奠定了坚实的科学基础。她的文学著作包括散文、诗歌、小说、剧本、译文和书信等,其中代表作为《你是人间的四月天》,小说《九十九度中》等。1955年4月1日清晨去世,年仅51岁。

在林徽因的感情世界里有三个男人,一个是梁思成,一个是诗人徐志摩,一个是学界泰斗、为她终身不娶的金岳霖。

婚前,梁思成问林徽因:“有一句话,我只问一次,以后都不会再问,为什么是我?”林徽因答:“答案很长,我得用一生去回答你,你准备好了吗?”婚后,梁思成曾诙谐地对朋友说:“中国有句俗话:文章是自己的好,老婆是人家的好。可是对我来说,老婆是自己的好,文章是老婆的好。”一天,梁思成从外地回来,林徽因很沮丧地告诉他:“我苦恼极了,因为我同时爱上了两个人,不知道怎么办才好?”梁思成听了以后非常震惊,一种无法形容的痛苦笼罩了他,经历了一夜的思想斗争,虽然自己痛苦,但想到另一个男人的优秀,他毅然告诉林徽因:“你是自由的,如果你选择了金岳霖,我祝你们永远幸福。”而林徽因,不仅没有离开他,反而感动万分地对梁思成说了一句能让世上所有男人都无法拒绝的话语:“你给了我生命中不能承受之重,我将用一生来偿还!"

所有人都知道他和徐志摩的故事。他为她写下那样一句诗,可是最后她还是没有选择他。比起徐志摩那样激烈的爱,金岳霖的脉脉深情更令人动情。金岳霖为了她选择了终身不娶,因为在他心中,世上已无人可以取代她。林徽因去世多年,金先生忽然有一天郑重其事地邀请一些至交好友到北京饭店赴宴,众人大惑不解。开席前,他宣布说:"今天是林徽因的生日!"顿使举座感叹唏嘘。当时他已是八十岁高龄,年少时的旖旎岁月已经过去近半个世纪,可当有人拿来一张他从未见过的林徽因的照片,请他辨别拍照的时间、地点的时候,他仍还会凝视良久,嘴角渐渐往下弯,像是要哭的样子,喉咙微微动着,像有千言万语哽在那里,最后还是一言未发,紧紧捏着照片,生怕照片中的人飞走似的,许久,才抬起头,像小孩请求似的对别人说,给我吧!他从来没有对她说过要爱她一辈子,也没说过要等她。他只是沉默。金岳霖为林徽因终身未娶,他一辈子都站在离林徽因不远的地方,默默关注她的尘世沧桑,苦苦相随她的生命悲喜。

爱情杀手——一位女大学生感染艾滋病的故事

1983 年出生的女大学生朱力亚,曾就读于武汉某大学英语系,是一名注重全面发展的学生。在校期间,朱力亚不仅学习上取得很好的成绩,她还用课余时间在外打工,为她并不富裕的家庭分担经济压力。2002 年,一个偶然的机会,朱力亚认识了 27 岁的巴哈马医学留学生,在其后的两年时间里,两个人确立了恋爱关系并发生了亲密接触,朱力亚因此走上了一条完全不同的道路。之后她感染了艾滋病,得知染病后的朱力亚曾经痛苦迷茫过,甚至想到过自杀和逃避。然而,她最后选择了公开自己的故事。2005 年朱力亚自愿公开身份呼吁人们关注和预防艾滋病,她被称为中国第一位公开自己感染艾滋病毒的女大学生。她希望大学生做好恋爱 ABC:A,最好不要有婚前性行为;如果没有做到 A,那就做到 B,终生只有一个性伴侣;如果无法做到 B,那就做到 C,跟性伙伴之外的任何一个人发生关系,一定要戴安全套。

总结·提示

恋爱是异性间择偶和培养爱情的过程,其中的快乐与痛苦、甜蜜与烦恼、痴迷与疑惑等情感反应,强烈地震撼着年轻人的心。随着青春期性功能的成熟与性意识的觉醒,恋爱也成为大学生的一个"永恒话题"。在恋爱中,要树立正确的恋爱观,端正自己的恋爱行为,让恋爱美好;同时正确理解性心理特点,摆脱心理困扰,让我们拥有更为充实、更为丰富的大学生活。

问题·作业

1. 大学生应该建立什么样的恋爱观?

2. 如何理解人类的性心理，大学生有哪些性心理困扰及如何调适？

第四节 情绪与压力管理

——hold 住你的小宇宙

一、情绪管理

2013 年 7 月 23 日 20 时 50 分许，在北京大兴区科技路公交车站，两名驾车男子因停车与一名女子发生争执。过程中，一名男子殴打女子，又将婴儿车内的女童摔在地上，导致女童严重受伤，后送医院救护，因重度颅脑损伤死亡。这名摔小孩的男子名叫韩磊，2013 年 7 月 25 日，韩磊因涉嫌故意杀人被警方刑事拘留，11 月 19 日，韩磊终审被判处死刑。这是一件不该发生的事情，但双方因为情绪激动，失去了理性控制，最终酿成了惨案。

在日常生活中，您是否有过压力无法承受、情绪难以控制的情况？如果有，您是放任放纵，还是控制和疏导？情绪是复杂多样的，在我们的生活中无处不在，是多种感觉、思想、行为综合产生的生理和心理体验，是人对客观外界事物的态度体验。我们通常说的喜、怒、哀、乐是情绪的外在表现形式，烦恼、苦闷、舒畅、愉悦是情绪的内在感受。

情绪伴随在我们生活中的每一个角落，现实生活中，因不合理的情绪发泄而冲动处事，最终付出惨重代价的例子不少。情绪与我们的生活、学习、人际交往息息相关，良好的情绪管理是我们通向成功的助推器，而失败的情绪控制可能使我们的努力功亏一篑，因此，大学生应学会管理自己的情绪，做情绪的主人。

(一)情绪的产生与作用

情绪伴随我们的生活，但情绪并不是随意出现。

1. 情绪是在一定的情境下产生的。人逢喜事精神爽，当我们得到赞赏或获得成功时，我们会获得开心、愉快的情绪体验；当我们遇事不顺或被误解时，我们会感到烦恼、忧郁、愤怒。

2. 情绪的产生与变化，也反映着我们的需要。一个脾气暴躁的男生，在美丽的姑娘面前，也许会变得温柔、贴心；一个温柔的女生，在受到骚扰时，也许会变得暴躁、冲动。

3. 情绪的产生与变化也伴随着行为的产生和变化。如一个人因为激动而手舞足蹈，因感动而开心落泪，因愤怒而暴跳如雷，因烦恼而闷闷不乐。

当然，一个人也可以因置身于自己喜欢的娱乐项目而开心、满足；因嘈杂、喧闹的噪音而烦躁、不安。可见，情绪和行为并不是简单的决定与被决定关系，这两者是相互作用、相互影响的。

情绪具有信息传达和自我保护的作用，我们都知道积极正面的情绪有助于身体健康，但愤怒、痛苦、悲伤等负面情绪体验，也有其不可替代的一面。当受到突然无理的侵犯，恰当的愤怒与拒绝，可以传达自己的真实感受，维护自己的合法利益。如一个人因为失恋而情绪低落，朋友感受到其需要关怀，而主动关心、安慰，在朋友的关怀中，他感受到友谊的力量，而渐渐忘却了痛苦的失恋经历。

(二)不良情绪的危害

“人生不如意十之八九”，生活在竞争激烈的现代社会，每个人都要面对来自工作、生活、学习和情感等多方面的压力。沉重的压力导致人们情绪不良，学习效率下降，生活质量降低，甚至引发疾病等不良后果。而且不良情绪还会传染和转移给身边的人。

生活中，我们常因为各方面的压力而产生负面情绪，负面情绪没有得到合理宣泄，影响自己的心情状态和身体健康。现代医学研究表明，癌症、冠心病、高血压病、溃疡、神经官能症等都与心理因素有关，而其中最主要的心理因素就是不良情绪状态。不良心理因素对健康的危害甚至超过病菌，许多研究证明，紧张和焦虑、恐惧等不良情绪是健康的大敌。长时间的不良情绪也会对身边的人造成伤害。情绪会传染，当你因为某件事情而冲动、愤怒时，身边的朋友可能受你负面情绪的影响而变得闷闷不乐。

图 4-16　合理有度释放压力

(三)如何正确对待不良情绪

在心理学上，“踢猫效应”是这样说的：某公司董事长为了重整公司一切事务，许诺自己将早到晚回。事出突然，有一次，他看报看得太入迷以至忘了时间，为了不迟到，他在公路上超速驾驶，结果被警察开了罚单，最后还是误了时间。这位老董愤怒之极，回到办公室时，为了转移别人的注意，他将销售经理叫到办公室训斥一番。销售经理挨训之后，气急败坏地走出老董办公室，将秘书叫到自己的办公室并对他挑剔一番。秘书无缘无故被人挑剔，自然是一肚子气，就故意找接线员的茬。接线员无可奈何垂头丧气地回到家，对着自己的儿子大发雷霆。儿子莫名其妙地被父亲痛斥之后，也很恼火，便将自己家里的猫狠狠地踢了一脚。

不良情绪产生时，不合理的对待产生的负面影响不容小觑，就如“踢猫效应”，负面情绪不仅影响了自己，也伤害了周围无辜的人。

要正处理好不良情绪，首先得了解不良情绪产生的原因。大学生最常遇到的困扰有人际交往不顺、学习成绩不理想、感情问题和工作压力等。在这些困扰面前，首先我们要学会分析和判断，了解不良情绪产生的原因，找出事情的成因。其次，要学会换个心态对待，埋怨、烦恼解决不了事情，只会让不良情绪继续蔓延，因此，应该静下心来寻找解决问题的办法。再次，将重心放在处理问题过程中，明白过程比结果更重要，并感受其中每一次成长的喜悦和自我超越的感动，学会苦中作乐。掌握了正确的方法，人们就能平稳度过压力和情绪纷扰的难关，让疲惫的心灵从此充满激情与活力！

·【小贴士】·

1. 解决忧虑的万灵公式

卡耐基解决忧虑的万灵公式，对于大学生解决忧虑情绪会有一些帮助。卡耐基说，在遇到忧虑的事情的时候，进行下面三件事情：

(1)问你自己：“可能发生的最坏情况是什么？”

(2)如果你必须接受的话，就准备接受它。

(3)然后很镇定地想办法改善最坏的情况。

2. 情绪的 ABC 理论

美国心理学家埃利斯创建的情绪 ABC 理论中：A 表示诱发性事件；B 表示个体针对此诱发性事件产生的一些信念，即对这件事的一些看法、解释；C 表示自己产生的情绪和行为的结果。埃利斯认为，引起不良情绪 C 的不是诱发事件 A，而是对 A 的态度和评价 B。因此，当你情绪不好的时候，不妨问问自己，为什么这么不开心，是不是自己把有些事情想得太严重了，或是理解错误。换个想法，就能换个心情！

→→→→→

【案例分析】

一个老太太有两个女儿都做生意，大女儿是卖扇子的，小女儿是卖雨伞的。天晴时，老太太就为小女儿担忧，担心雨伞卖不出去；天阴时，老太太就为大女儿忧虑，担心扇子卖不出去。如此一来，老太太的日子过得很忧郁。邻居问她为何总是满脸忧伤。老太太说明情况。邻居笑着说：“老太太，你真好福气呀！天晴时，你的大女儿生意很好；天阴时，你的小女儿生意兴隆。”老太太听了，顿时豁然开朗，转忧为喜。

这其中蕴含怎样的道理呢？同样一件事，从不一样的角度去想，心情就会很不一样，人生的境界也会很不一样！同样的一件事情——大女儿买扇子，小女儿卖雨伞，但是前后老太太的情绪反应却截然不同。你知道是为什么吗？是老太太对事情不同的看法。很显然，有时候，让我们难过和痛苦的，不是事件本身，而是对事情的不正确的解释和评价。这就是心理学上的情绪 ABC 理论的观点。情绪 ABC 理论的创始者埃利斯认为：正是由于我们常有的一些不合理的信念，才使我们产生情绪困扰，如果这些不合理的信念日积月累，还会引起情绪障碍。

←←←←←

二、压力与挫折应对

大学生活暂时离现实的社会生活比较遥远，因而有象牙塔的美誉。许多同学认为，考上大学，也就代表着来到了梦想之地。这里是轻松、自由、多彩和无忧的知识圣地。但是从前面的学习，我们可以知道：这个美丽的象牙塔里也充满着各种矛盾冲突，需要大家来面对和化解。

（一）压力的产生和应对

压力，亦称为应激，是面临具有挑战性和威胁性的情境下的一种身心紧张不适的状态。对于大学生而言，国内心理学家车文博等调查压力主要源于两方面：一是个人自身压力（包括家庭压力、适应压力、健康压力、恋爱压力、自卑压力和挫折压力），二是社会环境压力（包括人际压力、择业压力、情绪压力、学校环境压力和学业压力）。在频繁的高校自杀事例中，大学生无法承受心理压力是导致悲剧的主要原因。

当大学生发现自己近期频繁出现头疼、肌肉紧张、腹泻的症状，并且时常陷入烦躁不安、喜怒无常、筋疲力尽、悲伤抑郁的情绪，出现注意力不集中、记忆力下降、睡眠质量欠佳的情况，排除身体疾病，那么很可能你正处于压力状态。

健康作家凯洛·涂金顿曾写道：压力对人的伤害来源于人们对压力不恰当的身心反应。因此，若我们能具备良好的体格和心理调适能力，就能顺利地应对压力。具体而言，以下几点建议供大家参考：

1. 关注每日压力

应对压力，首先要做的是去觉察分析。可采用“压力日记”的形式，间隔一个或几个小时记录下一天的感受和压力程度，应该包括以下几点：何时？你有多高兴（1～10 分）？你有多压抑（1～10 分）？你喜欢自己现在做的事吗？你现在做事的效率如何？当发生了特定的压力事件，还应该记录下发生了什么事件？有什么生理和情绪的反应？你是怎样处理的？这种记录的目的在于帮助自己找到压力源和恰当的处理方式。

2. 宣泄不良情绪

良好的情绪状态能够为我们处理压力事件赢得心理优势。当突如其来的意外发生时，我们会产生悲痛、愤怒、抑郁等不良情绪状态。处理不良情绪本身也是应对压力的部分要求。允许自己哭泣、和好友倾诉、到无人处放声呐喊、听音乐、唱歌、做喜欢的运动等良性的宣泄方式有助于较快走出情绪的低谷，缓解心理压力。相反，发怒、争吵、摔物品、肢体冲突等发泄方式虽然能带来短暂的轻松，却将造成更严重的后果。

3. 自我放松训练

放松是克服紧张和压力后所达到的理想状态。常用的几种放松方法有:想象放松练习、肌肉放松练习、呼吸放松练习、静坐冥想等。

其中深呼吸法是较为简便易学且不受场所限制的方法。可根据以下的方法进行练习:

(1)把一只手放在肚子上大约胃部的地方,另一只手放在胸口,让手告诉你身体的哪一部分在做呼吸。

(2)微微张开嘴唇,深深地做6秒钟的呼气。同时让上半身的肌肉和肩部下垂放松到全身瘫软,感觉肌肉挂在骨头上就像湿衣服挂在衣架上。

(3)暂停约3秒。

(4)闭上嘴唇,从鼻子慢慢将空气吸到胃里,感觉肚子慢慢鼓起来,默数6下停止。憋住气,让空气在胃里停留约3秒。

(5)轻微张开嘴唇像吸管大小一样,将空气慢慢呼出,同时感觉胃部慢慢地消下去。同时继续让上半身肌肉和肩部肌肉保持放松。继续重复以上步骤约10次。需指出的是,放松练习应坚持每天练习,才能在需要的时候发挥效果。

4. 加强身体保健

压力和身体关系紧密。良好的体格是有效应对压力的长足动力和坚强后盾。而不良的压力应对方式会给身体造成难以想象的损害。已故的复旦女教师于娟在其博客里就曾指出熬夜和突击作业的危害。为此,我们应在日常生活中有意识地从保证营养和加强锻炼两方面来维持身体健康。确保每餐均衡营养,涵盖碳水化合物(蔬菜、水果、少量米面食)、蛋白质(海鲜、鸡蛋、豆制品及少量猪、牛等红肉)和脂肪酸(肥鱼、花生等);坚持合理运动,每周运动3～6次,每次时间控制在30～45分钟。

·【小贴士】·

压力包括三个阶段:警戒——抵抗——疲惫。警戒阶段是压力的最初阶段,以心率加快、呼吸急促、一身冷汗、坐立不安、恐惧等显著反应为主要特征。如果压力源在短期内消失或经过个体的自我调节,压力的警戒状态就能得到解除,使机体恢复正常状态。反之,则将进入压力的第二阶段——抵抗阶段。在这个阶段,机体要动员全身心与压力抗衡。如果这个阶段的努力达不到应有的效果,则进入压力的第三阶段——疲惫。由于长时间的抵抗消耗太多的能量,身心俱疲。警戒阶段的特有反应再次出现,却已无心力和体力应对。这个阶段容易出现生理疾病和心理疾病。

(二)挫折的意义和应对

1. 挫折的意义

挫折是指个体因为从事有目的的活动中,遇到难以克服的阻碍而使个人无法到达目标的消极反应。

"人生逆境十之八九"。在日常的大学校园里,个人遇到挫折的情况十分普遍,如高考失利、考试不及格影响毕业、与舍友关系僵化、恋爱失败、参加比赛表现不佳、社团活动没有经费赞助,等等。这些事情会使人产生焦虑、失望、郁闷、悲痛等情绪反应。但是,挫折带给同学们的都是消极负面的影响吗?事物是具有两面性的,事件的消极影响和积极影响是对立而统一的。

因此,除了能深深体会到挫折带来的痛苦,但同时我们也应该明确挫折的意义。

(1)挫折意味着局限性的存在

任何挫折的产生都源于内外因的共同作用。一味地将挫折归结为外在因素或者内在因素都是不恰当的做法。挫折让我们有机会来全面地审视自己和环境。

(2)挫折提示着改变的方向

在分析产生挫折原因的基础上,我们能找到如何应对挫折的途径。对于不可改变的现状坦然接受,对于可以改变和控制的因素进行调整,从而让自己以正确有效的方式直面挫折。

(3)挫折激发着成长的潜能

挫折时一次成长的机遇,若能勇敢面对,你会发现自身的意志、情绪反应的能力、解决问题的能力以及生活的适应力得到不同程度提升和历练。

作家张德芬曾在《遇见未知的自己》写道:所有发生在我们身上的事情都是一个经过仔细包装的礼物。只要我们愿意面对它有时有点丑恶的包装,带着耐心和勇气一点一点地拆开包装的话,会惊喜地看到里面珍藏的礼物。挫折就像包装得让人恐惧、郁闷的礼物,它内含让人成长的因子。

2. 挫折的应对

归根结底,挫折是人生必经的过程。著名文学家奥斯特洛夫斯基曾说:"人的生命似洪水在奔腾,不遇着岛屿与暗礁,难以激起美丽的浪花。"至于我们选择何种应对挫折的方式,也就决定了在多大程度发挥挫折的价值。如何有效应对挫折,以下几种方式供大家参考:

(1)关注挫折的积极面

理性地分析有助于我们保持冷静。面对挫折情境,需采用一分为二的视角进行全面分析。可罗列一个清单,如实记录挫折情境发生的时间、经过,并按点写下该情境的负面影响和正面影响,并尽量控制负面影响的条目,多思考特定挫折情境的积极意义,越具体详细越好。

(2)巧用心理防御机制

心理防御机制目的在于减轻外在刺激对内心造成的不舒适感,像幽默式的自嘲、压制怒气、吃不到葡萄说葡萄酸等都是常见的方式。但并非所有的心理防御机制都是良性可取的。面对挫折情境,建议多采用升华、补偿、认同和幽默等方式。升华即当主要的目标受阻,能转移目标,向另一个感兴趣的方向进行努力。由失恋引发的大学校园悲剧有很多,但是同样面对失恋,作家歌德却从中找到文学创作的灵感,写出世界文学名著《少年维特的烦恼》。认同则是积极学习前人的经验,效仿学习榜样,让自己朝榜样的行为靠近的过程。幽默则通过风趣、机制和婉转的方式来表达自我、弱化负面情绪的过程。

(3)提高挫折承受能力

正确地归因、调节自我抱负水平、自我激励和建立和谐人际关系都是提供挫折承受能力的主要途径。

如何应对挫折取决于对待挫折的认识。因此,在挫折原因的分析上,综合从主观或客观、可控或不可控、稳定或不稳定进行事件归因,调整自我达到最佳状态。建议多寻找和发现主观的、可控的和不稳定的因素。如面对考试失利,多从主观努力、学习方法等角度着手分析,将能相对有效地解决问题;在任务目标上,调节自我的抱负水平,即调整自己所预定的目标。锁定的目标应是既有足够把握,又需经一定努力才能实现的。另外,可以根据实现的时限,将目标分为近期目标、中期目标和远期目标。将最终目标按不同阶段设立不同的中期目标,并据此将中期目标再细分为一步步近期目标。

(三)自杀的原因和预防

自杀是根据自身的意愿来决定和完成结束生命的行为,并且事先知道行为的后果,是一种个体面对压力和挫折时所采用的极端消极方式。自杀者往往是无助的,但这不等于自杀是正常的反应。自杀不仅无法解决问题,还将带来更多新问题。因此,为何会产生自杀的行为,如何进行预防,产生自杀想法时如何处理是有必要探讨的问题。

1. 自杀的原因

分析种种自杀现象,我国心理学家郑日昌将自杀的原因归为三类:患身体或精神疾病者的自杀、非理性的冲动自杀以及有预谋的自杀。

对于第一类,身心疾病是自杀的主要原因。尤其对于患有严重心理疾病的患者而言,如抑郁症、精神分裂者等,由于在患病期间意识不清、状态不佳,很容易出现危险行为。

第二类自杀则多源于现实刺激性事件的非理性观念、悲观的个性特点和脆弱的心理承受能力。在 2014 年 1 月 15 日,某高校大二男生何某就因考试被疑作弊并被老师没收考卷,离开考场后跳楼身亡,事先无任何预兆。这冲动的举动给亲人、同学和老师带来极大的悲痛。

有预谋的自杀在自杀者中占多数。这类自杀者常经过长期的情与理的斗争和彷徨,具有充分的心理准备和周密的计划,最终实施。究其根源,这类自杀源于长期面对问题而得不到疏通解决所致。

总之,自杀的原因是内外因素共同促发的结果。人们通常易于看到外在的诱因,如学业危机、感情危机等重大生活事件。但往往内因是自杀的根源,如精神疾病、心理压力过大和人格缺陷等。因此,这些因素的及时排查疏导对预防自杀有积极作用。

·【小贴士】·

认识抑郁症

抑郁症是一组以长期的情绪低落、兴趣缺乏、乐趣丧失、社交回避等为显著特征的情绪障碍,通常会伴随精神痛苦、焦躁、行为过激、甚至自伤自杀等情况出现。据国外研究数据显示,2/3 的抑郁症患者有过自杀想法,约 10%～15%的抑郁症患者自杀致死。

抑郁不等同于抑郁症。抑郁是情绪沉闷不快、易于疲劳,但持续时间不长,仍能维持日常生活。感到抑郁的人往往明白自身所处的状态和抑郁的缘由,有意识地尝试调节心情(如散步、运动、购物、找朋友谈心等),抑郁情绪一般也会随之自行渐趋缓和。若发现自己在较长一段时间内(2 个月左右)都处于低落消沉的状态,无法继续正常生活,自身感到痛苦,建议尽快寻求专业心理咨询师的帮助。另外,需注意一点:抑郁症的确诊需借助专业心理医生的标准化诊断,一般同学切勿盲目对号入座。

2. 自杀的预防

世界卫生组织与国际自杀预防协会将每年的 9 月 10 日定为世界预防自杀日。自杀预防工作是一项系统工程,需要联合社会各方的力量。对于自身而言,大学生是主观能动的个体,可从以下几方面做一些力所能及的努力。

(1)为生命留一份敬重

“感受地球呼吸”网站(Breathingearth. net)透过一张世界地图实时记录全球每秒的出生人数与死亡人数,向人们传达珍视生命的价值观。每个生命的孕育过程都是不易的。原因在于受孕过程就好比一场竞争激烈的赛跑,数亿个精子中通常仅一个得以成功与卵子结合。不仅如此,受精卵的发育还需借助适宜的子宫内环境。经过将近 266 天,逐渐发育成熟的胎儿及分娩,都给母体带来巨大的身心变化……生命在开始之初就赋予责任,也意味着传承,自有其交替的规律。任何选择自杀的决定都不能简单地说服自己,更关键的是这一决定是否足够说服关爱自己的他人。那些人们也许是亲人、朋友,或是给予善良帮助的陌生人。

(2)为自我留一份关爱

一般具有内向、情绪不稳定、自卑偏执、过分完美主义、依赖性强等性格特点的人是易于产生自杀想法或行为的高危人群。认识到自身性格具有易感倾向时,也无需过分紧张。对自己保有关爱和耐性,完整地接纳自己的所有部分。掌握有效的心理调适技巧,特别是情绪疏导和心理抗压方面,保持一份对自我状态的觉察并适时加以调整,通过阅读和心理咨询等体验都是行之有效的自我成长的方法。

(3)为朋友留一份信任

高质量的人际关系离不开彼此间的信任感和归属感。用真诚的初衷与人交往。与亲人成为朋友,与朋友保持联系,一点一滴搭建自己的支持网络,确保这网络节点上的每一位是尊重爱护你的人。在面临痛苦时,这个支持网络会稳稳地托着你,让身心俱疲的你休憩放松,找回自己的力量。

(4)对世界留一份好奇

世界并非缺少美,而是缺少发现美的眼睛。对未知的事物保持好奇心,培养自身的兴趣爱好,将为生活带来许多不经意的乐趣。课余时间鼓励自己多外出走走,了解周边地区的风土人情、自然风光,扩宽自己的视野,增长见识。此外,善于发现自己的兴趣领域,学会创造机会做喜欢的事。那么,即便遇到再失落难熬的时候,好奇和兴趣的陪伴也足以重燃快乐和希望。

3. 自杀想法的应对

虽然有自杀想法不等同于就会发生自杀行为,但当觉察到自身产生自杀想法时,应保持警惕——这是身心面临当下处境所发出求助的信号。若尚在自身可控范围内,需理清目前的主要问题根源并自我调整,如是否未充分调动自身可利用的资源、是否因为自身过于苛求完美、是否看待问题的视角过于片面等等。若对自身处境和自杀想法手足无措,除了向信任的朋友倾诉之外,建议早日寻求专业的心理咨询人员的帮助。与朋友式交谈的不同之处在于,心理咨询师能够从专业角度提供心理的援助。有关心理咨询的基本内容将在本章第四节详细介绍,此处便不再赘述。

此外,一般情况,自杀者实施自杀是有前兆的。大学生还应在日常生活中多多关心室友和同学,如发现有人有自杀倾向时应及时报告辅导员和学校心理咨询中心,以便及时提供援助。具体而言,以下情况需重点关注:曾经有过自杀行为未遂者;出现明显情绪异常,如高度烦躁、焦虑、恐惧,易冲动,十分低落、寝食难安、失眠严重、精神状态不佳的状态;或者出现行为异常,如不明原因突然送礼物、请客、赔礼道歉、告别;谈论过自杀并思考自杀方法,包括在信件、日记或乱涂乱画的只言片语中流露死亡的念头等等。对于具有高度自杀倾向的人,应时刻陪伴其身边,以温和、理解、富有耐心的方式对待,允许他毫无顾忌地表达自己,避免讲大道理和轻率地给予同情。

·【延伸阅读】·

掉进井里的驴子

一天,一位农民的驴子掉到了枯井里。那可怜的驴子在井里凄惨地叫了好几个钟头,农民在井口急得团团转,就是没办法把它救起来。最后,他断然认定:驴子已经老了,这口枯井也该填起来了,不值得花这么大的精力去救驴子。

农民把所有的邻居都请来帮他填井。大家抓起铁锹,开始往井里填土。

驴子很快就意识到发生了什么事,起初,它只是在井里恐慌地大声哭叫。不一会儿,令大家都很不解的是,它居然安静下来。几锹土过后,农民终于忍不住朝井下看,眼前的情景让他惊呆了。

每一铲砸到驴子背上的土,它都做了出人意料的处理:迅速地抖落下来,然后狠狠地用脚踩紧。

就这样，没过多久，驴子竟把自己升到了井口。它纵身跳了出来，快步跑开了。在场的每一个人都惊诧不已。

·【延伸阅读】·

超越幸存——给自杀幸存者的建议①

你能够生存下去，尽管你可能不这样想，但你一定能做到。

你会一直纠缠于自杀发生的原因，直到最后你不再需要知道原因或你已经知道了一部分原因。

你内心强烈的感受会压得你喘不过气来，但所有这些感受都是正常的。

愤怒、内疚、混乱、健忘是常见的反应，你并没有发疯，只是出于悲伤之中。

意识到你可能会对死者、这个世界以及你自己感到愤怒，把这种愤怒的情绪表达出来，没问题。

你可能为你自己做过的或没有做过的事情感到内疚，宽恕自己，让内疚转化成遗憾。

有自杀的想法很正常，有想法并不代表你一定会采取行动。

记住自己需要时间慢慢度过这段日子，给自己一段时间恢复。

找一个可以分享你心声的倾听者，如果需要倾诉就给他打电话。

不要害怕哭泣，眼泪有助于治愈心理创伤。

记住选择自杀不是你的决定，没有人可以对一个人的生命产生唯一的有决定性的影响。

尽量拖延做出重大决定的时间。

允许自己寻求专业帮助。

意识到你的家人和朋友将承受痛苦。

对自己和其他还不能理解的人保持耐心。

给自己制定一些限制，学会说不。

避开那些告诉你应该有什么感受或感觉如何的人。

树立信心可以帮助你度过悲伤。

悲伤过程中会出现一些常见的躯体反应，如头痛食欲缺乏、无法入睡等。

发泄自己内心的质疑、愤怒、内疚或其他感觉，直到完全清理干净。

你已经不再是原来的你了，但你能够生存下去，并且可以活得很精彩。

预料到情绪会有波动，如果内心的情绪如潮水般返回，则说明你的悲伤反应可能还未过去，还有一些残留。

---

① Iris Bolton：《超越幸存——给自杀幸存者的建议》，http://www.docin.com，下载日期：2014 年 2 月 6 日。

总结·提示

在面对压力和挫折时,大学生应选择具有建设意义的应对方式。其中,学会管理情绪是有效应对压力和挫折的重要环节。改变对事件的看法以及宣泄都有利于改善和缓解情绪。

思考·作业

1. 不良情绪的危害有哪些?列举几个你被情绪困扰的实例,并运用本节内容解决。
2. 如何提高自身的挫折应对能力?

第五节 心理健康服务

——心与心的对话与援助

一、学校心理咨询中心

心理咨询指专业人员运用心理学原理,与求助者就其各种适应和发展问题进行平等的协商交谈,分析、引导、启发、支持求助者发现自身的问题根源,促进其人格成长和潜能开发。简单而言,心理咨询是一个助人自助的过程。

在一般大学校园的组织架构中,心理咨询中心是常设机构。提供心理咨询的工作人员具备专业的心理学知识基础和咨询技能,并具有相应的职业资格,并能够严格遵守法律和职业道德(如保密)。

心理咨询的对象是在生活中遇到精神压力和心理冲突的正常人群,统称为"来访者"(来咨询的人)。一般来寻求心理咨询的人存在一定的心理困扰或心理问题,但这不等于他们患有精神疾病或神经症。

(一)设立的目的和意义

处于大学阶段的青年人内心存在着各种心理冲突和矛盾,随着年龄的增长,也将面临各种人生新课题和新抉择。在与时俱进的社会洪流中,他们容易在各种冲突和选择面前迷失彷徨,有时又因不具备心理保健的基本常识和技巧而无法自行消解心理问题。青年期是需要心理健康服务(尤其心理咨询)的高峰期。因此,学校心理咨询中心的存在具有必要性和重要意义。

简单而言,学校设立心理咨询中心主要的目的在于为在校生提供心理健康服务。具体体现在两方面:

1. 调适。在心理咨询师的专业引导和干预下,促进大学生负面情绪和不良行为的调整和适应,并促使其将合适的行为方式从心理咨询室带入日常的现实生活中。例如大一入学无法适应、人际关系处理不好、学习缺乏动力，等等；

2. 发展。对于不存在具体心理或行为问题的部分大学生而言，他们在未来职业发展、个人成长等方面存在困惑和探索的欲望。比如有些大二、大三的学生对于“我是谁”、“未来要从事什么工作”充满疑惑。通过心理咨询师运用合适的理论和方法，能帮助他们更准确定位自我、完善自我，并激发个人发展的潜能，促进个人成长。

（二）主要的内容和形式

一般而言，学校心理咨询中心会提供心理咨询、心理测量、心理健康教育等心理健康服务内容。

其中，面向大学生这类青年群体的心理咨询主要内容有：自我发展咨询、校园人际关系咨询、婚恋家庭心理咨询、求学择业心理咨询、性心理咨询等。

此外，身心发展不平衡、身心疾病、精神轻度失调和精神疾病早期症状也是心理咨询的一部分内容。

与此类似，大学开设心理健康教育的课程和讲座也多以大学生恋爱心理、人际关系交往、学习和择业心理等为主。

在工作形式上，主要有个别心理咨询和团体心理咨询两种形式。其中，个别心理咨询是一对一的咨询关系，有利于深入探索来访者的内心。而团体咨询则是一位咨询师对多位来访者的关系，有利于调动团体成员的关系力量面对问题。因此，团体咨询在解决人际关系方面的问题具有很好的效果。

但不论个别心理咨询或是团体心理咨询，来访者应有主动求助的意识，才能切实从心理咨询中获益；而所有咨询关系都需以平等、信任的咨询关系为前提，心理咨询师将对过程涉及的信息加以严格的保密。

（三）心理咨询的原则

1. 保密的原则

保密的原则要求在征得对方同意前，不得将在咨询场合下对方的言行随意泄漏给任何人或机关。在公开案例或发表文章必须借用特定来访者的个人信息时，必须充分保护其利益和隐私，使其不至于被对号入座。保密是心理咨询中最为重要的原则，它既是咨访双方确立相互信任的咨询关系的前提，也是咨询活动顺利开展的基础。

2. 时间限定的原则

时间限定原则要求心理咨询须遵守一定的时间设置。咨询时间一般限定为每次 50 分钟左右（初次咨询可以适当延长），原则上不能随意延长咨询时间或间隔。如有时间调整需提前告知双方。

3. 完全自愿的原则

完全自愿的原则指从开始到终止心理咨询的全过程，来访者都须出于完全自愿（尤其是前往心理咨询室求助）。若个人没有主动求助的愿望和要求，咨询者自然不会去主动为其提供心理咨询服务。换而言之，即“来者不拒，去而不追”。

4.感情限定的原则

感情限定原则指咨访关系限定在心理咨询室，除此之外的任何交往和接触理应避免，以防导致咨询师和来访者过于亲密而不利于咨询工作的开展。

二、心理援助

（一）构建坚实的社会支持网络

社会支持网络指的由个人接触所构成的社会关系网，透过这层关系网得以获得情绪支持、物质援助、服务、讯息和新的社会关系等。通俗地来说，社会支持网络是我们分享快乐和分担困难的人所组成的整体。从狭义角度，来自父母、老师、朋友和同学的支持都是社会支持网络的重要组成部分。构建一张紧密而坚实的社会支持网络是应对压力和挫折的良好途径。但这并非能一蹴而就，需要长期的付出和甄别，需要爱、真诚和包容。

大学建立的友谊往往是纯真、珍贵的。建议各位大学青年们鼓起勇气、积极走出自己的小世界，去认识更多朋友，不让交际圈局限在同宿舍、同班、同年级，甚至同学校。若发现自己是相对内向、不擅社交的性格也无大碍，但需维持有两三个可深交的知心好友。另外，对于许多在外求学的同学而言，还应切记每周定期与父母和老朋友保持沟通。不论如何，父母是永远无怨无悔地存在于你的社会支持网络的人。学着与父母成为好朋友，那将是笔一生受益的财富。

（二）维持合理的生活秩序

“为所当为，顺其自然”是森田疗法的要诀，体现了维持合理生活秩序对心理问题的积极作用。有些心理问题的产生源于不当的生活方式。例如，许多刚进入大学的大一新生认为大学校园是自由自在，可以随心所欲的。他们没日没夜地沉迷在电脑游戏中，最终无法自拔，产生严重的社交回避和学习障碍。

心理问题的解决方式之一是调整生活方式。有一些大学生遇到挫折会以绝食、熬夜来折磨自己的身体、甚至养成酗酒、吸烟的不良习惯。殊不知，有些心理问题只需坚持惯常且合理的生活和学习秩序就会逐步得到缓和甚至化解。因此，不论目前自身状态为何，都要时刻提醒自己坚持文明、健康的生活方式。合理安排作息时间，早睡早起，保证充足睡眠；坚持每天适量体育锻炼，不吸烟、不喝酒；每天按时吃饭，尤其坚持吃早餐；保证学习适量，劳逸结合等。总之，就是在正确的时候做恰当的事。

（三）选择有效的心理宣泄方式

许多心理问题和心理疾病都源于难以压抑且难以控制的情绪问题。为了保持情绪健康，建议根据自身兴趣爱好、历史经验选择对自己而言有效的心理宣泄方式。

举个例子：如果你对文字敏感，且书面表达能力优于言语表达能力，那么“书写”将会是你行之有效的宣泄方式。若你能坚持每天写日记，那么你的许多心理困惑在书写的过程中就已消解大半。

再者，你可以通过阅读、书信、网络聊天的方式与专家、朋友和心理老师进行交谈，获得一些心理援助的技巧。如果你是一个乐于表达和倾诉的人，那么“叙述”能给你带来快乐和轻松。你可以选择知心好友、心理咨询老师，甚至找一个无人知晓的秘密树洞，与其分享内心的秘密和困惑。

如果你是好动的运动狂热分子，“活动”就是一件你极大感兴趣的事，能为你带来充实感。在沮丧灰心时，选择打场篮球、长跑、打羽毛球等任何你所擅长和喜爱的运动，都能帮助你暂时走出失落的深渊，让你找回自信和勇气……同样的心理宣泄方式不尽然适合所有的人。因此，在了解自己的基础上，通过尝试和实践，很快你会找到适合自己的方式。

总结·提示

学校心理咨询中心是为学生提供心理健康服务的常设机构。当遇到无法自行缓解的心理问题时，可求助于学校心理咨询中心。大学生可采取的心理保健方法包括建立社会支持系统、维持生活秩序和学会宣泄等。

思考·作业

结合自身情况，谈谈如何在校园生活中保持自身的心理健康？

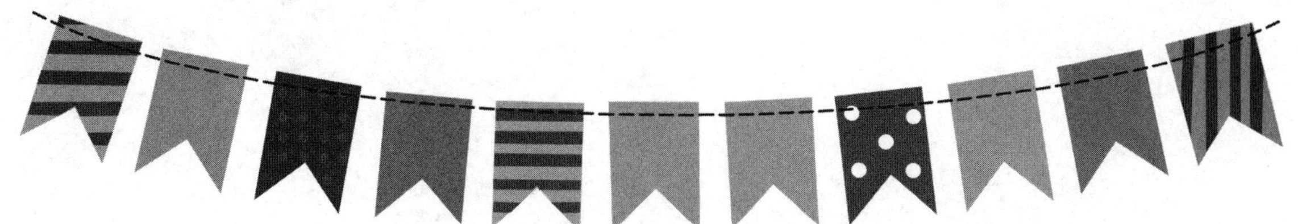

第五篇

实践篇

社会实践是学生认识社会、了解社会、服务社会的一种有效途径，是大学生成才的必由之路，是培养适应社会主义市场经济的新型人才的重要手段，是大学生理论知识运用于实践的平台。大学生要充分利用课余时间参加各种社会实践，在实践中不断磨炼意志、提高思想意识、培养创造精神、增强能力素质、养成健康心理，进一步提高社会责任感，激发学习的热情，提高职业竞争力。

第一章　团学活动

第一节　高职学生组织

——最有 power 的核心力量团队

一、团委与学生组织

(一)高校学生组织的内涵与特点

1. 学生组织的内涵

大学校园内有各种不同类型、不同性质的学生组织。这些学生组织是学生温暖的集体和心灵的港湾,也是学生干部开展工作的重要依托。

高校的学生组织属于社会组织,具备社会组织所必需的条件,即它是由一定数量、按一定条件和程序严格挑选的成员组成的,为完成一定的目标而形成的群体。高校学生组织和其他社会组织一样,有自己的章程、纲领及组织规范体系,它有自己的权力执行机构,并拥有一定的物质设施。

2. 高校学生组织的特点

高校学生组织作为一种社会组织,除了具有社会组织所具备的一般特点外,还具有一些自身的特性。

(1)可塑性。这是由大学生处在特殊点所决定的。他们的思想、心理、阅历、素质和能力等都处于待成熟期,具有很强的可塑性。

(2)流动性。这是由高校自身的特点所决定的。高职在校的大学生加入学生组织,最长一般只有 3 年,离开学校后就离开了学生组织。学生组织内部的成员流动非常快,有的可能在学生组织内干 1～2 年,有的只能干一年半载。

(3)自律性。这是由学生组织的功能决定的。学生组织的一个重要功能,就是开展"自我教育、自我管理、自我服务"。无论是自我教育,自我管理,还是自我服务,都有自律性要求。自律性是实现自我教育、自我管理、自我服务的前提和基础。

3. 高校学生组织的功能

学生组织的功能,指学生组织本身所具有的能力和发挥的作用。它是学生组织性质在实际生活和工作中的运用和具体体现，是学生组织价值实现的标志。学生组织的功能与其他社会组织相比，由于其自身主体、目标、对象、内容等方面的特色，具有自己独特的几个方面。

(1)满足学生需要的功能

一个组织不能脱离其成员的需要而存在。满足学生需要，不仅是学生加入组织的动力，也是学生组织社会价值的具体表现。

①满足情感交往的需要

学生组织的出现与存在，为学生成员在班级之外和学校之外，提供了满足社会交往需要的新途径、新方法。它使学生成员得以突破原有的个人生活、学习圈子，接受更多的人与物，扩大自身的视野，使学生的生活内容更具丰富性和多样性。

②满足社会认同的需要

这是指学生组织可以通过开展各种比赛、表彰活动，甚至于以加入学生组织的资格条件作为衡量标准，使学生看到自身的价值和重要性，从而满足学生获取社会认同的需要。特别是影响范围较大或专业性较强的学生组织，满足学生社会认同需要的功能显得更为突出。学生在这些组织中锻炼了能力，提高了素质，真正实现了自我发展。

(2)维护学生权益的功能

学生组织的维权功能是一种基本的保障行为，是在一定的法制条件下，保护学生成员"安全"的活动表现。随着学生维权意识的不断增强，广大学生对学生组织的要求不再只限于一些基本需要的满足，他们希望通过参加学生组织，使自己原有的合法权益得到有效的保障和落实，同时希望学生组织通过正常的渠道为其争取更多的正当权利。

学生组织的维权功能，主要包括学生组织对成员权益和群体权益的维护两大类。

①对成员利益的维护

一般情况下，学生的基本权益应由学校来保障。如果这个学生又是某学生组织的成员，那么这个学生组织则又提供了一个新的社会保障体系。一般说来，学生组织通过提高自身的知名度，宣传和扩大影响，强化与各界的沟通，增强组织的社会作用等来提高维护学生成员权益的能力。

②对群体权益的维护

随着社会经济体制的改革和发展，不同社会群体之间的利益分化已经越来越明显。从整个社会状况而言，学生组织作为社会中一个特殊组织，其自身的独立性、利益要求也日益普遍。一般来说，学生组织对群体权益的维护功能，在统一的学生大型组织中较为明显。学生组织对群体权益的维护，实际上也是对自身整体利益的维护。

(3)辅助学校育人的功能

学生组织作为学校各项工作在学生中的直接组织者、执行者，扮演着重要的育人角色。

①培养各种人才

培养各种人才是学生组织历史悠久的特殊性功能，它是学生组织教育作用(输入)和先锋作用(输出)的有机结合。这是因为自愿加入学生组织的学生是以锻炼自己的积极心态参与组织活动的，活动效果好。学生群体组织的建立有利于发现人才，培养人才。还能培养学生的管理、协调能力以及开拓创新和无私奉献精神。

②课堂教育的一种延伸

学生在学校受到的教育部仅仅限于课堂,它可以延伸到生活和工作之中。学生组织是与学生接触最广、最密切的组织,这个特点决定了它对学生影响力的重要性和长期性。

(4)服务社会的功能

学生组织与社会群体机构保持一定的联系,相互协作开展一些有益的活动,是服务社会的具体体现。

①活跃文化生活

学生和学生组织最富有生气,活跃文化生活是学生组织普遍具备的基本功能。这一功能的正常发挥,有益于学校乃至整个社会的文化生活。

②参加社区服务

参加社区服务是学生组织正在迅速发展、不断完善的功能。在社区的建设中,开展志愿服务和公益活动,是当今学生组织的重要内容。

(二)团委与学生会的关系

团委与学生会在组织层面上是没有隶属关系的,但在职责层面的管理对象中有交叉。

团委,它所服务的对象应该是所有35岁以下的青年,包括没有入团的和已经入党的,而学生组织的服务对象也被团委所包含。从这个角度来说,团委的活动开展范围更广于学生组织,团委对学生会有指导义务和责任,学生会的活动和工作应该对团委负责。

团委和学生会的工作应该是有交叉又有并行的。但是,工作重点是不同的。团委应该更加专于组织工作,如入团、推优;另外应该全方位的对学生会的工作、活动予以指导。而学生会更多的应该是组织学生喜闻乐见的活动,以丰富校园生活。

二、学生会——学校与学生的桥梁和纽带

高校学生会是在校党委和校团委的指导下,依照国家的法律、法规和《中华全国学生联合会章程》,独立自主地开展工作的学生自治团体,凡在校学生都是学生会的成员。

它的基本任务是:遵循和贯彻党的教育方针,促进学生德、智、体全面发展,团结和引导同学成为热爱祖国、适应有中国特色社会主义现代化建设事业要求的合格人才;发挥作为党和政府联系同学的桥梁和纽带作用,在维护国家和全国人民整体利益的同时,表达和维护同学的具体利益;倡导和帮助学生实现自我教育、自我管理,自我服务,开展健康有益、丰富多彩的课外活动和社会服务,努力为同学服务。

(一)学生会的内涵

校学生会是全国学生会的基层组织,也是学生自我管理、自我教育、自我服务的组织。学生会在学校党委的领导和团委的指导下开展工作。学生会的宗旨是全心全意为同学服务,管理方式是实行民主集中制。

(二)校学生会的基本任务

1.遵循和贯彻党的教育方针,组织学生开展学习、科技、文体、社会实践、志愿服务等

多种活动，促进学生全面发展。

2.维护校规校纪，倡导良好的校风学风，促进同学之间、同学与教职工之间的团结，协助学校建设良好的教学秩序和学习、生活环境。

3.组织学生开展勤工助学、校园公益劳动等自我服务活动，协助学校解决同学在学习和生活中遇到的实际问题。

4.加强学校党政部门与广大同学的联系，通过各种正常渠道，反映同学的建议、意见和要求，参与涉及学生的学校事务的民主管理，维护同学的正当权益。

5.指导院系学生会开展工作。

6.积极加强本校与外校之间的联系和交流，促进各学生组织之间的交流。

(三)学生会的作用

1.学生会是学校联系学生的桥梁和纽带，在学生工作当中发挥了重要作用。

2.高校学生会是除了传统课堂之外，提供锻炼自我和素质拓展的另一个重要平台。

(四)学生会职能部门

在大多数学生会组织中，都是在学生会主席团下设置若干个职能部门，包括组织部、生活部、体育部、文艺部、学习部、宣传部、实践部等。各职能部门还有自己的财务、内外事部门等。每个部门都有自己的主要工作任务：

1.学习部：提高学生学习意识，营造良好的学习氛围，搭建师生之间的桥梁。

2.实践部：服务学生，开展实践活动。

3.宣传部：负责学校宣传工作。

4.纪检部：培养学生良好的学习、生活习惯，检查学生行为活动。

5.生活部：营造文明舒适的校园生活环境。

6.体育部：以组织体育活动为工作重心。

7.文艺部：组织各类文艺活动等。

三、社团组织——“第二课堂”的重要载体

(一)大学生社团

大学生社团是由高校学生依据兴趣爱好自愿组成，按照章程自主开展活动的学生组织。学生社团在高校育人工作中的积极作用，已为高校党团组织所重视。各级党团组织都把学生社团作为高校党团组织工作“手臂”的延伸和拓展，并将其建设成为高校党团组织的外围阵地和高校党团组织团结引导广大学生的新渠道和新纽带。

(二)成立学生社团的手续

成立学生社团需履行以下手续：

1.由学生社团发起人向学校或者团委提出书面申请。

2.学校或团委有权要求了解该社团的发起和筹备情况，决定是否准许成立。

图 5-1 学生组织招纳新成员

3. 经同意成立后，学生社团应按照规定在学校团委进行注册登记。

4. 学生社团应在学校或团委指导下，制定社团章程和工作制度。

5. 学生社团负责人经选举产生后，由学校或团委正式确认，可开展工作。

(三)学生社团的职责

学生社团作为高校"第二课堂"的重要载体，不仅是增强学生自主合作意识、自我发展与自助学习的重要平台，而且也是活化校本课程、促进学生个性成长、增进主体间文化沟通的重要依托。在多元文化共存的校园文化建设中，高校学生社团正成为文化交融的集成与体现。学生社团的职责是：

1. 定期组织社团活动，丰富社团成员和广大同学的生活。

2. 定期对社团中的学生干部进行考核，提高学生干部的自身素质。

3. 配合学生会或党团支部开展活动，扩大社团的影响力。

4. 完成学校或上级组织交给的各项任务。

5. 加强与外校社团的联谊与合作，扩大同学们的交际面、交际范围。

随着素质教育的不断推进，各高校学生社团发展迅猛，学生社团成为校园文化建设不可或缺的组成部分。

四、学生会与学生社团的关系

学生会和学生社团是高校最为重要的两大学生组织，在营造校园学习氛围、活跃校园文化气氛、丰富校园文化活动等方面起到了非常重要的作用。

(一)学生会和学生社团的相同点

1. 同时自觉接受党组织的领导和团组织的指导。

2. 同时围绕培养具有创新精神和实践能力的高级专门人才这一人才培养目标进行。

3. 两者最终目的都体现在自我教育、自我管理和自我服务功能上。

(二)学生会和学生社团的不同点

1. 从组织的性质特点看

学生会是学生自己的群众组织，是在党组织的正确领导和团组织具体指导帮助下，依照学校规章制度和自身的章程，独立自主地开展工作的。学生社团是学生依据兴趣爱好，按照自己的章程，自愿组织的群众性团体，是学生志趣相投的组织。学生会作为学生的群众性组织，不仅具有服务同学的责任，更有协助校方的义务，体现了自治和他治相结合的特征。而学生社团虽然也接受主管部门的管理和监督，但其更注重依据自身特点来发展，学生社团以兴趣爱好为基础，在自我管理、自我教育、自我服务、自我约束的前提下形成了其自治的特质。

2. 从组织生产和成员特点上来看

学生会的历史悠久。1919 年 6 月 16 日，来自全国各地和留日学生代表 60 余人，在上海召开代表大会，宣告全国学联正式成立。学生会成立的原始动机就肩负有振兴祖国的历史使命感和责任感，所以学生会既是群众性组织，也是政治性组织。而学生社团是在高等教育体制改革不断深入的形势下逐渐发展壮大的，十分年轻。学生社团成立的原始动机则主要偏向某种兴趣和爱好，所以学生社团既是学生的群众性组织，也是学生的个人兴趣组织。

3. 从活动方式来看

学生会活动的导向性较强，自主性有限。活动的主要目的在于积极配合共青团的中心工作，在广大学生中宣传、贯彻党的路线、方针、政策，学生会的重大活动往往体现了某段时间内学校党政中心工作和团的重点工作。学生社团活动的自主性较大，一般是按照成员自身兴趣开展活动，并不具有明确的导向性，团组织对学生社团的日常活动只是提出建议，并不给予具体指示。

·【小贴士】·

学生社团在活动中需要注意的事项

1. 学生社团必须服从学校的领导和管理。学生社团在宪法、法律和校纪校规范围内活动，不得从事与本宗旨无关的活动。

2. 学生社团和个人创办面向校内的刊物，须经学校批准，并接受学校管理。

3. 学生社团邀请校外人员到学校进行社会政治和学术活动，须经学校同意。

4. 学生建立跨学校、跨地区的团体和举办面向校外的刊物，须经政府主管部门批准；同时学校禁止非法组织活动和出版非法刊物。

总结·提示

团委和学生会的工作是有交叉又有并行的;学生会是学校中的组织结构之一,是学生自己的群众性组织,是学校联系学生的桥梁和纽带;学生社团是高校“第二课堂”的重要载体。

问题·作业

学生会主要由哪几个部门构成?

第二节 高职团学活动

——艺术的盛宴,生动的课堂

一、科技学术活动

挑战杯是“挑战杯”全国大学生系列科技学术竞赛的简称,是由共青团中央、中国科协、教育部和全国学联共同主办的全国性的大学生课外学术实践竞赛。“挑战杯”竞赛在中国共有两个并列项目,一个是“挑战杯”中国大学生创业计划竞赛,另一个则是“挑战杯”全国大学生课外学术科技作品竞赛。这两个项目的全国竞赛交叉轮流开展,每个项目每两年举办一届。

(一)“挑战杯”全国大学生课外学术科技作品竞赛

“挑战杯”全国大学生课外学术科技作品竞赛是由共青团中央、中国科协、教育部、全国学联和地方政府共同主办,国内著名大学、新闻媒体联合发起的一项具有导向性、示范性和群众性的全国竞赛活动。竞赛始终坚持“崇尚科学、追求真知、勤奋学习、锐意创新、迎接挑战”的宗旨,被誉为当代大学生科技创新的“奥林匹克”盛会。

(二)“挑战杯”中国大学生创业计划竞赛

创业计划竞赛起源于美国,又称商业计划竞赛,是风靡全球高校的重要赛事。它借用风险投资的运作模式,要求参赛者组成优势互补的竞赛小组,提出一项具有市场前景的技术、产品或者服务,并围绕这一技术、产品或服务,以获得风险投资为目的,完成一份完整、具体、深入的创业计划。

竞赛采取学校、省(自治区、直辖市)和全国三级赛制,分预赛、复赛、决赛三个赛段进行。

二、各类艺术节

(一)文化艺术节

校园文化艺术节一般立足于整合现有的校园文化活动(如:辩论赛、演讲赛、戏剧展演、文艺演出),集中在一段时间内形成声势和规模,打造文化活动品牌,营造有利于学生健康成长的校园文化氛围。

(二)寝室文化节

寝室文化节,又称“宿舍文化节”,是大学校园内举行的大型活动之一,主要以“寝室”为活动单位、活动主题。用以丰富大学生校园文化,促进大学寝室的和谐与和睦。

三、各类社团活动

高校各社团根据自身特色举办各类活动,如:cosplay 大赛、街舞大赛、棋艺大比拼等。

四、大型晚会

由校团委主办带有鲜明主题的文艺晚会,如迎新生晚会、迎新年晚会、校庆晚会等。

五、活动的组织

在大学校园里,大学生活动的开展可以丰富课余生活,活动的组织既要突出文娱、活泼、丰富多彩的特点,又要注重活动的健康、向上。本节主要选编了一些具有代表性的活动方案,在活动开展时应注意它的实用性和灵活性。

(一)志愿服务

高校学生组织志愿服务,对于提高大学生个人素质,增强为人民服务意识,形成集体主义观念等都有重大的、不可替代的作用。

高校学生志愿服务可以由省、市一级共青团组织或教育部门牵头,开展符合本校实际的志愿服务活动。在这个过程中,应保持与校外志愿者协会的联系。

(二)大学生电影节

电影是最受人们喜爱的大众化艺术形式,它为我们的文娱生活带来了无限的乐趣。举办电影节可以丰富大学生们的文化生活,提高其审美鉴赏能力。

(三)知识竞赛

知识就是力量。求知是青年学生的特点。知识的海洋是宽广的,在它的怀抱中我们将获得力量,增长才干。而知识竞赛正是广大学生了解和掌握知识的有效方式。

常见的知识竞赛有:党团的知识竞赛,法律知识竞赛,各专业知识、技能竞赛,文娱、体育知识竞赛,智力竞赛等。

(四)演讲比赛

能言善辩,自古以来都是中国知识分子所追求的才能之一,而演讲则是学生展现自己学识口才和综合素质能力的一个平台。它可以表现和提高人的自信,对学生的胆识和学识的进步都有着十分积极的促进作用。

(五)辩论比赛

辩论,顾名思义,就是辩和论,是一种形式新颖、生动活泼、深受学生欢迎的活动。安排辩论会会场时,一般正中为主持人席,左右两侧为正方辩手席与反方辩手席,其余安排评委席、嘉宾席与观众席。主持人介绍评委和嘉宾、正反方及两队辩手,宣布辩论赛的辩题。

辩论的胜利不一定在于拥有真理的多少,而在于技巧。它表现在主体、态势语言和说理性上。

辩题设计要具有可辩性。辩论的要点是:妥当的实力原则与翔实的事实资料。优秀的辩手除了其辩论的逻辑性之外,取胜的奥妙常常在于其语言的风采、幽默的谈吐与尖锐的提问。

总结·提示

高职团学活动主要包括各类艺术节、社团活动、大型晚会等。

问题·作业

高职团学活动主要包括哪些内容?

第三节　积极参与志愿服务

——将爱与阳光洒向社会

一、志愿组织

高校青年志愿者活动是由具有一定思想觉悟、热心社会公益事业的在校大学生利用课余时间,结合自己的专业知识、技能、资源和善心为他人、为社区、为社会提供非营利性、非职业化援助的行为。

志愿活动是帮助他人,服务社会的过程;是传递爱心,传递文明的过程;也是志愿者自身得到提高完善的过程。高校青年志愿者组织是志愿事业发展的“中坚”力量,越来越受到全社会的广泛关注与赞美。

在大学中，志愿活动一般是由校园团委青年志愿者工作部规划、指导、管理、监督的，具体活动由下属的志愿者组织负责，包括校青年志愿者协会和各二级学院青年志愿者协会。

图 5-2 青年志愿者标志

二、高校志愿服务活动的意义

1994 年，共青团中央成立了“中国青年志愿者协会”，志愿服务活动在包括高校在内的各行业蓬勃发展。志愿服务活动是加强对大学生思想政治教育工作的有效载体，在增强大学生思想政治教育工作的实效性方面，发挥着积极的作用。

（一）志愿服务活动是引导大学生开展社会实践的有效载体

高校的青年志愿服务活动，既包括常规活动，也包括专项活动，还包括自主实践活动，具有很强的实践性和可操作性，是实践育人的重要渠道。志愿服务活动给青年大学生的社会实践提供了有效的载体，从而为大学生的道德教育和个人全面成长提供了一条有益的渠道。

（二）志愿服务活动是对大学生开展道德教育的有效载体

志愿服务精神的基本内容是“奉献、友爱、互助、进步”，传承了中华民族扶贫济困、助人为乐的传统美德，借鉴了人类文明的先进成果，适应了市场经济条件下公民道德建设的方针原则与核心内容，与建立和谐社会相适应的社会主义道德建设体系的要求相一致。

（三）志愿服务活动是对大学生开展公民精神教育的有效载体

所谓公民精神，就是尽公民的责任和义务，回报和贡献社会的理念。志愿服务所体现的是一种自愿的、不为报酬而参与推动人类发展、促进社会进步和完善社区工作的精神，是公民参与社会生活的一种非常重要的方式，是公民精神的精髓，它体现了现代社会公共管理的发展趋势，对于构建和谐社会具有重要的意义。

三、志愿服务项目

（一）共青团关爱农民工子女志愿服务计划

“共青团关爱农民工子女志愿服务行动”由共青团中央发起，于2010年5月4日在全国各地集中启动。该行动以随父母进入城市的农民工子女和留在农村的农民工子女为主要服务对象，组织青年志愿者小组（或团队）与农民工子女建立结对关系，进行结对服务。

（二）大学生志愿服务西部计划

大学生志愿服务西部计划，是团中央、教育部根据国务院常务会议、《国务院办公厅关于做好2003年普通高等学校毕业生就业工作通知》和2003年全国高校毕业生就业工作电视电话会议精神的要求，而实施的、财政部、人事部给予相关政策、资金支持。这项计划从2003年开始，按照公开招募、自愿报名、组织选拔、集中派遣的方式，每年招募一定数量的普通高等学校应届毕业生，到西部贫困县的乡镇从事为期1～2年的教育、卫生、农技、扶贫以及青年中心建设和管理等方面的志愿服务工作。

（三）中国青年志愿者海外服务计划

中国青年志愿者海外服务计划是由共青团中央、中国青年志愿者协会发起实施的长期重点项目。主要是根据受助国的实际需求，由主办单位与受助国签订合作协议，通过公开招募、自愿报名、集中选拔的方式，在约定的时间派遣优秀的中国青年志愿者赴受助国开展中长期志愿服务。

（四）大中专学生志愿者暑期文化科技卫生“三下乡”活动

这项活动由中宣部、教育部、团中央联合实施，由各高校共青团组织负责具体落实。自1994年以来，每年组织动员近百万名大中专学生志愿者深入农村基层和受灾地区，发挥自身的知识、智力优势，开展了内容丰富、形式多样的扫盲和文化、科技、卫生服务活动，推广农村实用技术，倡导健康文明的生活方式，促进农村的经济社会发展。

（五）青年志愿者扶贫接力计划

从1998年6月开始，团中央青年志愿者行动指导中心组建了扶贫接力计划研究生支教团，16年来，从全国36所重点高校推荐的免试研究生中招募了无数的志愿者，赴全国各地的贫困县从事为期一年的教育工作。

（六）志愿者服务各类大型活动

为各类大型活动提供志愿服务，是志愿者活动项目之一。如厦门国际马拉松志愿者服务、“青年志愿者与春运同行”活动等。

总结·提示

高校青年志愿者组织是志愿事业发展的“中坚”力量；志愿服务项目主要包括：共青团关爱农名工子女志愿服务计划、大学生志愿服务西部计划、中国青年志愿者海外服务计划等。

问题·作业

高校青年志愿者组织主要志愿服务项目有哪些？

第二章　学生干部

第一节　高职学生干部的定位和要求

——你的定位准确吗？

一、概念

学生干部是在学生群体中担任某些职务，负责某项特定工作，肩负某些特定职责，协助学校进行管理工作的一种特殊学生身份。学生干部都是经过“千军万马”，过独木桥“拼杀”出来的“英雄”，在这人才济济的大学环境里，要想成为一名合格的学生干部不是件容易的事。

二、角色定位

（一）模范角色

学生干部的模范角色，指的是学生干部要自觉学习理论、积极向党组织靠拢；学习努力、成绩优秀；在工作面前要有高度的责任感、积极进取的精神状态和较好的自我教育、自我服务、自我管理的能力；在生活中能以身作则，谦和宽容，能在各个方面起到模范带头作用。

（二）管理角色

学生干部的管理角色，指的是学生干部是学生的代表，是联系学校、老师和同学之间的桥梁和纽带。因此学生干部要主动听取广大同学的呼声，了解他们对学校工作的意见和要求，及时反映学生的思想、学习、生活等各方面的情况，努力解决同学的困难和问题。另一方面，要积极了解、配合、围绕学校工作重心，组织学生开展活动。以高度的主人翁意识和责任感，带领同学创先争优，全面提高自身素质。

（三）服务角色

发扬奉献精神是学生干部担负的首要职责。学生干部是学生推选出来的，代表广大学生的根本利益，其权利来自于学生，学生干部就必须诚心诚意为学生服务。在日常工作

图 5-3　学生干部团队

开展中,要用自己的先锋作用来体现为同学服务的思想,得到同学的拥戴和信任。要正确树立“领导者也是服务者”的意识。

三、基本要求

(一)思想品质

学生干部作为学生基层组织各种活动和工作的组织者和领导者,必须具有较高的政治觉悟和思想品质。以身立教,为人楷模,把学生紧紧地吸引和团结在自己的周围,同时明确自己所肩负的重托,严于律己、以身作则,这一点是开展工作的前提。

(二)专业水平

学生干部要有较高的专业素质和合理的知识结构。学习成绩好的干部更容易赢得同学的尊敬和爱戴,更容易建立起自己的威信,对同学实行有效的领导。专业水平不仅只表现在本专业学科的学习成绩方面,还应包括一定的马克思主义的基本原理,以及与本职工作有关的自然、社会科学知识等。

(三)综合能力

学生干部应具备组织、表达、收集处理信息、社交和团结协作的能力。

1. 组织能力

学生干部作为学生的骨干和带头人,经常是各种学生活动的策划者、组织者和实施者,需要把广大同学吸引、组织起来,这就要求学生干部能号召群众、发动群众、组织群众,必须具备一定的组织能力。

2. 表达能力

它包括书面表达能力和口头表达能力两种。作为学生干部,经常要制订计划、写总结及各种材料,没有较好的文字表达能力是很难胜任的。此外,还要经常主持会议、发表讲话、传达文件,要经常对同学进行思想教育,没有良好的口头表达能力也是难以胜任的。

3.收集处理信息的能力

作为学生干部,应及时了解、掌握并反馈各种信息,及时做到上传下达,下情上达,通过收集信息、分析信息、发现问题,进而找到解决问题的办法。因此,学生干部应多看电视、报纸,深入同学当中,广泛听取同学意见。

4.社交能力

学生干部不仅要经常和本班、本院系同学联系,而且还要与其他班级、其他院系乃至其他学校或社会上的单位进行交往,如组织班级活动、校级活动、社会实践活动等。因此,必须具备一定的交往能力,才能有利于工作的开展。

(四)心理素质

良好的心理素质是学生干部对同学实现有效领导的又一重要因素。在工作中表现出主动精神和独立自主精神,勇于为自己的决定和行动承担责任。对工作中出现的挫折和干扰有坚强的自制力,善于控制自己的情绪,保持高度的自信心。

(五)团队观念

学生干部个体的素质固然十分重要,但如果集体素质不平衡,则会导致群体领导层的矛盾。各位学生干部应在性格、气质、能力上彼此取长补短,优化组合,从而形成集体的合力。

·【小贴士】·

学生干部如何正确处理学习与工作的关系

学生干部要处理好学习与工作的关系,就要注意以下几个问题:

1.要注意统筹兼顾。做学生干部既要搞好学习,又要做许多服务型的工作。因此,时间是极为紧张的,尤其是活动较集中的时候,更是忙前跑后,不亦乐乎。在这种情况下,就得学会统筹兼顾,巧妙安排,在制定计划、组织活动前就应该有一个全盘的规划,使自己有较大的自主权,做到工作的时候努力工作,该学习的时候认真刻苦学习。

2.提高效率。效率越高的人,时间安排上越主动,宽松的余地就越大。因此,一个学生干部要想在工作和学习的关系中游刃有余,做到两不误、双丰收,最关键的就是提高效率。一是要提高学习效率。学生干部要掌握正确的学习方法,努力提高学习效率,认真做好预习、听课、复习、总结等各环节的工作。二是要提高工作效率,养成今日事今日毕的习惯。

3.要珍惜时间。学习必须抓紧点滴时间,学生干部与普通学生不一样,必须要稳得住、静得下,做到既不浪费时间,又善于挤时间,争分夺秒,尽可能挤时间来学习,因为“时间就像海绵里的水,只要你愿意挤,它总还是有的”。

总结·提示

学生干部是在学生群体中担任某些职务，负责某些特定职责，协助学校进行管理工作的一种特殊学生身份；学生干部角色定位为模范角色、管理角色、服务角色；对学生干部的主要包括思想品质、专业水平、综合能力、心理素质和团队观念等方面基本要求。

问题·作业

高职院校学生干部有哪些基本要求？

第二节　高职学生干部的选拔和考核

——机会留给有准备的人

一、选拔程序

(一)拟定条件

大部分学校对于竞选学生干部都会规定一些任职条件：如成绩须在班级中上水平，同时没有出现过"红灯"高挂的情形；如果参选的是高层职务，必须曾有过一定职务经历的，才能竞选；要有责任心，要热爱学生工作等。

(二)公开报名

学生干部的竞选一般采取自愿报名或是组织推荐的形式。报名时应该结合自身的特长及能力来选择竞选的部门及岗位。

(三)公开选举

公开选举一般通过演讲进行。根据报名的资料整理出竞选人材料，顺序安排竞选人上台演讲竞选。由参加选举的各代表根据竞选人的材料结合他们的演讲情况进行不记名投票。投票完毕后，由监票人公布每位竞选人的票数。

(四)任前公示

由学校整理拟任干部名单，并于学校网站、宣传栏等进行公示，公示期为1～3天。

(五)正式任命

对公示无异议的学生干部发文任命。

二、考核原则与方法

(一)考核原则

1. 实事求是原则

制定考核办法,开展考核工作都必须从被考核者的实际出发,不能违背事实。

2. 民主公开原则

在考核中要认真听取广泛意见,确保考核结果全面准确。考核的结果要在全体会议上公布。

(二)考核方法

1. 直接考核法

直接考核法,就是考评人员直接参与考核学生干部的方法。例如:考评人员直接参与到学生干部组织的活动中,亲身感受,以对其能力大小、素质高低进行最初评价的方法。

2. 间接考核法

间接考核法,指的是考评人员通过间接的考核方式,对学生干部进行考核的方法。例如:学生民意测评、问卷法、定量考核法等。

我们可根据本校和学生的实际情况,通过直接和间接考核相结合的方式,对学生干部进行考核。

总结·提示

学生干部的选拔程序主要分为:拟定条件、公开报名、公开选举、任前公示、正式任命等步骤;主要遵循实事求是、民主公开的原则;采取直接考核和间接考核相结合的考核办法。

问题·作业

学生干部主要通过什么程序进行选拔?

第三节 高职学生干部的工作方法和艺术

——成就有魅力的自己

一、科学的工作方法

(一)统筹法

统筹计划应用于高校学生干部工作中,是指高校学生干部在接到上级组织交代的或内部组织发展策划的工作任务时,首先应有全局意识,要根据工作任务对各种环境与条件进行分析,提出在未来一定时期内要达到的目标以及实现方案的途径,同时用文字和指标等形式表述的在未来一定时期内关于行动方向、内容和方式安排的管理实践的方法。

(二)调研法

高校学生干部在实际工作中,需要经常与同学沟通和联系,需要了解同学的想法和要求。因此,高校学生干部学会运用调研法是必需的。常见的调研法主要有:访谈法、问卷法等。

二、工作艺术与技巧

所谓工作艺术,是指建立在一定知识、经验、才能的基础上,巧妙地运用各种工作条件、原则、方法,创造性地处理工作的工作技能,也就是善于及时、有效、迅速、准确地处理这类问题的能力。

工作艺术的运用和发挥主要是靠学生干部个人魅力和聪明才智激发的灵感引起行为的表达方式。对同一对象,采用同样的工作方法,不同的高校学生干部在运用过程中,达到的效果也不尽相同,其根本原因是工作艺术的不同。

(一)处理一般工作的艺术与技巧

1.要把握好工作的主次关系

分清主次、抓住重点、兼顾其他,紧张而有序地工作,这是一个很重要的工作艺术和方法。高校学生干部工作虽然繁重而又复杂,但又有其自身规律。比如每个学期都有工作计划、工作重点。如果学生干部不分清主次,"眉毛胡子一把抓",结果"捡了芝麻丢了西瓜",该做的工作反而没有做好。

因此,一定要紧紧围绕上级党团组织的工作中心,结合本部门特点,拟出系统的工作思路,协调个别与一般、局部与整体的关系,做到主次分明、突出重点,这样,才能起到事半功倍的作用。

2.要善于协调人际关系

(1)对上级党团组织以及有关领导,作为学生干部要自觉服从,维护和尊重领导,多请示、多汇报,创造性地贯彻执行领导指示精神。学生干部争取上级的支持和指导帮助,可以少走弯路,顺利完成各项工作任务。

(2)对于同级组织或部门,如兄弟院校或分院、系等,首先要保持密切联系、互通信息、交流经验,这样才能互相启发、扬长避短,使工作思路更开阔。

(3)对团组织和学生会内部各部门之间,要有集体的荣誉感和使命感,齐心协力、统一协调,相互支持和配合,做到分工不分家,这样开展工作便会得心应手、效果显著。

(4) 要与同学交心做朋友,学生干部要强化服务意识,密切联系同学,关心同学、了解同学、虚心接受他们的合理意见和要求,同学之间有矛盾时要平心静气进行调解,找出真正原因,寻找协调适度点,妥善解决,为同学们排忧解难。

(二)善于总结的艺术与技巧

在开展活动过程中往往会存在一些不足的地方,或一些可借鉴的经验。因而我们要学会总结,学生干部在学习与工作之余一定要挤出时间来思考总结,开展某项活动我们成功的原因是什么,不足是什么,哪些可借鉴,哪些要避免。只有通过自我总结、自我评价、自我反省,通过批评与自我批评,发扬优点,克服不足,不断完善,不断开拓创新,才能不断进步,提高能力,学到真正的本领。

·【延伸阅读】·

《做最好的自己》——李开复

“不虚度此生,就是我的成功”。曾经在微软亚洲研究院工作的潘锦辉是一个典型的女才子。在清华大学电子系读书时,她就天资过人,同时又兼具诚恳、谦逊等品德。在微软亚洲研究院实习时,潘锦辉用她灵活而敏锐的思维方式以及锲而不舍的钻研精神赢得了李世鹏等资深专家的一致好评。后来,潘锦辉又以优异的成绩考入斯坦福大学深造,并有机会在许多国际知名的大企业中工作。

在常人眼里,潘锦辉的人生旅途可谓一帆风顺,但潘锦辉自己却不这么想。她常常问自己:成功究竟是什么?难道学业和事业上的一帆风顺就是最大的成功吗?难道许多人梦寐以求的名和利就是最大的成功吗?如果成功只有一种定义,那么,自己多年来拥有过的许多美好的憧憬和设计又该如何实现呢?

有一天,一位学长无意间问潘锦辉:“你到底对做什么感兴趣呢?”这句话一下子点醒了潘锦辉,令她在一瞬间明白了许多:成功之路有许多条,成功的定义也有许多种,只要在理想的指引下,真正做了自己想做的事情,真正实现了自己的人生价值,就是一种成功,就应该为此感到自豪和快乐。

从此,潘锦辉积极投入到了乐观、充实的人生当中。

工作时，她总是尽力做到自己的最好。每进入一个新领域，她都会无比兴奋，因为可以从学习的过程中积累更多的经验和知识，学到与不同的人相处、合作的技巧。这样，在新的挑战来临时，她总能做好充分的准备，让自己离既定的人生目标又更近一步。

业余时间里，她在美国欣欣教育基金会担任项目负责人和区域负责人，帮助中国贫困山区建学校、办教育。在做义工时，即使是琐碎的小事，她也要尽量做好。在这一过程中，她认识了许多来自不同阶层、不同领域的人，有的是成功的投资家和创业家，有的是普通的职员和退休老人。大家在这样的工作中获得的快乐和成就感，丝毫不少于在日常工作中的所得，更重要的是，这种快乐和成就感并不会因为每个人身份和地位的不同而有所区别。

潘锦辉说："现在的我，经过了许多顺境和逆境，虽然不知道在别人眼里算不算成功，但却更加自信和快乐。因为我学会了把远大的理想变成具体的奋斗目标——做好每一件事，快乐每一天。我不能确定自己将来能否获得许多人推崇的名和利，但对我而言，成功就是不断地超越自己，让自己的人生快乐、充实、有意义。事业进步是成功，给家人快乐是成功，广交朋友是成功，能对他人有所帮助是成功。成功并不遥远，不虚度此生，就是我的成功。"

总结·提示

高职学生干部的主要工作方法是统筹法和调研法；学生干部须具备一定的工作艺术，要有处理一般工作的艺术与技巧，也要有善于总结的艺术与技巧。

问题·作业

高职学生干部必须具备哪些工作艺术与技巧？

第三章　生涯规划

第一节　职业生涯规划概述

——凡事"预则立,不预则废"

"职业"——相信大家对于这个词并不觉得陌生,诸如工人、医生、教师等都是我们身边存在的特定职业。职业是人们在社会生活中所从事的作为主要生活来源的工作。职业通常又称工作岗位,是劳动分工体系中的一个环节。

从社会的角度来看,职业是劳动者获得的社会角色,如售货员、推销员、秘书、技术员、教师、警察、司机、会计等;从国家的角度来看,每一种职业都是社会分工中的一部分,就像一台大机器上的一个个零件;从个人的角度来看,职业则是劳动者扮演的社会角色,为社会承担一定的义务和责任,并获得相应的报酬。

了解职业和认识职业是即将毕业的大学生的一大重要课题,因为职业与职业生涯的正确理解是制定生涯规划的必要条件。一个人一般的生活轨迹可以这样划分,0～5 岁为懵懂阶段,6～24 岁为求学阶段,25～60 岁为工作阶段,60 岁之后为退休享受剩余人生阶段。从这个划分可以很清楚地看到,人的一生当中有 35 年最宝贵的时间,最珍贵的年华都和职业相伴,足见职业生涯规划对于每个人都是相当重要的,尤其是即将开始职业生涯的大学生。

一、职业生涯

每位大学生都会有梦想,常常憧憬着光辉灿烂的未来,向往着繁花似锦的前程。时代为每一位大学生提供了实现人生理想和人生价值的时间和机遇,但是对于每一个大学生来说,未来总是充满了不确定。要实现自己的梦想,关键在于我们自己能够把握机遇,而前提性的工作之一就是对自己的职业生涯进行科学的规划。只有这样,才能给自己的梦想插上翅膀,使之在未来的天空中展翅飞翔。

职业生涯,是一个人终生经历的所有职业发展阶段,即职业、职位的变动及理想实现的整个过程,一般来说职业生涯开始于任职前的学习和培训,终止于退休。

职业生涯可分为两种类型:

一种是传统性的职业生涯,在一个人的职业生涯中,他们的职业可能是稳定的。比如一位大学教师,他的职业生涯初期是助教,然后是讲师,随着专业知识的深厚和教学经验的丰富，又晋升为副教授，由于科研水平的不断提高和研究成果的突出，再晋升为教授。

另一种是易变性的职业生涯。比如一位大学教师，他首先从事的是辅导员工作，而后又从事教学工作，等等。在一个人有限的生命中，职业生涯往往占有非常重要的位置。据调查统计，大部分人平均职业生涯用的时间占可利用社会活动时间的71%～92%。

可以说，职业生涯活动伴随了我们的大半生，甚至更长远。因此，职业生涯对我们来说意义重大。

二、职业生涯规划

职业生涯规划是指个人和组织相结合，是个人在对自己职业生涯的主客、客观条件进行测定、分析、总结研究基础上，对自己的兴趣、爱好、能力、特长、经历及不足等方面进行综合分析与权衡，结合时代特点，根据自己的职业倾向，确定其最佳的职业奋斗目标，并为实现这一目标做出行之有效的安排。

中国青年政治学院副院长陆士桢教授的一项调查表明，有67.29%的大学生确定了自己的职业定位，但是有49.84%的大学生对自己所选择的职业缺乏了解。从数字来看，有近一半的大学生没有进行过职业生涯规划。一般来说，一个人的职业生涯规划是在大学期间渐渐形成的，高考报志愿自然也是重要的一步。作为21世纪的大学生，应该做好自己的职业规划，以便适应市场经济发展的要求，更好地利用职业机会来取得事业上的成功。

三、职业生涯规划的重要性——人生的“指南针”

职业生涯活动将伴随每一个人的大半生，拥有成功的职业生涯才能实现完美人生。大学生要把职业规划与社会发展相结合，要清楚了解当前及今后一段时间国家的方针政策和社会发展的基本情况，特别是就业问题的基本状况及发展方向，这样的职业规划才能更具有实用性，当前，处在社会转型中的大学生在承受压力的同时也面临着机遇。在这样的机遇与挑战并存的时代里，更能说明进行职业生涯规划的重要性。

(一)明确目标，挖掘潜力

制定一份职业生涯规划将会引导大学生进行自我深入分析，从而了解和认识自身的个性特征、职业倾向和现有的潜在职业资源优势；促使大学生进行自我综合优势和劣势的分析，从而确定自己的竞争优势；促使大学生明确自己的职业发展目标和职业理想，在自我剖析的基础上进行职业定位；通过自身条件和职业定位的对比评估个人目标与现实之间的差距，并运用科学的方法，采取可行的步骤和措施，进而弥补达到职业目标而缺少的能力等各种差距，从而不断增强职业竞争力，实现自己的职业目标与理想。

(二)监督执行，提升成功的机会

职业生涯规划是在现实基础上对自己的一种规划，“凡事预则立，不预则废”，按照计划一步步执行，可增强职业生涯发展的计划性和目的性。职业生涯规划能够明确每个阶段的目标和任务，消除大学生无计划生活的同时，有利于让其按照计划坚持下去，起到一

图 5-4 提前规划 明确目标

个监督的作用。这样规划就会转化为执行力,从而极大地提升成功的机会。

(三)突破障碍,提升竞争能力

阻碍大学生朝着理想前进的障碍有内在的障碍和外在的障碍两类。其中,内在障碍包括恐惧不安、缺乏自信、缺少自觉等;外在障碍包括市场趋势不明、经济衰退、社会紊乱等。尤其是在当今变革的时代,到处充满着激烈的竞争,各种压力都很大,要想在激烈的竞争中脱颖而出并保持立于不败之地,就必须设计好自己的职业生涯规划。通过职业生涯规划可以帮助大学生建立信心、认清形势、突破障碍,进而在激烈的竞争中能够做到心中有数,并提升竞争的能力。

(四)增加职业厚度,有利于职业发展

做了职业生涯规划的大学生会在适合自己的领域内纵深发展,不断把领域内的知识、技能向精深发展,从而积累足够的领域内的工作经验,而这些经验确实是企业十分看重的。按照规划坚持下去,无形中就增加了该领域内的职业厚度,也增加了职业发展的资本,有利于职业向着高处发展。一个缺乏职业生涯规划指导的大学生可能会随波逐流地换工作,知识、技能、经验就得不到积累,而且个体的这种行为最终会演变成整个社会对大学生求职者的谨慎选择,从而导致另一种就业压力,使得他们承受就业压力的时间变得更长。

四、职业生涯规划遵循的原则

(一)连续性原则

既要保持大学期间目标的连续性,又要保持大学期间与走向社会后职业生涯规划目标的连续性,并使之贯穿自己的人生。大学生想要成功,需要有目标引导,上大学之前,有的人就已有了目标,几年的大学生活更需要一个目标。这些目标应是连续一致的,不应是变幻无常的。大学期间你也许会对目标做一些调整,但不可频繁改动,走向工作与大学期间的目标也应保持一致。

大学期间的目标能够对学习产生激励,走向社会的目标则对工作产生激励,这两种激励的最终目的应是一致的,都是为了在某种职业岗位上做出突出的成绩。目标如果不具有关联性,无疑会使某些学习变得徒劳,难以实现自己的职业理想。成功的人往往坚持目标,且经常改进方法和措施;不成功的人则往往经常改变目标,而不改变方法。

(二)量化原则

对于大学生来说,一旦确定了自己的职业理想,就要在大学期间量化自己的目标体系,把社会对职业的知识、能力、素质、个性等方面的要求尽可能量化,明确自己在一个学期、学年乃至整个在校学习期间,在知识、技能、能力、素质、个性等方面有哪些收获和提高。

比如大学期间,你可以确定在大一苦练语言表达能力、掌握人际交往技巧,大二锻炼组织管理能力和专业技术能力,大三学习求职就业的技巧、创业立业的方法等。走向工作岗位后,你可以确定1～2年熟悉情况,虚心向他人学习,保证自己的工作不出差错,适应单位环境;3～4年在工作岗位上要有所创新,要有自己的特色,并得到他人的尊重与认可;5～8年成为一个能独当一面的、具有比较丰富的工作经验的优秀员工等。

(三)实际性原则

进行职业生涯规划要充分注意内外的实际环境,要根据自己的能力、兴趣、性格、气质等特点来选择适合自己的目标,做到人职匹配,和谐发展。同时,还要去深入了解外界环境对目标实现的各种影响,不可好高骛远、不切实际。如一个专业知识不牢固、不善于交际、语言表达能力较差的学生,如果不去提高这方面素质能力的话,想做一名优秀的部门负责人的愿望恐怕是难以实现的。

(四)激励性原则

良好的职业生涯规划方案要明确激励目标,通过努力实现一个个子目标,从而激励自身向更高的目标奋进。比如,一个工科的学生要培养语言表达能力和交往能力,制定的目标步骤可以是这样的:多与同学交往—敢于在课堂上发言—参加班级活动—参加学校或系(部)组织的社会实践活动,让每一个目标经过努力都能实现,获得一种成功的喜悦和自信,最终实现职业能力目标。

·【延伸阅读】·

职业生涯的充分准备

宋庆龄讲过这样一段话:“不管你预备走哪一条路,顶顶要紧的是要为自己做好准备。你不能赤手空拳地开始你的行程,你必须用知识把自己武装起来,你必须锻炼出健壮的身体和足够的勇气。”做好职业生涯准备应该做到以下几点:

(一)珍惜在校学习生活

大学时代是为人的一生奠定基础的黄金时代。在校学习期间,不但要为即将开始的职业生涯做好全方位的准备,而且要为终身不断地接受定向教育打下基础。虽然今后还能通过各种渠道来补充,更新自己的知识和技能,但现在所学的知识和技能,不但是就业所必备的条件,而且是今后学习的基础。

学校为我们提供了能集中精力学习的环境,珍惜这种学习机会和学习环境,就是珍惜自己的未来。“少壮不努力,老大徒伤悲”。李大钊说:“谁对时间越吝啬,时间对谁越慷慨,要时间不辜负你,首先你不要辜负时间,抛弃时间的人,时间也抛弃他。”这是先辈积累的经验教训。

生命是有限的,青春是短暂的,在职业生涯开始以前的时间更是紧迫的。具体措施和时间的安排是职业生涯规划中的重要内容,按照计划中规定的任务和时间要求,尽量提前完成,这是实现职业理想的必要保证。

(二)积极参加实践活动

卢梭说:“社会就是书,事实就是教材。”社会实践和职业活动既能巩固所学理论知识,提高实践技能,又是落实职业生涯设计“措施与安排”的最佳机会。不放过每一次社会实践和职业活动机会,并在其中主动、自觉地提高自己,是落实职业生涯设计、分步达到目的、实现职业理想的必要条件。

(三)关注职业发展动态

随着社会的进步,职业发展速度加快,必须时时关注职业发展动态。职业发展动态包括两方面:一是就业市场的动态。社会经济发展状况必然影响就业市场的供求变化,低年级学生应关注就业市场的变动趋势,毕业班学生应注意具体的就业供求情况。二是职业更新淘汰趋势。当今社会,科技进步对职业演变的作用越来越明显,职业更新淘汰的速度越来越快,一些相对稳定的职业所需要的知识、技能也在不断地变化。

根据职业发展动态,适当调整职业发展方向,补充达到目标所需要的措施,修订职业生涯规划,是做好职业生涯设计的重要手段。职业生涯设计不能一成不变,但应保持动态的相对稳定,才是真正有用的规划,才能真正指导自己有效地为未来的职业生涯做好准备。

(四)全面提高职业素质

成功的职业生涯只属于有准备的人。全面提高职业素质和综合职业能力,是学生为即将开始的职业生涯做出的应有的准备,是实现职业理想的必要基础。不论具体目标是什么，进行职业生涯设计时，都应该围绕职业素质和职业综合能力的提高这一主线，结合具体目标的实现制定措施，在职业生涯的起跑线上做好充分的准备，这样，一定会拥有事业有成的明天。

总结·提示

职业生涯规划是指结合时代特点，根据自己的职业倾向，确定其最佳的职业奋斗目标，并为实现这一目标做出行之有效的安排，具有明确目标、监督执行、突破障碍和增加职业厚度等重要性。

问题·作业

高职大学生职业生涯规划具有什么重要意义？

第二节　职业生涯规划指导

——为你的梦想导航

一、职业生涯规划何时做

刚进入大学的你，在大学期间准备做什么呢？想认真学习，弥补高考的遗憾？想尽情玩乐，享受没有家长约束的生活？还是想为今后的工作做好准备？……事实上，很少人会认真为三年后的就业问题做准备，到毕业时，发现自己什么职业技能也没掌握，找工作到处碰壁，顿时紧张起来，茫然不知所措，想要努力，却也为时已晚了。这样的经历，是不少人的大学标签，你是否也将如此呢？

如果你不想被贴上这样的标签，那就必须从一进入大学，就开始认真制定适合自己的职业生涯规划。

大一开始的生活严格意义来说是学业规划。学业规划所选定的专业不一定是自己所学的专业，因为很多学生在高考报专业时的轻率和盲目导致了上大学后专业与兴趣的巨大错位。大学阶段本是一体的，无论怎么划分，怎么安排，其最后的目标还是实现就业，让学生找到适合自己的职业。如果以大学为半径，以职业为圆心，那么，在职业这个圆上，大一和大三就是一样近的，两者对职业的影响也是一样的。因此，职业生涯规划不仅仅是大三时才要面临的问题，而是整个大学阶段都要面临的。从职业生涯规划对大学生的影响来看，职业生涯规划意识的觉醒以及职业能力与职业素质的准备，不是越晚越好，而是越早越好。

所以，大学生应该从大一开始花时间进一步了解自我，探索职业和社会，设计自己的职业生涯，为将来走向社会、走进职场做好准备。

二、职业生涯规划怎么做

(一)原则

1. 选择自己喜欢的职业

兴趣是最好的老师。从事一项你所感兴趣的职业,能使你感受到工作的乐趣,也能促进你更快地实现自己的职业目标,你的职业生涯也会变得妙趣横生。兴趣与成功的几率紧密联系,在进行职业生涯设计时,务必考虑自己的兴趣,择己所爱,选择自己喜欢的职业。

2. 选择自己擅长的职业

每个人都有自己的特长,每一种职业也都要求从业者掌握一定的技能。你在进行职业生涯规划时,注意选择有利于发挥自己优势的职业。

3. 选择社会需要的职业

现代社会发展迅速,社会需求不断变化,产生了新的需求,同时也产生了新的职业。在进行职业生涯规划时,要注意分析社会的长久需求,试着预测未来职业发展方向,把目光放长远,不要仅仅停留在当前社会所需。

4. 选择带来幸福的职业

职业是个人谋生的手段,其目的在于追求个人幸福。所以在择业时,要特别考虑个人幸福的最大化。在职业生涯规划中,要遵守收益最大化原则。全面考虑付出与回报、社会地位、成就感等因素,选择一个能使你感到最幸福的职业。

图 5-5 就业 or 创业

(二)步骤

高职学生的职业规划问题主要集中在两方面:一是社会适应问题;二是对于专业、兴趣和职业的困惑。

在就业与择业的时候,对自己和社会都感到陌生。要做好职业生涯规划,应从以下几方面入手:

1.认识自我,了解社会

在制定职业生涯规划之前,每个大学生应明确"我是一个什么样的人、我将来想做什么、我能干什么、环境能支持我干什么"等问题,对自己的职业兴趣、气质、性格、能力等进行全面认识,清楚自己的优势与劣势。职业生涯设计时,要对该职业所在的行业现状和发展前景有比较深入的了解,比如人才供给情况、平均工资状况、不同岗位对求职者素质和能力的要求等。

2.确立目标,规划未来

在认识自我、了解社会的前提下,大学生应从自身实际和社会需要出发,确定职业发展的方向,进一步明确职业目标,分析实现目标所需要的专业知识和技能。将职业目标分解成学习掌握知识和技能的小目标,在校园学习生活中,逐个实现。

3.构建合理的知识结构

大学生不仅要认真学习专业知识,还必须形成合理的知识结构。在职业生涯规划时,要能够根据职业和社会发展的具体要求,将已有知识科学重组,构建合理的知识结构,最大限度地发挥知识的整体效能。社会对未来人才的知识综合性结构提出了更高的要求,要求大学生既能很好地适应社会需要,又能充分体现个人特色,既能满足专业要求,又有良好人文修养。构建合理的知识结构没有捷径可走,关键在于坚持,不断学习和积累。

4.培养职业需要的实践能力

用人单位最看重的是大学生的综合能力和知识面。不仅考核学生的专业知识和技能,同时也考核学生综合运用知识的能力、对环境的适应能力、对知识的整合能力和实际动手操作能力等。大学生应重点培养满足社会需要的决策能力、创造能力、社交能力、实际操作能力、组织管理能力和自我发展的终身学习能力、心理调适能力、随机应变能力等。

5.积极参加有益的社会实践和职业训练,增强适应工作的能力

大学生应该积极参加各类校内校外有益的社会实践活动,并有意让自己充当组织者、策划者,全程介入,从而很好地训练工作的能力,增加工作的经验。必要的职业训练是不可少的。职业训练包括职业技能的培训、对自我职业适应性考核、职业意向的科学测定等。

6.加强自我修养与锻炼,培养良好的心理素质

积极参加社团组织和各项比赛,争取所有能展现自我的机会。通过这些活动,有意识地锤炼自己的心理素质,等到了毕业的时候,你会发现自己得到了别人没有的锻炼和自信。

(三)高职生涯规划

在高职三年里,制定了具体可行的规划,我们在学习时便有了方向,不会茫然度日了。那么,该如何规划呢?

1.大一期间:适应环境,完成角色转换

大一是从高中到大学的过渡期,大学生应在大一完成从高中生到大学生的角色转换,这是规划大学生涯的最佳时机。"转换"包含三方面内容:

(1)心态的转换

不能以为上大学就可以完全放松,持着60分万岁的想法。要知道,60分和90分的差距是很大的,它其实是能够很深刻、很清楚地反映出我们所学、所掌握的知识含量。

(2)学习方法的转换

大学里,自主学习的时间多了,要学会充分利用课外时间和图书馆等资源,主动学习,广泛积累,独立思考。大学有别于高中最主要的一点,就是从被动学习转变为主动学习。

(3)环境的转换

大学是一个相对独立自主的环境,在这里,要学会与同宿舍同学共同生活,学会安排好学习和社团活动,学会充分利用学校提供的所有资源。这一年的适应和转换,对未来的学习和生活都将产生极大的影响。

2.大二期间:做好规划,学习和实践两不误

在大二阶段,知识积累和社会实践同样重要。大学生应抓住机会,认真学习,积累知识,拓宽知识面。同时,积极参加各种社会实践,提升动手能力。例如:参加校内外的社团活动、公益活动、到企业兼职实习等。实践过后,要善于总结,学会把实践的过程和收获进行梳理,总结出实践过程中的亮点和不足,争取在下一次的实践中做得更好。

3.大三期间:就业冲刺,闯好大学最后一关

大学三年级,如何找到满意的实习单位,提升自己的综合素质,顺利就业,无疑是大家最关心的问题。对此,大学生要根据自己的职业规划设置切实可行的职业目标,调整心态,做好求职的准备。从各种渠道获取求职信息,创造就业机会。同时,不断提升或强化个人职业素养。

三、职业生涯规划的误区

(一)错误的认识

1.错误理解职业生涯规划

上大学前,大部分学生都没有学习职业生涯规划知识,对职业生涯规划的理解存在着许多误区。例如:有的学生孤立地把职业生涯规划单纯地理解为找工作,有的认为职业生涯规划必须要与所学的专业相关,有的认为职业生涯规划必须要根据自己的兴趣爱好来制定,有的认为规划必须要志向远大从而脱离了实际,等等。

2.忽视职业生涯规划

许多学生认为计划没有变化快,很多规划没办法实现,浪费时间和精力。大学是轻松自在的天堂,没必要自己给自己增加负担。职业规划是毕业以后的事情,现在做也没办法一步到位,还需要根据实际情况不断调整,做了等于没做。殊不知,其实变化本身也是规划中需要考虑的一个因素,可以通过应急方案予以解决。

3.职业生涯规划可速成

许多大学校园经常举办职业生涯规划教育活动,学生通过网络等渠道也可搜索到一些成功人士的报告或者专家讲座。许多学生以为听了这些讲座,职业生涯规划便可做好。其实,这些讲座也是专家们经历过了才能传授的,而学生在听讲座时,本身的实践经历和周围的环境都是不同的,专家的经验是没有办法完全复制的,从讲座中得到的收获也是很有限的。

(二)掌握方法,避免误区

1. 学习职业生涯规划知识

高职学校教育已把职业生涯规划教育纳入到入学教育中,并贯穿大学三年的教学过程中。同学们要认真上好职业生涯规划课程,掌握职业生涯规划的基础知识,正确理解职业生涯规划,制定适合自己的职业生涯规划。

2. 重视职业生涯规划

职业生涯规划的目的,除了找到一份满意的工作外,期间的知识储备、学习实践和心态锻炼等方面的提高更是不可忽视。同学们可将职业理想转化成短期的学习目标,每学期制定学期计划,督促自己将意识落实到行动上。

3. 调整心态

职业生涯规划没有一步到位的,没有任何方式可以速成。大家在做职业生涯规划时,要调整好心态,做好应对变化的准备。能够一步到位找到自己理想的职业最好,如果一时不能实现,也要能正确对待,先找与自己理想职业最接近的工作,"先就业,再择业",以积累工作经验为目的,再择机会找自己满意的工作岗位。只要我们有目标,有规划,能持之以恒,就一定会实现自己的最终理想。

四、如何写好自己的简历

图 5-6 如何写好一份简历

很多应届生求职的弱点，就在于缺乏工作经历，但是这也同时代表着，这样的求职者具有很强的可塑性。因此，类似的同学不必气馁。并不是说没有工作经历的同学就不能写出一份好简历。秘诀就是：尽力地去展示能体现自己与所要应聘岗位或职业相关的东西。

（一）首先，想清楚自己想要做什么，适合做什么

想要做什么工作并适合哪方面的工作就是根据自己的性格、兴趣爱好等来考虑。

只有当你确定知道自己想做什么的时候你才能对症下药。如果你一无经验，二无目标，甚至连自己想做什么都不知道，那企业为何要你？应该确定自己要做什么，从各个渠道，网络或书籍，先去整个了解这个工作的职能、所需掌握的技能等，花一点时间去钻研，这样你的简历上就东西可写了。

（二）其次，将相关的东西写详细，写清楚

没相关工作经验，没有大赛项目经历，没有很强的专业技能，对于一个刚毕业的大学生而言，这是很普遍的情况。没有工作经验，那么就挖掘出相关的技能、荣誉、能力等等。学会把这些东西写详细、写清楚，下面以“荣誉奖励”为例：

1. 应聘市场营销岗位

一号同学：

荣誉奖励

第三届 IITA 创业大赛二等奖（2013）

“追梦正青春”宿舍文化节视频比赛一等奖（2012）

“创新杯”网络营销大赛优秀奖（2012）

连续两年获得校三等奖学金（2011—2012）

连续两年获商学院“优秀学生干部”和“先进个人”称号（2011—2012）

获得国家励志奖学金（2011）

第十三届“挑战杯”创业大赛团队优胜奖（2011）

大学军训荣誉个人（2010）

图 5-7 对荣誉奖励的整体描述

这位同学写的荣誉奖励，在多数 HR 眼中就是他有许多的荣誉奖励，仅此而已。我们再来看看下一个。

二号同学：

市场相关荣誉

第三届 IITA 创业大赛二等奖（2013）

“创新杯”网络营销大赛优秀奖（2012）

第十三届“挑战杯”创业大赛，团队优胜奖（2011）

其他荣誉奖励

"追梦正青春"宿舍文化节视频比赛一等奖(2012)

连续两年获得校三等奖学金(2011—2012)

连续2年获商学院"优秀学生干部"和"先进个人"称号(2011—2012)

获得国家励志奖学金(2011)

大学军训荣誉个人

图5-8 对荣誉奖励进行分类描述

这样一分类,就可以很明显地看出,这位同学在校期间很优秀,取得了这么多市场相关的比赛奖励。要是HR看到一个这么有天分的同学,估计会赶紧约来谈一谈。

三号同学:

市场相关经历

第三届IITA创业大赛二等奖(2013)　　二等奖　　2013.XX—2013.XX

对现有资源(分析报告、反馈调查等)进行分析

研究根据分析结果,制定市场及销售计划并执行

分析同类型产品的市场推广方案,调整现有营销策略

在新制定的方案下,使模拟销售的销售量得以飙升

"创新杯"网络营销大赛　　优秀奖　　2012.XX—2012.XX

以软文、外链的形式对负责的广告进行相应推广

运用SEO技术,进行相关广告的编辑、项目关键词的挖掘、软文的撰写短时间内,使产品网站浏览及使用里率翻倍

第十三届"挑战杯"创业大赛　　团队优胜奖　　2011.XX—2011.XX

荣誉奖励

"追梦正青春"宿舍文化节视频比赛一等奖(2012)

连续两年获得校三等奖学金(2011—2012)

连续两年获商学院"优秀学生干部"和"先进个人"称号(2011—2012)

获得国家励志奖学金(2011)

大学军训荣誉个人(2010)

图5-9 对荣誉奖励进行描述

如果你的荣誉奖励已经能写成这种水平,那么你已经完全掌握了技巧,已深知书写简历的精髓。其实,你没有实习经历,并不是说你就放弃了相关经历这一筹码,相关经历并不是只有实习/工作经历,只要你所做的任何事或是东西与你要应聘岗位的工作相关,那它就是相关经历!不要犹豫,详细地写出你所做的内容。

如果你是HR,看到这样一份简历,估计就直接给offer了吧!

看到这里也许你会说,因为他有市场相关的比赛,所以可以这样写呀!那我没有参加过相关的竞赛,又怎么办呢?

其实不难,请看以下案例:

2. 应聘咨询顾问助理

既然是非市场方向，那就不能像之前这样分类；而应聘者又没有土木相关的荣誉奖励，其实我们可以换一种思路。

团队荣誉

第十三届“挑战杯”创业大赛，团队优胜奖(2011)

“追梦正青春”宿舍文化节视频比赛一等奖(2012)

学习能力

连续两年获得校三等奖学金(2011—2012)

获得国家励志奖学金(2011)

其他奖励

第三届 IITA 创业大赛二等奖(2013)

“创新杯”网络营销大赛优秀奖(2012)

连续两年获商学院“优秀学生干部”和“先进个人”称号(2011—2012)

大学军训荣誉个人(2010)

图 5-10　对荣誉奖励进行分项描述

团队荣誉可以从侧面反映出你具备的团队协作方面的能力，而奖学金则在一定程度上体现个人学习能力，这些是在咨询顾问助理岗位中所需要的。怎么样，以上内容一定对你写简历有所启发。

(三)最后，从侧面推荐自己。

这一项往往从性格和兴趣爱好落笔。

结合自己的性格和兴趣爱好，从侧面推荐自己。例如，要做销售就可以举一些表现善于沟通、热情、外向的事例。技术类的就多表达你沉得下心，钻研某些事物的。诸如此类。不过不要只在自我介绍中写自己能沟通，自己怎么怎么样，要用实际实例去表达。简历中性格写来写去就这几条，要用实际事例让招聘者看到你的的确确是这样的。

因此并不是说没有工作经历的同学就不能写出一份好简历。秘诀就是：尽力地去展示能体现自己与所要应聘岗位或职业相关的东西，写简历就是这么简单！

·【延伸阅读】·

成为掌握自己命运的独立思考者——李开复写给女儿的一封信

亲爱的女儿：

我想写一封信给你，告诉你盘旋在我脑中的想法。我想告诉你我们为你感到特别骄傲。进入哥伦比亚大学证明你是一个全面发展的优秀学生。

大学将是你人生最重要的时光，在大学里你会发现学习的真谛。我希望你理解，最重要的不是你学到的具体的知识，而是你学习新事物和解决新问题的能力。大学学习的真正意义是，你从被动学习转向自主学习的阶段，之后你会变成一个很好的自学者。就算学习的技能你会忘记，学习的能力是你将受用终身的。

不要被教条所束缚，任何问题都没有一个唯一的简单的答案。还记得当我帮助你准备高中的辩论课程时，我总是让你站在你不认可的那一方来辩论吗？我这么做的理由就是希望你能够理解：看待一个问题不应该非黑即白，而是有很多方法和角度。这就是"批判的思维"——你需要包容和支持不同于你的其他观点。我永远记得我去找我的博士导师提出了一个新论题，他告诉我："我不同意你，但我支持你。"多年后，我认识到这不仅仅是包容，而是一种批判式思考，更是令人折服的领导风格，现在这也变成了我的一部分。我希望这也能成为你的一部分。

在大学里你要追随自己的激情和兴趣，选你感兴趣的课程，不要困扰于别人怎么说或怎么想。史蒂夫·乔布斯在他著名的斯坦福毕业典礼演讲中，提到一个例子：他在大学里修了看似毫无用处的书法，而十年后，这成了苹果 Macintosh 里漂亮字库的基础，然后才带来了桌面出版和今天的办公软件(例如微软 Office)。他对书法的探索就是一个点，而苹果 Macintosh 把多个点串结成了一条线。

在功课上要尽力，但不要给自己太多压力。你妈妈和我在成绩上对你没什么要求，最重要的是你在学习，你需要的唯一衡量标准是你的努力程度。成绩只不过是虚荣的人用以吹嘘和慵懒的人所恐惧的无聊数字而已，而你既不虚荣也不慵懒。

最重要的是在大学里你要交一些朋友，大学的朋友往往是生命中最好的朋友，因为在大学里你和朋友能够近距离交往。另外，在一块儿成长，一起独立，很自然地你们就会紧紧地系在一起，成为密友。不用太在乎他们的爱好、成绩、外表甚至性格。你要以最大的善意去对人，不要有成见，要宽容。只要他们很真诚，就信任他们，对他们友善。他们将给你相同的回报，这是我成功的秘密——以诚待人，信任他人。有人告诉我这样有时我会被占便宜，他们是对的，但是我可以告诉你：以诚待人让我得到的远远超过我失去的。在我做管理的 18 年里，我学到一件很重要的事——要想得到他人的信任和尊重，只有先去信任和尊重他人。无论是管理、工作、交友，这点都值得你参考。

不管是暑假计划，功课规划，抑或是选专业，管理时间，你都应该为自己的人生负责。我仍然会一直站在你身旁，但是现在是你自己掌舵的时候了。我常常记起我生命中那些令人振奋的时刻——在幼儿园决定跳级，决定转到计算机科学专业，决定离开学术界选择 Apple，决定回中国，决定选择 Google，乃至最近选择创办我的新公司。生命太短暂了，你不能过别人想要你过的生活。掌控自己的生命是很棒的感觉，试试吧！

亲爱的女儿，珍惜你的大学时光吧，好好利用你的空闲时间，成为掌握自己命运的独立思考者。希望在哥伦比亚大学的时光成为你一生中最快乐的四年，希望你成为你梦想成为的人！

总结·提示

大学生应该从大一开始探索职业和社会，设计自己的职业生涯；大学生职业生涯规划应遵循择己所爱、择己所长、择世所需、择己所利的原则，做好三年规划；防止进入职业生涯规划的误区。

问题·作业

请根据职业生涯规划的原则和步骤，结合自身实际，制定一份大学三年规划？

第三节 政策导航 圆梦青春

——hold住你的毕业季

作为专科层次的大学生，在大三这一年会面临许多选择，每一个选择都可能会影响未来很长的一段时间人生的规划和发展，在这一年结合自己的实际情况，做出一个正确的选择是一件很不容易的事情，更多时候我们需要先认清自己的兴趣爱好及能力，然后结合大环境（如相关政策、市场因素）的方向去发展，只有充分了解和准备才能在大三这样一个特殊的时间内做出正确选择。

一、国家、省、市相关就业政策

将来我们想要成为什么样的人，很大决定因素在于，现在你选择了什么样的目标和努力方向。符合自己能力的目标和正确的方向，会让我们更快达到自己定义的成功，否则，我们会在愈挫愈勇的奋进中耗费自己的心血和体力，只会让青春许下的梦越来越远，圆梦青春需要在分析大环境的基础上做出更加符合自己的“羊肠小路”。

（一）当下我国高校毕业生的就业形势

2014年，福建省省内高校和省外高校福建生源毕业生总量24.8万人。截至2014年11月30日，非师范类高校毕业生就业率达93.9%，同比上升1.4个百分点；自主创业（灵活就业）率为1.5%。

2015年，全国高校毕业生就业总压力持续加大，普通高校毕业生规模总量继续加大，全国高校毕业生总数将达到749万人，比2014年再增加22万人，2015年我省省内高校和省外高校福建生源高校毕业生数量预计达26.6万人，增幅2.5%，就业总量压力和结构性矛盾依然突出。

（二）关于毕业生就业创业的政策介绍

近些年来，国家非常重视高校毕业生就业工作，每年都发布大量文件来督促落实毕业

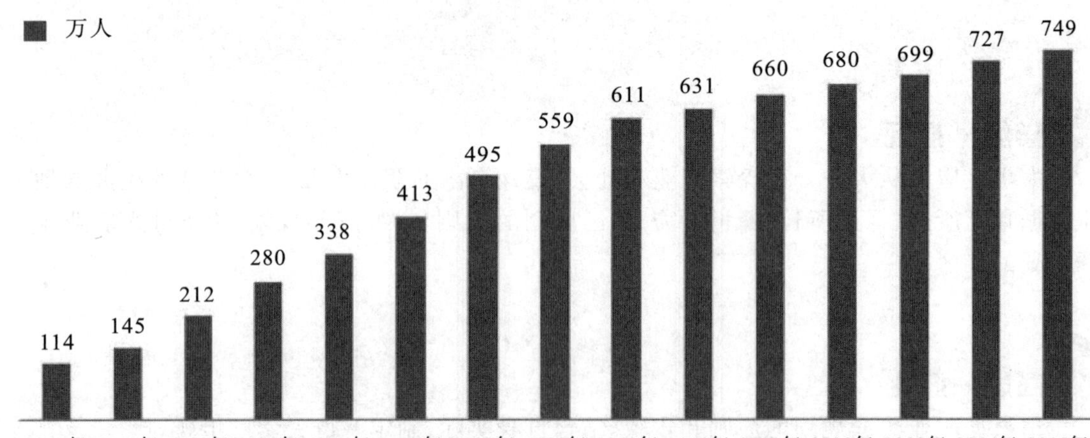

图 5-11　2001—2015 年全国高校毕业生人数

生就业问题。党的十八大明确提出："努力实现就业更加充分，推动实践更高质量的就业，做好以高校毕业生为重点的青年就业工作。"

2008 年 1 月，《中华人民共和国就业促进法》的颁布实施，将就业政策措施通过法律形式固定下来，标志着国家对民生问题的重视，为就业提供法律保障。国务院、教育部、人力资源社会保障部、财政部、工商总局、人民银行等许多国家部门相继发布了关于做好高校毕业生就业工作的通知，为毕业生就业创业创造了良好的政策环境。

1. 国家围绕促进高校毕业生就业创业出台了一系列政策措施，各省、地区、市也结合实际制定了一些有本地特色的具体政策，对促进我们高校毕业生就业发挥了积极作用。如：

(1)创造良好的政策环境鼓励毕业生到基层去：农村教师特岗计划、西部计划、三支一扶计划等。

(2)鼓励高校毕业生到中小企业就业：吸纳高校毕业生的企业将获得税收、金融、社保补贴等扶持政策。

(3)鼓励高校毕业生自主创业：国家对于有意愿创业的毕业生提供创业培训、贷款贴息、税费减免等政策扶持。

2. 福建省 2015 年关于高校毕业生就业创业政策的规定。

(1)对小型微型企业招用高校毕业生的按照规定予以申请不超过 200 万的小额担保，并享受财政贴息。

(2)统筹实施高校毕业生基层服务项目，其中"三支一扶"计划招募 500 名，选调生和大学生村官计划招募 1760 名，志愿服务欠发达地区计划、社区服务计划招募 300 名。

(3)全省公务员考录计划 10％～15％，面向符合条件的服务基层毕业生定向考录。

(4)动员广大毕业生报名预征，同时积极做好入伍毕业生退役后就业服务和升学工作。

图 5-12　大学生自主创业优惠政策多

(5)完善落实自主创业优惠政策，对于自主创业的高校毕业生予以税收优惠、启动资金扶持、创业带动就业奖励、税费减免、创业场所租金补助等政策扶持。

福建省加大对大学生就业的扶持力度，将社会保险补贴对象从就业困难人员扩展到应届高校毕业生。补助标准从 1000 元提高到 2000 元，补助对象从城乡低保家庭扩展到零就业家庭。重视对灵活就业的扶持。补助条件为与劳动者签订一年以上期限劳动合同并缴纳社会保险。将就业困难人员和离校未就业高校毕业生灵活就业后社会保险费财政补贴比例，统一调整提高为不超过其实际缴费额三分之二。

与此同时，对自主创业给予倾斜，即高校毕业生、就业困难人员自主创业，本人及其招收的应届高校毕业生可同等享受社会保险补贴政策；对其租用经营场地在闽创业给予每年最高 3000 元的创业资助；将小额担保贷款额度由原来的 10 万元、8 万元、5 万元统一调整为不超过 10 万元。

3.厦门市毕业生就业创业政策简介。

厦门市毕业生自主创业优惠政策

厦门市公务员局发布《关于进一步做好普通高等院校毕业生就业工作的意见》，明确提出落实扶持高校毕业生自主创业优惠。

一、厦门生源的认定

来厦门市就读普通高中且将户籍迁入该市的外来学生，普通高中毕业后从厦门市考入普通高等院校的，可纳入参照厦门生源毕业生范畴，同样享受相关优惠政策。

二、毕业生自主创业有奖

根据规定，厦门户籍的普通高校毕业年度内的在校大学生及毕业后三年内的高校毕业生，在厦门市行政区域内独资或合资、合伙创办企业或从事个体经营，且担任法定代表人的，可享受优惠。

其中，自主创业，领取工商营业执照或其他经营资质，进行税务登记并提供纳税记录或证明、办理就业登记、参加社会保险并开展正常经营的，每经营1年给予3000元创业奖励，奖励期限为期2年。值得一提的是，开业起始时间从营业执照的登记之日算起，同一人员自主创业领取营业执照在一个以上的，按一个标准给予奖励。

三、招本市员工也有奖

自主创业后吸纳厦门市户籍毕业生，并与其签订1年以上劳动合同且稳定就业1年以上的，每吸纳一人给予1000元创业带动就业奖励，奖励期限为期2年。

创办的企业吸纳就业困难人员，为其及时办理就业、报到手续，与其签订劳动合同并缴纳社会保险费的，可按相关文件(厦人〔2010〕135号)规定申请享受社会保险补贴。

另外，自主创业需办理人事代理手续的，政府人事行政部门所属人才服务机构自其注册之日起3年内免收人事代理费用。同时，厦门生源高校毕业生参加职业技能培训，根据其取得职业资格证书等级，还可获培训补贴。

厦门市毕业生工作见习岗位

毕业生职业见习是指由厦门市政府有关部门牵头，组织企业提供工作岗位，有计划地让待就业的毕业生进入机关、企事业单位，在实际工作岗位上进行见习工作的实践性活动，以提高毕业生的动手能力，丰富其工作经验，增强其上岗适应性，尽快实现就业为主要目的。同时通过邮件申请且有见习意愿的未就业厦门生源毕业生，可加入市人才服务中心大学生就业服务部专属QQ群。人才中心工作人员将为群里的未就业毕业生提供为期一年的毕业生政策咨询、就业指导、机关企事业单位岗位信息、招考信息，免费技能培训信息、IT实训信息、两次以上就业(见习)推荐机会等服务。

按照厦门市毕业生见习的相关规定，同时具备以下两个条件的即可申请见习岗位：(1)符合厦门生源界定范畴。厦门生源是指入学前(指考入取得第一个全日制普通教育学历院校前)户籍和学籍均在厦门市的普通教育全日制毕业生。(2)厦门生源普通教育待就业毕业生。有见习意愿的厦门生源可填写《厦门生源毕业生职业见习意向表》，并将该表发到zyjx008@163.com，市人才服务中心大学生就业服务部将根据毕业生意向推荐给相关见习单位。

其中职业见习期限一般为半年，从2012年10月1日起见习学员的生活补贴标准为每日60元(每月1800元)，其中财政拨付的各类见习补贴标准为每日48元，见习单位承担的补贴标准为每日12元，补贴每月按30日计发。

二、毕业生就业选择

(一)做专业人才,或做自己感兴趣的事情

随着社会经济的发展,社会分工越来越细致,专业人才显得非常重要。在企业招聘新人中,往往会重视专业知识,目的就是让新人能够更快地适应工作岗位。

很多同学在校期间对自己的专业知识的学习是非常重视的,从大一开始就树立起做本专业方向相关技术工作的认识,同时也在相关方向获得了一定层次的职业能力证书,选择与自己专业相关的工作,不但学有所用,还能使刚走出校园就能够更快地融入职场生活。

但是往往只有一小部分同学会选择与自己专业对口的工作,更多的同学是放弃了自己的专业,选择了一个自己喜欢的工作岗位。如果放弃了自己的专业方向,要首先问问自己是否真的确定放弃专业知识,其次要问问自己对所选择的新行业了解多少?建议大家要慎重对待,慎重选择与放弃。

(二)升学考试(专升本)

统招专升本,是指在普通高等学校专业学生中,选择优秀学生升学入本科进行两年的深造学习,修完所需学分,授予毕业生普通本科学历和学位证书,并派发本科就业报到证。统招专升本属于国家计划内统一招录,享受与普通四年制本科同等待遇。

近些年越来越多的同学选择了专升本,他们想通过本科的学习来扩大自己的知识面,提高自身学历。专升本是每年一月份报名,三月份考试,对于即将毕业的大三同学来说,如果能静下心认真准备复习考试,取得良好的成绩并不是一件困难的事情。

专升本招生考试实施按类别报名,2015 年福建省共设 20 个类别,分别为计算机科学类、电子信息类、建筑类、机械工程类、经济类、艺术类、财会类、管理类、新闻传播类、英语类、生物学类、农林类、临床医学类、医学检验类、护理类、药学类、环境科学与工程类、学前教育类、小学教育类、音乐类等 20 类。(专升本报名官方网络为 http://www.eeafj.cn/syzsbzkyy/)

预报名时,考试须同时填报招生志愿,每位考生最多可填报同一类别的 15 个院校专业志愿。考试科目分为公共基础课和专业基础课,总分 600 分,其中公共基础课考两门,满分 150 分,每门考试时间为 120 分钟(英语类的专业基础英语考试时间 150 分钟)。专业基础课考一门,满分 300 分,考试时间 150 分钟(艺术类的色彩和素描考试时间分别为 120 分钟)。

2015 年专升本考试定于 3 月 28—29 日举行,考生填报志愿安排在考试成绩和各类别录取控制分数线公布之后进行,4 月组织招生录取工作,被录取的考生于 9 月秋季入学。

专升本录取工作在省招委会和省教育厅的领导下,由省教育考试院统一组织实施。录取前,根据各类别招生计划按一定比例分别划定各类别总分录取控制分数线和英语单科录取控制分数线;考生通过计算机网络填报志愿(包括征求志愿)。录取时,按考生报考

类别实行专业志愿平行投档，由院校择优录取。线上生源不足的公办本科院校，经批准可在该类总分录取控制分数线下 10 分以内(含 10 分)从高分到低分择优录取；线上生源不足的民办本科院校和独立学院，经批准可在该类总分录取控制分数线下 20 分以内(含 20 分)从高分到低分择优录取。未报到考生的计划余额不再组织补录取。

报名参加 2015 年专升本招生考试，且在高职(专科)学习阶段获得全国职业院校技能大赛三等奖及以上或省教育厅等部门联合组织的全省职业院校技能大赛一等奖的高职(专科)毕业生，可免试录取到 2015 年我省专升本招生院校中与其获奖项目相应的专业。

(三)基层就业

基层工作不但锻炼毕业生的适应能力，同时还能在基层工作中得到很大的成长。近几年政府不断在创造良好的政策和条件引导鼓励高校毕业生到农村、到基层地方经受锻炼，用同学们所长为基层奉献自己的力量，不但加强了基层人才队伍建设，还促进农村基层教育、农业、卫生、扶贫等社会事业发展。

1. 三支一扶

目前较为完善的基层服务是“三支一扶”项目，“三支一扶”是指大学生毕业后到农村基层从事支农、支教、支医和扶贫工作。

福建省每年计划招募约 500 名高校毕业生，主要安排到纳入县级基本财力保障范围的县(市、区)的乡镇，服务期限为两年。每年三月份会公布招募的岗位及人数，高校毕业生可以通过“福建毕业生就业公共网”进行报名，之后通过学校预评、省“三支一扶”量化评分确定进入体检、公示、岗前培训后等即可进入工作岗位。

“三支一扶”不但工作岗位适合刚毕业的高校毕业生，而且在相关待遇和优惠政策上对于毕业生也非常优待，例如：

(1)在岗待遇：服务期第一年生活补贴每月 1600 元，第二年 1800 元，统一办理社会保险和人身意外伤害保险。参加“三支一扶”的高校毕业生，其在校期间的国家助学贷款本息，由服务地财政每年 2000 元偿还。

(2)期满政策：参加“三支一扶”的高校毕业生服务期满后自主择业，服务期满考核合格的，经省“三支一扶”办审核，颁发《福建省高校毕业生服务基层项目证书》，享受许多政策优惠待遇。

在 2015 年我省三支一扶岗位里其中面向高职学生的岗位就有 308 个，如图 5-13：

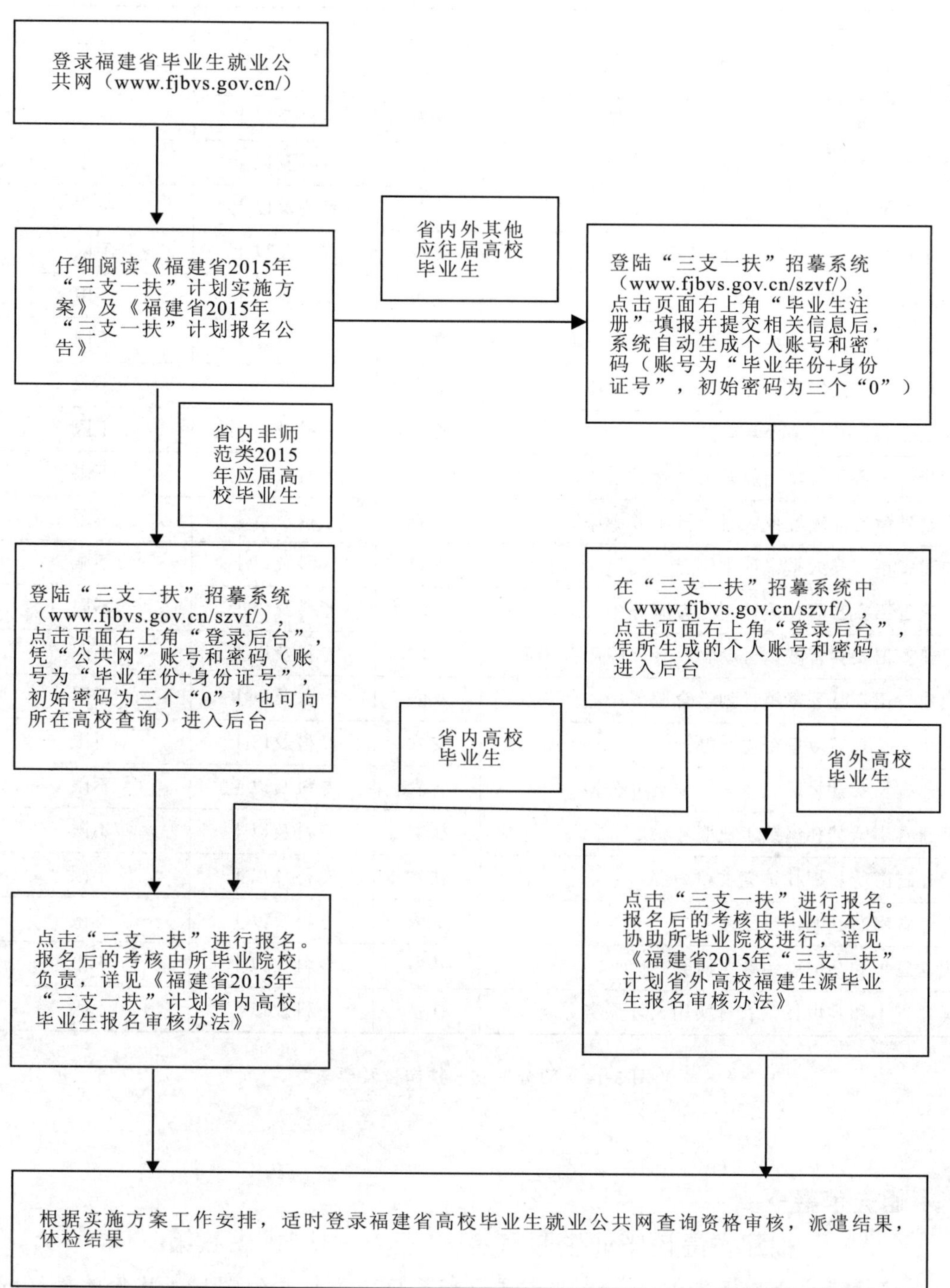
登录福建省毕业生就业公共网（www.fjbvs.gov.cn/）
仔细阅读《福建省2015年“三支一扶”计划实施方案》及《福建省2015年“三支一扶”计划报名公告》
省内外其他应往届高校毕业生
登陆“三支一扶”招募系统（www.fjbvs.gov.cn/szvf/），点击页面右上角“毕业生注册”填报并提交相关信息后，系统自动生成个人账号和密码（账号为“毕业年份+身份证号”，初始密码为三个“0”）
省内非师范类2015年应届高校毕业生
登陆“三支一扶”招募系统（www.fjbvs.gov.cn/szvf/），点击页面右上角“登录后台”，凭“公共网”账号和密码（账号为“毕业年份+身份证号”，初始密码为三个“0”，也可向所在高校查询）进入后台
在“三支一扶”招募系统中（www.fjbvs.gov.cn/szvf/），点击页面右上角“登录后台”，凭所生成的个人账号和密码进入后台
省内高校毕业生
省外高校毕业生
点击“三支一扶”进行报名。报名后的考核由所毕业院校负责，详见《福建省2015年“三支一扶”计划省内高校毕业生报名审核办法》
点击“三支一扶”进行报名。报名后的考核由毕业生本人协助所毕业院校进行，详见《福建省2015年“三支一扶”计划省外高校福建生源毕业生报名审核办法》
根据实施方案工作安排，适时登录福建省高校毕业生就业公共网查询资格审核，派遣结果，体检结果

图 5-13　三支一扶

单位名称	服务类别	学历要求	专科专业
福建省永泰县清凉镇农村实用人才服务站	支农	专科及以上	不限
福建省平潭县白青乡党政办	扶贫	专科及以上	不限
福建省莆田市荔城区新度镇党政办	扶贫	专科及以上	不限
福建省尤溪县新阳镇人社保障事务所	支农	专科及以上	不限
福建省沙县南霞乡计生协会	支农	专科及以上	不限
福建省建宁县客坊乡农业服务中心	支农	专科及以上	不限
福建省建宁县伊家乡经济建设服务中心	支农	专科及以上	不限
福建省云霄县马铺镇党政办	支农	专科及以上	不限
福建省云霄县云陵工业开发区管委会	支农	专科及以上	不限
福建省漳浦县赤岭乡农村经济服务中心	支农	专科及以上	不限
福建省诏安县太平镇计生协会	支农	专科及以上	不限
福建省诏安县霞葛镇计划生育服务中心	支农	专科及以上	不限
福建省诏安县官陂镇劳动和社会保障服务中心	支农	专科及以上	不限
福建省诏安县秀篆镇计划生育服务中心	支农	专科及以上	不限
福建省长泰县坂里乡党政办	支农	专科及以上	不限
福建省长泰县林墩工业区管委会办公室	支农	专科及以上	不限
福建省南靖县和溪镇工业服务中心	扶贫	专科及以上	不限
福建省南靖县梅林镇党委组织办	扶贫	专科及以上	不限
福建省南靖县龙山镇党政办	支农	专科及以上	不限
福建省平和县南胜镇计生协会	扶贫	专科及以上	不限
福建省平和县坂仔镇农村实用人才服务站	扶贫	专科及以上	不限

图 5-14　部分三支一扶岗位及要求

相关链接→

福建省高校毕业生服务基层“三支一扶”优惠政策

1. 在全省公务员招考中，有不少于当年服务基层项目期满人数10%比例的职位，定向考录。

2. 高校毕业生所服务的事业单位中自然减员空岗，可用于聘用当年服务期满考核合格的毕业生。省、市、区相关事业单位公开招聘工作人员，应拿出一定比例，聘用当年服务期将满考核合格和服务期满考核合格的高校毕业生。报考省、市、区事业单位，笔试总分加3分；报考县镇事业单位的，笔试加5分。

3. 对于服务期满、符合用人单位岗位要求并自愿继续留在我省农村基层工作的，在我省乡镇事业单位编制内新增工作人员时，可免于参加统一考试。

4. 服务期满考核合格，符合报考条件，在服务期满后三年内报考普通高校硕士研究生，初试总分加 10 分，并在同等条件下优先录取。高职高专毕业生参加三支一扶，服务期满考核合格，可免试入读我省成人高等学历教育专科起点本科。

2. 大学生志愿服务欠发达地区计划

除了"三支一扶"之外，福建省还从省内全日制普通高校应届毕业生和近年来未就业的毕业生中招募 300 名大学生志愿者，到三明、南平、龙岩、宁德等欠发达地区的乡镇，开展为期两年的教育、卫生、农技、扶贫、青年工作等方面的志愿服务，志愿服务期满后，鼓励扎根基层，或者自主择业。

其相关待遇基本与"三支一扶"待遇相同。

3. 高校毕业生服务社区计划

福建省民政厅每年还会统一招募 300 名高校毕业生，安排到县(市、区)的城市社区从事社区建设工作，服务期限为 2 年，其相关待遇参照"三支一扶"待遇。

(四)大学生应征入伍

由于国防和军队建设需要，部队需要越来越多的大学生，现在不仅从高校完成专业课程学习的毕业班学生中招收，在读的大一、大二学生也可以报名应征。毕业生应当完成专业理论的学习并取得毕业规定所需学分。大一、大二学生复员后可继续选择回校完成学业。

目前，征兵工作已改为秋冬季招收。有士官和义务兵两类。士官的招收有专业限制。征集应届毕业生以男性为主，女生应届毕业生根据军队需要确定，高职(专科)应届毕业生放宽到 23 岁。

应届毕业生入伍优惠政策：高校毕业生预征入伍时享有"四个优先"：一是优先报名应征；二是优先体检政审；三是优先审批定兵；四是优先安排使用。

2015 年征兵新政策

经国务院、中央军委批准，今年起全国征兵时间由冬季调整到夏秋季。此次调整是继 1990 年我国实行冬季征兵以来，首次对征兵时间作出的重要调整。从今年起，全国征兵时间统一由原来冬季的 11 月 1 日开始征兵、12 月 1 日批准入伍、12 月 10 日起运新兵、12 月 31 日征兵结束，调整为夏秋季的 8 月 1 日开始征兵、9 月 1 日批准入伍、9 月 5 日起运新兵、9 月 30 日征兵结束。

征兵政策的五大调整

一、今年征兵政策最大的调整是征兵时间提前，由原来 11 月份组织征兵体检、政审，12 月 1 日批准入伍，12 月 10 日新兵起运，12 月 30 日征兵结束调整为 8 月份征兵体检、政审，9 月 1 日批准入伍，9 月 5 日新兵起运，9 月 30 日征兵结束。

二、今年刚被普通高等学校录取的大学新生参军入伍后保留入学资格，退役后两年内允许入学，并享受学费减免政策，即免费上大学。

三、高校应届毕业生和在校生既可在高校所在地报名应征，也可以回入学前户籍所在地报名应征。

四、扩大大学生学费资助范围，将往届毕业生和研究生纳入资助范围，并进一步简化了申请与审批程序，确保及时足额发放到位。

五、减少初中生征集数量。北京、天津、上海及省会城市原则上不再征集初中生，其他地区由各省、自治区、直辖市规定征集初中生比例的上限。

大学生入伍有关优惠政策

一、大学生参军入伍享受"四优先"政策：

1. 优先报名应征。征兵开始前，县级兵役机关通知其报名时间、地点、注意事项等。确定为预征对象的高校毕业生，持《预征对象登记表》，可以直接到学校所在地或户籍所在地县级兵役机关报名应征。

2. 优先体检政审。征兵体检前，县级兵役机关通知其体检时间、地点、注意事项等。确定为预征对象的高校毕业生，未能在规定时间内在学校参加体检的，本人持《预征对象登记表》，可在征兵体检时间内报名直接参加体检。

3. 优先审批定兵。审批定兵时，应当优先批准体检政审合格的大学生入伍。

4. 优先安排使用。在安排兵员去向时，根据高校毕业生的学历、专业和个人特长，优先安排到军兵种或专业技术要求高的部队服役；部队对征集入伍的大学生，优先安排到适合的岗位，充分发挥其专长。

二、高校应(往)届毕业生、在校生、新生学费补偿代偿标准和学费减免政策规定：

本专科(含高职)应(往)届毕业生、在校生补偿代偿学费每人每年最高不超过6000元，研究生每人每年最高不超过8000元；高校在校生和新生退伍后复学享受学费减免政策(最高每年6000元)。

三、对获得国家行政教育部门认可的大专以上学历的适龄青年入伍，其义务兵家庭优待金增发30%。增加高学历退役士兵一次性自谋职业经济补助金标准，大专毕业生增加5%，本科以上毕业生增加10%。

四、大学生士兵退役后享受的优惠政策：

1. 退役后报考政法干警招录培养体制改革试点招生的，教育考试笔试成绩总分加10分；

2. 具有高职(高专)学历的，退役后免试入读成人本科，或经过一定考核入读普通本科。

3. 普通高校应届毕业生应征入伍服义务兵役，退役后三年内参加全国硕士研究生招生考试的，初试总分加10分，立二等功及以上的，退役后免试(指初试)推荐攻读硕士研究生。

4. 退役大学生复学后，入伍经历可作为实习经历，免修军事技能训练，直接获得学分。

5. 退役大学生士兵服役期间，视为基层工作经历，党政机关考录公务员时，同等条件下优先录用。

应届大学毕业生男兵入伍流程

网上报名阶段

有应征意向的高校毕业生可在夏秋季征兵开始之前登录学信网进行实名注册，然后进行网上报名。填写、打印《应届毕业生预征对象登记表》和《高校毕业生应征入伍学费补偿国家助学贷款代偿申请表》(以下分别简称《登记表》、《申请表》)，交所在高校征兵工作管理部门。

初检初审阶段

毕业生离校前，在高校参加身体初检、政治初审，符合条件者确定为预征对象，高校协助兵役机关将《登记表》和《申请表》审核盖章发给毕业生本人，并完成网上信息确认。初审、初检工作最晚在7月15日前完成。

实地应征阶段

在学校所在地应征的，结合初审、初检工作同步进行体格检查和政治审查，在放假离校前完成预定兵；在户籍所在地应征入伍的，须持《登记表》和《申请表》在7月30日前到当地县级兵役机关参加实地应征。

批准入伍阶段

9月初学校所在地县(市、区)人民政府征兵办公室或者入学前户籍所在地县(市、区)人民政府征兵办公室为其办理批准入伍手续。

(五)报考公务员、事业单位

公务员，一般是指政府机关的工作人员，近些年“考公”热，很多同学在毕业前后准备公务员考试，期待通过自己的努力能成为一名国家公职人员。事业单位，是为党政机关和国民经济、社会生活各个领域服务的，为国家创造和改善生产，增进社会福利，满足人民文化、教育、科学、卫生等方面的需要，不以为国家积累资金为直接目的的社会组织。我国的事业单位主要指科研、卫生、教育、文化等非营利性机构。

1. 公务员、事业单位报考流程

招考职业查询：国家、省每年都会招考一定人数的公职人员，职位和要求都会提前一至两个月公布在相关网站，如国家公务员考试网、省公务员考试网。

报名方式：目前所有招考都是采用网上报名的方式，考生可以通过网站注册填写个人信息、填报招考职位。

自行打印准考证、参加考试。

2. 笔试、面试

公务员、事业单位录取是一个严格的过程，需要笔试成绩达到前三名方有面试机会，笔试科目知识综合性很强，需要平时的积累。

面试一般采取架构化面试，要求应试者要有良好的心理素质、较广的知识面、较强的应变能力、表达能力等。

图 5-15　优惠政策助就业

(六)自主创业

高校毕业生创业优惠政策：

1. 为高校毕业生创业提供便捷高效的服务，工商局设立了绿色通道，提供开业指导、注册登记、跟踪服务等。

2. 对于没有列入《国民经济行业分类》的经营项目，高校毕业生在申请时可以灵活核定能体现行业和经营特点的经营范围。

3. 扩宽高校毕业生创业出资方式，鼓励毕业生以知识产权等非货币形式评估作价出资，支持以不需要办理权属登记的自由技术作为公司股东的首次出资。

4. 毕业 2 年以内的高校毕业生从事个体经营的，自其在工商部门首次注册登记之日起 3 年内，免收登记类和证照类有关的行政事业性收费。

(七)出国留学

出国留学也是越来越多毕业生的选择，作为专科层次的毕业生外出留学可以直接选择国外本科，也可以选择直接就读国外研究生。

出国的方式很多，可以选择通过专业的中介机构选择国外学校，也可以报考与国外合作办学的院校。

·【延伸阅读】·

高职毕业生的就业出路

面对竞争激烈的就业市场，很多高职学生显得无所适从，这是缺乏职业意识和职业规划的表现。反映在就业市场上,比较突出的矛盾有:传统就业观念与当今社会就业形势不相适应的矛盾;社会对人才的高要求与高职生自身实力不足的矛盾;过高的就业期望值与一定层次社会需求的矛盾。高职生要想在众多的应聘者中脱颖而出,就应该有充分的就业准备,学习职业理论,为成功就业创造有利条件。

一、品质和专长是成功就业的关键

品质的专长的造就就是通过不断的学习积累,时间积累,甚至是用失败和挫折兑换而得到的。高职生要想在竞争中取胜,就要努力打造自己,成为思想素质较高,既能动脑,更能动手,并具有较强的业务专长和实践技能的人才。

从用人单位的选任标准看,拥有良好的职业品质并有较强的动手能力的高职生最受欢迎。所以说,对高职学生来说,首先要养成良好的职业品质。较高的思想素质和高尚的品质是成长的基础。多年来,优秀毕业生,优秀学生干部,三好学生,学生党员备受用人单位的青睐就是最好的证明。因此,毕业生必须努力塑造良好的职业品质,包构具有强烈的责任意识,基本的诚信原则,科学的理性精神以及和谐的人格特征。其次要练就过硬的动手能力,掌握一技之长。动手能力是知识转化为技术力量的重要保证,是技术应用型人才必备的一种素质。对毕业生而言,你今后从事的是生产、建设、管理、服务第一线的工作,动手能力的强弱和是否具有一技之长将会直接影响你的能力发挥程度。因此,要特别重视实习、实训,把机能学好、学精。

二、充分的就业准备是成功就业的基础

充分的就业准备有利于成功就业。对于高职生来说,由于涉世不深,经验不足,要选择明确的、合理的职业确实相当困难。因此,作为高职生应尽早考虑自己合适干什么,如何去实现自己的职业梦想等问题。这些问题涉及对职业的认识和定位,也涉及就业素质的培养和形成。这是因为学生自身基本素养的提高是一个潜移默化的过程,需要长时间的积累。

高职生在迈入大学校园的第一年,就应该开始学习职业知识,接受有关职业规划的理念,并在老师的指导下,逐渐形成适合自身特点的职业生涯设计,从专业知识、兴趣爱好、性格培养等多条途径,为将来的求职和创业打下坚实的基础。到了二年级,就应该开始关注大学生就业的动态,并有意识地收集相关就业政策和就业信息。在三年级,除收集就业信息外,主要是学习求职技巧。如求职信的撰写,简历的制作,面试的技巧等。

凡事预则立,只有经过各个阶段精心的准备,才能不断增强自身的职业意识,提高自身的求职技巧,实现成功就业。

三、合理定位是实现自我价值的基础

高职毕业生在择业过程中普遍存在的问题是,过高的期望值与社会对人才的需求之间存在较大矛盾。很多人在选择职业时,并不是从自己的实际条件出发,而是在满足父母的期望或者在与周围的同学、朋友盲目攀比,好像找不到一个比别人更好的单位就不能实现自身价值。这个问题突出的表现是:大多数毕业生在选择单位时,都定位在省会城市或沿海发达城市,只有部分学生选择到地区级城市,而选择县级以下地方就业的几乎是出于无奈。从全国范围来看,毕业生首选地区为北京、上海、广州等城市,而那些急需人才的偏远落后地区对毕业生来说毫无吸引力。从单位性质来看,希望到国有大中型企业、事业单位及国家机关的毕业生比例较高，而志愿到民营企业的学生较少，造成偏远地区和中小型企业急需这类人才。

职业是实现自我价值的途径，没有工作如何实现人生价值呢？反之，毕业生在条件艰苦、急需人才的环境中更能得到锻炼，更能发挥自身的聪明才智，更能实现自身价值。因此，高职学生应该树立正确的择业观念，科学地进行自我评价，自我定位，树立一种"是金子在哪里都会发光"的择业意识，到社会最需要和最能施展自己才华的地方去就业。

总结·提示

高职大学生要了解国家、省、市相关就业政策和优惠政策，有针对性地规划大三实习期间可以做的事情和需努力的方向。

问题·作业

高职院校毕业生的就业选择有哪些？

参考文献

[1]刘威:《读大学你准备好了么》,知识产权出版社 2011 年版。

[2]赵修渝,王婷婷:《发达国家高等职业教育特点及启示》,载《职教论坛》2010 年第 27 期。

[3]陈军平:《高等学校后勤公寓服务管理》,河北大学出版社 2009 年版。

[4]姚祖婵:《我的大学——嘉庚学子成长手册.给心灵洗洗澡》,清华大学出版社 2012 年版。

[5]凌雪峰:《大学生入学教育》,广西人民出版社 2011 年 4 月修订版。

[6]何卫华:《大学里不可或缺的安全 style》,厦门大学出版社 2013 年版。

[7]刘春生,谢勇旗:《台湾职业教育的特色及启示》,载《职业技术教育》(教科版)2003 年第 28 期。

[8]朱熙然:《台湾职业教育的特点及其给我们的思考》,载《职教论坛》2001 年第 12 期。

[9]钟永强,雷蕾:《大学生职业生涯规划与就业指导研究》,载《科技信息》2010 年第 5 期。

[10]汤福球:《大学生职业生涯规划与就业指导》,北京邮电大学出版社 2010 年版。

[11][美]戴尔·卡耐基:《人性的优点》,青岛出版社 2006 年版。

[12]樊富珉,王建中:《当代大学生心理健康教程》,武汉大学出版社 2006 年版。

[13]金宏章:《大学生心理健康教育》,科学出版社 2010 年版。

[14]王志友:《高职体育与健康》,吉林大学出版社 2012 年版。

[15]李开广:《体育与健康》,北京理工大学出版社 2011 年版。

[16]孙民治:《篮球运动教程》,人民体育出版社 2007 年版。

[17]张瑞林:《排球运动》,高等教育出版社 2005 年版。

[18]何志林:《足球》,人民体育出版社 2005 年版。

[19]大学生心理健康教育研究会:《大学生心理与生理健康教程》,暨南大学出版社 2009 年版。

[20]胡华北,孙晓峰:《大学生心理健康指导》,合肥工业大学出版社 2009 年版。

[21]冉超凤,黄天贵:《高职大学生心理健康与成长》,科学出版社 2008 年版。

[22]郑日昌:《大学生心理卫生——大学生心理健康丛书之一》,山东教育出版社 2001 年版。

[23]吕慧英,扶长青:《我心飞翔:大学生心理健康教育读本》,华中科技大学出版社 2012 年版。

[24]马建富:《职业教育学》,华东师范大学出版社 2007 年版。

[25]潘昌勇友,商姚,夏智,李焱:《高校学生干部工作理论与实践》,中国商业出版社 2012 年版。

[26]杨振斌,王庆忠:《高校学生干部培养新模式与工作实践及创新实用手册》,高等教育出版社 2009 年版。

[27]张敏强,朱国华,陈大尧:《大学生职业规划与就业指导》,广东高等教育出版社 2005 年版。

[28]汤福球:《大学生职业生涯规划与就业指导》,北京邮电大学出版社 2010 年版。

[29]陈红:《高职学生职业生涯规划存在的问题与建议》,载《教育探索》2012 年第 3 期。

[30]胡建红,刘雪梅:《大学生职业生涯规划》,中国宇航出版社 2009 年版。

[31]周祥龙:《大学生涯规划》,东南大学出版社 2008 年版。

[32]田禾:《大学生职业生涯规划与就业指导》,人民邮电出版社 2011 年版。
[33]施隆光:《职业生涯规划设计》,对外经济贸易大学出版社 2010 年版。
[34]张亚总:《大学生入学教育——携手青春　放飞梦想》,南开大学出版社 2013 年版。
[35]张志,陈进勇,邱兰:《给大学新生的 108 个忠告》,机械工业出版社 2010 年版。

图书在版编目(CIP)数据

梦想启航:大学生入学教育读本/王华勤主编.—3 版.—厦门:厦门大学出版社,2019.8

(“十三五”大学生素质教育丛书)

ISBN 978-7-5615-5689-4

Ⅰ.①梦… Ⅱ.①王… Ⅲ.①大学生-入学教育 Ⅳ.①G645.5

中国版本图书馆 CIP 数据核字(2015)第 188182 号

厦门大学出版社出版发行

(地址:厦门市软件园二期望海路 39 号 邮编:361008)

总编办电话:0592-2182177 传真:0592-2181406

营销中心电话:0592-2184458 传真:0592-2181365

网址:http://www.xmupress.com

邮箱:xmup@xmupress.com

厦门集大印刷厂印刷

2019 年 8 月第 3 版 2019 年 8 月第 2 次印刷

开本:787×1092 1/16 印张:17.75

字数:410 千字

定价:36.00 元